CRÓNICAS DE ELEMENTIA

MISIÓN JUSTICIA

SEAN FAY WOLFE

Una aventura no oficial de Minecraft

Obra editada en colaboración con Editorial Planeta, S.A. – España

Título original: *The Elementia Chornicles Book 1: Quest for Justice*

© 2015, Sean Fay Wolfe
© 2015, Manuel Mata, de la traducción

© 2015, Editorial Planeta, S.A. – Barcelona, España
Timun Mas, sello editorial de Editorial Planeta, S.A.

Derechos reservados

© 2016, Editorial Planeta Mexicana, S.A. de C.V.
Bajo el sello editorial DESTINO M.R.
Avenida Presidente Masarik núm. 111, Piso 2
Colonia Polanco V Sección
Deleg. Miguel Hidalgo
C.P. 11560, Ciudad de México
www.planetadelibros.com.mx

Primera edición impresa en España: octubre de 2015
ISBN: 978-84-450-0273-5

Primera edición impresa en México: septiembre de 2016
ISBN: 978-607-07-3619-3

Impreso en los talleres de Impresora y Editora Infagon, S.A. de C.V.
Escobillera número 3, colonia Paseos de Churubusco, México, D.F.
Impreso en México – *Printed in Mexico*

No existirá verdadera justicia hasta que aquellos que no padecen se indignen tanto como los que sí lo hacen.

BENJAMIN FRANKLIN

PRÓLOGO

En el vestíbulo de la fortaleza de ladrillo resonaban ominosamente los pasos de una figura que corría por el pasillo.

Su atuendo era comparable al de un rey medieval inglés: camisa roja, pantalones de diseño elegante y una larga capa de forro blanco en los bordes. Era un jugador del servidor de Minecraft llamado Elementia. Su nombre en el juego era Charlemagne77, pero se le conocía informalmente por Charlemagne.

Las paredes del pasillo por el que corría estaban jalonadas por pinturas pixeladas. La luz de las antorchas que colgaban de ellas mantenía a raya a las aterradoras criaturas que acechaban en la oscuridad. Había ventanales rematados en arco desde los que se divisaba una enorme metrópolis, extendida hasta donde alcanzaba la vista, más allá de las murallas exteriores de la fortaleza. El paisaje en su totalidad estaba hecho de cubos de un metro de arista, con texturas de ladrillo, madera, vidrio y materiales de todas clases.

En el juego, Minecraft, el mundo entero estaba hecho de estos bloques cúbicos, dispuestos a imitación de los árboles de los bosques, el agua de los océanos, las colinas tapizadas de praderas verdes y las rocas y minerales de las minas subterráneas. Los bloques, con texturas de piedra y vidrio, conformaban la totalidad del castillo y la ciudad. Y de bloques estaban hechos también los seres vivos, incluidos Charlemagne y el resto de las personas, animales y monstruos que habitaban aquel espacioso mundo.

Charlemagne corría porque llegaba tarde a la reunión del Consejo de los Operadores (aunque el consejo, a pesar de su nombre, no albergaba un solo operador). Estaba formado por los jugadores de mayor nivel del servidor, bajo la dirección del rey Kev, conocido normalmente como «el rey». Habían convocado aquella reunión para hablar sobre un tema de la máxima importancia, un tema que, sin saberlo el Consejo, provocaría la caída del rey, de Charlemagne y de muchos otros. Aquella decisión, por sí sola, supondría la ruina de la lujosa vida de la que disfrutaban los ciudadanos más importantes de Element City.

El hombre llegó finalmente ante unas puertas de hierro y oprimió un botón que había en la pared. Sobre su cabeza se activaron cinco bloques musicales y sonó una campanada que hacía las veces de timbre. Momentos después se abrieron las puertas y Charlemagne entró en la cámara del Consejo.

En el centro de la sala había una mesa redonda, alusión del rey a la historia del poderoso rey Arturo. A su alrededor se sentaban seis de los ocho miembros del Consejo. Los dos asientos vacíos se encontraban a la izquierda y la derecha del rey Kev, que presidía el Consejo sentado en un trono, ocho bloques por encima del suelo. El asiento de la derecha pertenecía al otro asesor del rey, Caesar894, mientras que el de la izquierda le estaba reservado a él, Charlemagne. El rey bajó la mirada hacia Charlemagne.

Este reparó en que se había cambiado de aspecto. De hecho, su apariencia entera había cambiado. El rey Kev llevaba ahora una camisa azul claro, pantalones azul marino y botas negras, y una capa color rojo sangre por encima de todo lo demás. Lo único que seguía intacto era su cabeza, con la corona dorada sobre su impecable cabello rubio. «Pero ya basta de esto —caviló Charlemagne—, tengo otras cosas en que pensar».

—Disculpe mi tardanza, alteza —dijo Charlemagne mientras bajaba la mirada hacia el suelo y se inclinaba de manera ceremoniosa con la dorada espada desenvainada.

El arma era puramente ceremonial. Todos los miembros del Consejo y el propio rey tenían una, a pesar de que era muy poco práctica.

—Disculpado —respondió el rey con voz atronadora, señalando a Charlemagne con la suya, en un gesto que podía significar tanto bienvenida como voluntad homicida—. Confío en que el retraso obedezca a una buena razón.

—Oh, sí, mi señor —dijo Charlemagne con una sonrisa—. Mi estancia entre los campesinos, disfrazado con una armadura de cuero, se ha prolongado más de lo que esperaba porque he participado en una conversación relativa a la actitud de los lugareños con respecto a determinados aspectos de la última ley importante que ha promulgado.

Al oír estas palabras, varios de los consejeros se encogieron. Como la mayoría de los jugadores de clase alta, detestaban mezclarse con los plebeyos.

—¿La ley de muerte única? —preguntó el rey.

—Esa misma, mi señor —respondió Charlemagne—. El pueblo llano tiene opiniones diversas. Algunos, principalmente los que están por debajo de nivel diez, dicen que es una buena ley, porque aumenta el nivel de peligro del juego, mientras que la mayoría considera que socava la superioridad de los jugadores de alto nivel. Y si he de ser totalmente sincero, estoy de acuerdo con ambos argumentos.

—¿Estás cuestionando las razones de mi ley? —rugió el rey—. ¿Es que no sientes respeto por mi autoridad? Debería ordenar que te ejecutasen ahora mismo.

—¡Oh, no, alteza, no pretendía decir tal cosa, en absoluto! —exclamó Charlemagne, a pesar de que sabía que el rey nunca haría algo así. Era lo bastante hábil como para salir ileso de cualquier cosa que pudiera intentar el monarca. Además, Charlemagne sabía algunas cosas sobre el rey, secretos oscuros, y el rey no cometería la necedad de forzarlo a revelarlas.

—Estoy de acuerdo con ambos argumentos, aunque solo hasta cierto punto. El juego es mucho más... eh... emocionante ahora que se puede morir en cualquier momento y ser exiliado para siempre del servidor, en lugar de volver al último sitio en el que durmió el personaje, como suele pasar en Minecraft. Sin embargo —continuó— esto también quiere decir que el juego es más difícil para quienes han conseguido llegar hasta la cúspide, como los miembros de este Consejo. Los jugadores de alto nivel tenemos los mejores terrenos del servidor conocido y provisiones en abundancia. Si, por ejemplo, yo mismo muriese, dejaría tras de mí tierras fértiles y una casa llena de diamantes, esmeraldas, oro... Bueno, ya me entiende. Y no podría volver para recuperarlas. En cambio, un jugador que acabase de aparecer podría entrar tranquilamente en mi casa y quedarse con todas mis posesiones. ¡Es decir, hacerse rico sin haber tenido que ganárselo! Ya puede imaginarse lo que hace sentir esto a quienes han luchado para llegar a lo más alto.

Un murmullo de asentimiento recorrió la mesa.

—Hmmm —dijo el rey—. Puede que tengas razón. La nueva ley socava el sistema de niveles del que legítimamente se beneficia nuestra clase... lo que resulta irónico, teniendo en cuenta las circunstancias en que hubo que imponerla. Pero ¿cómo propones resolver el problema?

En ese momento, Caesar894, disfrazado del famoso romano al que debía su nombre, se puso en pie.

—Tengo una idea —sugirió la mano derecha del monarca.

—Habla —respondió el rey.

—Bueno, se me ocurre que dentro de la muralla de la ciudad casi no quedan tierras fértiles. Los bosques que las rodean por todas partes no serían buenos campos de cultivo. Si queremos que las cosas continúen aquí como siempre, debemos tomar varias medidas. En primer lugar, no debemos repartir más tierras fértiles. En segundo lugar, debemos obligar a los ciudadanos de bajo nivel a marcharse. Tal como ha señalado sir Charlemagne, si morimos es muy probable que nos roben nuestras posesiones... ¡o incluso peor, que se levanten contra nosotros y nos asesinen mientras dormimos para quedarse con ellas!

»Los ciudadanos de bajo nivel nos superan en proporción de dos a uno —continuó—, y si alguna vez llegan a darse cuenta nos encontraremos con un problema muy serio. Debemos obligarlos a abandonar la ciudad. Entonces habrá más tierras para quienes realmente las merecen.

»La aldea Adoriana puede acoger a la mayoría de los exiliados y, aunque nuestros cartógrafos no los hayan encontrado aún, seguramente habrá terrenos cultivables en alguna parte, más allá del desierto de Ender. Algunos de los refugiados pueden instalarse allí. Una cosa está clara: los ciudadanos de bajo nivel deben marcharse.

Al concluir el discurso de Caesar894, los miembros del consejo aplaudieron al unísono con sus rudimentarias manos. El rey se puso en pie.

—Muy bien —dijo—. La ley rezará así: «Todos los habitantes de Element City de nivel inferior a quince deben abandonarla en el plazo de una semana. Transcurrida esa fecha, todos los jugadores de nivel catorce o menos serán asesinados y sus casas demolidas. ¿Quiénes están a favor?

Se alzaron diez manos de contorno geométrico.

Aquellos diez jugadores del servidor de Elementia no tenían ni la menor idea de lo que acababan de hacer. No sabían cómo reaccionaría el servidor ante aquella ley. Y tampoco sabían lo que supondría aquella decisión concreta para su forma de vida, para las vidas de sus ciudadanos y para el propio juego de Minecraft. No obstante, el rey continuó.

—Moción aprobada —anunció—. La ley entrará en vigor al día siguiente a su proclamación. ¡Ha llegado la hora de que la élite de esta ciudad recupere el reino que le pertenece!

En ese mismo momento, mientras el Consejo vitoreaba al monarca, un nuevo jugador llamado Stan2012 aparecía en la colina Generación.

PRIMERA PARTE

BIENVENIDO A MINECRAFT

CAPÍTULO 1

BIENVENIDO A MINECRAFT

l Gran Bosque estaba a oscuras. Entre los grandes árboles que rodeaban la colina sembrada de flores, la visibilidad era más que limitada. ¿Quién sabía lo que podía acechar en las sombras? Aún se veían las estrellas, pero el cuadrado blanco del sol había empezado a asomar sobre el horizonte y teñía el firmamento estrellado de un suave brillo entre rosa y anaranjado. El aterrador aullido de un enderman se abrió paso en medio de la paz del amanecer. Fue esta impresionante escena del servidor de Elementia la que dio la bienvenida a un jugador que acababa de aparecer en la colina Generación.

Saltaba a la vista que se trataba de un jugador nuevo. Su mano rectangular no sostenía nada y sus ojos contemplaban con asombro los infinitos cubos de tierra, hierba y madera de roble que componían la colina tapizada de hierba y los bosques que lo rodeaban. Tenía cabello castaño, una camisa turquesa y pantalones azules, como cualquier jugador de Minecraft que aún no hubiera cambiado de apariencia.

Era la primera vez que jugaba a Minecraft. Sin saberlo él, no podría haber elegido un momento peor para entrar en aquel servidor. Su nombre era Stan2012.

«Madre mía —pensó Stan mientras contemplaba la penumbra del amanecer a su alrededor—. ¡Esto es genial! ¡Está todo hecho de cubos! La tierra del suelo, los árboles... ¡hasta las hojas! Y mira el arroyo. Incluso el agua está formada por cubos perfectos. ¿Se pueden agarrar esos... bloques para construir cosas? ¡Pero si están por todas partes! ¡Es increíble! ¡Caray!»

Miró a su alrededor. Era evidente que por allí habían pasado otros jugadores, aunque ahora mismo no se veía a ninguno. A su alrededor había antorchas pixeladas, clavadas en el suelo, además de carteles y unas cosas que parecían cofres. Uno de los carteles pedía que nadie se llevase las antorchas y otro decía que aquello era la colina Generación, por donde entraban los nuevos jugadores al servidor. Pero el cartel que más llamó la atención a Stan fue uno que se encontraba junto a un cofre. Decía: SI NO HAS JUGADO NUNCA TOMA UN LIBRO DEL COFRE.

Se acercó al cofre y lo abrió. Estaba dividido en compartimientos. En uno había varios panes, otro tenía unas espadas hechas de madera y un tercero contenía libros. Stan tomó uno de los libros y comenzó a bajar la colina con él. Se sentó a la orilla del cercano arroyo, metió los pies en el agua y, cuando se disponía a empezar a leer, oyó un grito a su espalda.

—¡Oye, espera!

Había una figura, otro jugador aparentemente, recortada contra un cielo azul y cada vez más luminoso. Mientras bajaba por la colina de bloques, Stan vio que llevaba una sencilla túnica blanca y unas botas marrones. Tenía el aspecto de alguien que pudiera vivir en un desierto. Al llegar al pie de la ladera tapizada de hierba, el jugador se plantó frente a Stan.

—Hola —dijo—. Me llamo ReyCharles_XIV, pero tú puedes llamarme Charlie. Es la primera vez que juego y no tengo ni la menor idea de lo que tengo que hacer. ¿Puedes echarme una mano?

—A lo mejor sí. Me llamo Stan2012, pero puedes llamarme Stan —respondió este—. Yo tampoco había jugado nunca. Dicen que es un juego muy divertido y que este servidor es estupendo para aprender. Ese cartel dice que este libro te enseña a jugar.

Lo levantó.

—Pues entonces vamos a leerlo —dijo Charlie.

Se sentó junto a Stan y dirigió la mirada hacia el libro mientras Stan empezaba a leer.

INTRODUCCIÓN

Bienvenido a Minecraft, nuevo jugador. Te encuentras ante un juego muy divertido, sin un objetivo concreto. Como puedes ver, el mundo que te rodea está hecho de bloques. Puedes destruirlos con ciertas herramientas y luego colocarlos en otra parte. Una vez que hayas levantado un refugio para resguardarte de los monstruos de la noche puedes aprovechar el día para construir fantásticas estructuras con estos bloques. En este momento te encuentras en la colina Generación, donde entran en el juego los nuevos jugadores, como tú. Antes de ponerte a construir cosas increíbles, es muy conveniente que te unas a una comunidad.

Mi recomendación es que sigas el camino que tienes delante. Te llevará hasta la aldea Adoriana, una comunidad dedicada a formar a los nuevos jugadores. Está a un día de camino, así que toma una espada de madera y dos panes del cofre. El pan te permitirá mantenerte con vida hasta llegar a la aldea y con la espada podrás defenderte de los monstruos que aparecen por la noche. Si al llegar el crepúsculo aún no estás en la aldea, toma algunos bloques a tu alrededor y levanta un muro para mantener a raya a los monstruos. Si necesitas saber algo de inmediato, este libro está lleno de información sobre los bloques, la creación de cosas y los monstruos. ¡Buena suerte y nos vemos en la aldea!

Stan pasó la página. Era el final de la introducción. A partir de ahí había información sobre los distintos bloques y sus propiedades, instrucciones para fabricar distintas herramientas y descripciones de un puñado de monstruos.

Miró a Charlie.

—¿Sabías que había monstruos en este juego? —le preguntó.

—Bueno, había oído hablar de una cosa llamada cripi, o algo así, pero no creía que fuese de verdad.

—Pues esperemos no encontrarnos con ninguno, ni con otras cosas —dijo Stan—. ¿Ves ese camino por alguna parte? Porque eso de la aldea Adoriana no suena mal.

—Sí, más vale que procuremos encontrarla. Pero ¿dónde está el camino? No lo veo por ninguna parte.

Miraron en derredor. No había ningún camino, pero Stan se fijó en otra cosa. Entre las sombras de los árboles se veía a otro jugador. O al menos, es lo que parecía, a juzgar por su estatura y su figura, pero Stan no le veía la cara.

—¡Eh, Charlie, mira ahí. ¿Crees que sabrá dónde está el camino?

—Igual sí. Vamos a preguntarle.

Echaron a andar colina abajo, en dirección a la colina. El follaje los protegía del sol. De pronto, cuando estaban más cerca de la figura, esta dio media vuelta y echó a andar hacia ellos con los brazos estirados.

—¡Qué bien, nos ha visto! ¡A lo mejor puede indicarnos el camino! —exclamó Charlie.

—Sí...

Pero había algo en el jugador que hacía desconfiar a Stan. Los había ignorado por completo hasta que estuvieron cerca y entonces se había dirigido hacia ellos con los brazos en alto.

—¡Charlie, cuidado!

—¿Stan? ¿Qué es lo que te pa...? ¡Ay, Dios!

La figura acababa de entrar en una zona iluminada. Vestía igual que Stan, pero tenía la carne podrida y de color verde y las cuencas oculares vacías. Olía a muerte y hacía unos ruidos que parecían gimoteos. Se encontraba cada vez más cerca de Charlie, que estaba inmóvil y tenía los ojos muy abiertos por el pánico. Stan corrió hacia el monstruo e hizo lo primero que se le ocurrió.

Golpearlo con el libro en la cabeza.

El monstruo retrocedió tambaleándose unos pasos pero permaneció erguido y enseguida reanudó su avance, esta vez en dirección a Stan. Stan echó a correr, pero el monstruo le pisaba los talones. Salió de los bosques, atravesó el campo y de repente se detuvo. Se encontraba frente a un barranco en el que no había reparado hasta entonces, que atravesaba el campo por el centro. Era muy profundo; no se veía el fondo. Estaba atrapado entre una caída mortal y un monstruo. Temiendo morir antes de haber empezado a jugar, Stan apretó los puños y se volvió hacia el monstruo, dispuesto a luchar. Y se quedó boquiabierto.

El monstruo había dejado de perseguirlo. Ahora corría en dirección contraria, hacia el bosque. Y no porque estuviera persiguiendo a Charlie. Pero lo más raro era que su piel desprendía humo. Stan captó el pútrido hedor de la carne quemada. El monstruo profería unos débiles gemidos y Stan estaba seguro que de haber podido habría gritado. De repente, la criatura cayó de lado y empezó arder. Se retorció en el suelo hasta consumirse del todo, sin dejar tras de sí más que un pedazo de carne putrefacta.

Charlie salió del bosque con una mirada de asombro clavada en el pequeño pedazo de carne del suelo. Stan no estaba menos estupefacto. Charlie se volvió hacia él.

—¿Qué era eso?

—No sé, pero un jugador no, desde luego.

—Puede que fuese uno de esos monstruos que mencionaba el libro. Un cripi, o como se llame.

—Déjame ver.

Stan pasó las páginas hasta llegar a la sección del libro donde se describían los monstruos y en la primera página encontró lo que buscaba. Leyó la descripción que había junto a una ilustración del monstruo con el que acababan de encontrarse.

ZOMBIS

Los zombis son criaturas hostiles que aparecen de noche o en zonas oscuras. Son los seres hostiles más fáciles de derrotar, puesto que su patrón de ataque consiste en que se acercan al jugar y tratan de golpearlo. Cuando les da la luz del sol directamente empiezan a arder. Pueden derribar puertas y cuando se produce un asedio contra una aldea de PNJ son los principales atacantes. Al morir sueltan carne podrida.

Cuando Stan terminó el párrafo, Charlie dijo:

—Entonces, ¿eso era un zombi? ¿Y dice que es fácil matar a esas cosas?

—Al parecer, sí —respondió Stan.

Levantó la carne del suelo.

—¿Crees que se podrá comer esto?

—Lo dudo —dijo Charlie mientras observaba el rancio trozo de carne de color marrón y verde—. Mira en el libro.

Tras buscar un poco en la sección llamada Objetos, Stan encontró la página donde se describía la carne.

CARNE PODRIDA

La carne podrida es un objeto que sueltan los zombis y los hombrecerdos zombis y que a veces se encuentra en los templos. Se puede comer, pero no es muy aconsejable hacerlo, dado que puede provocar una intoxicación. Sin embargo, es totalmente inocua para los perros.

—O sea, que no debemos comérnosla hasta que estemos muy, pero que muy desesperados —dijo Charlie.

—Sí, tienes razón —asintió Stan—. Además, tenemos dos panes por cabeza en el cofre de arriba, más una espada. Nos servirá para defendernos de los monstruos, si aparecen más.

—De acuerdo. ¡Pues vamos por las cosas! Aún es temprano. Tenemos un día entero para llegar a la aldea Adoriana esa antes de que aparezcan más monstruos.

Los dos jugadores subieron de nuevo hasta el cofre, de donde sacaron dos panes y una espada de madera para cada uno. A continuación siguieron ascendiendo a la cima de la colina y miraron a su alrededor hasta que Charlie localizó el camino. Con el pan en el inventario y la espada en la mano, Charlie y Stan se alejaron por el camino de la aldea Adoriana.

CAPÍTULO 2

LA PRIMERA NOCHE

Habían despejado los bordes del camino de árboles, así que los dos jugadores caminaban bajo la luz en dirección a la aldea. No había monstruos en la vereda, pero sí vieron algunos en los bosques. Los más numerosos eran los zombis, que estaban por todas partes, pero había otros. Charlie señaló a una criatura parecida a un zombi, pero mucho más delgada, que había en la penumbra del interior del bosque. Stan habría jurado que llevaba un arco y un carcaj en la espalda. En otra ocasión, al levantar la mirada hacia los árboles que había a ambos lados del camino, atisbó el destello de unos ojos rojos que lo contemplaban desde las ramas más altas. Por suerte, ninguna de aquellas criaturas misteriosas fue tras ellos.

—Será mejor que nos apresuremos a llegar a la aldea —dijo Charlie con nerviosismo—. Prefiero no estar aquí fuera cuando oscurezca y salgan esas criaturas a cazar.

Stan asintió. Por desgracia, las cosas no fueron bien de ahí en adelante. Cuanto más se adentraban en el bosque,

27

más difícil de seguir era el camino y en varias ocasiones se extraviaron accidentalmente y continuaron por sendas secundarias que desembocaban en callejones sin salida. Al final de una de ellas había un zombi. Stan y Charlie lograron escapar a duras penas antes de que perdiese el interés.

El cielo empezó a teñirse de una preciosa tonalidad rosa, pero los dos jugadores eran incapaces de apreciarlo, porque acababan de volver al camino principal tras un quinto desvío y seguían sin ver ni rastro de la aldea que buscaban.

—Será mejor que levantemos un refugio para pasar la noche —dijo Stan—. Hay que hacerlo de dos bloques de altura, al menos, para contar con una barrera que los monstruos no puedan superar tan fácilmente.

—Tienes razón —dijo Charlie—. Voy a buscar unos bloques de tierra. Tú intenta conseguir un poco de madera de los árboles. Cuando la tengas, nos vemos aquí.

Stan asintió y se alejaron en direcciones distintas.

Recoger la tierra fue más fácil de lo que esperaba Charlie. Los bloques se soltaban con un par de golpes y luego solo tenía que añadirlos a su inventario. Cuando tuvo un buen número de ellos volvió con Stan.

A Stan no le fue tan sencillo. Las secciones de tronco de árbol había que golpearlas repetidas veces para conseguir que se rompiesen. Y se lastimó.

—Lo que... daría... por una... motosierra —rezongó entre dientes mientras partía los troncos, dejando el follaje suspendido en el aire.

Estaba empezando a darse cuenta de que en Minecraft no se cumplían siempre las leyes de la física.

Al cabo de una hora los dos jugadores volvían a estar en el camino y antes de que cayera la noche habían construido un pequeño recinto rectangular de tierra y madera, de dos bloques de altura y sin techumbre. Se comieron el primer trozo de pan y luego se acurrucaron en el interior de su pequeña fortaleza.

—Prepárate —dijo Stan—. Los ataques podrían comenzar en cualquier momento.

Charlie tragó saliva y desenvainó la espada.

Pero para su sorpresa, no sucedió nada durante bastante tiempo. Simplemente permanecieron allí sentados, esperando que no apareciese ningún monstruo. De vez en cuando asomaban la cabeza por encima del muro para asegurarse de que no había nada y, de hecho, nada es precisamente lo que veían al hacerlo. Cuando la media luna estaba en lo más alto del cielo y Stan se disponía a decir que no había moros en la costa y que deberían seguir su camino, una flecha se acercó silbando y le atravesó limpiamente la manga de la camisa.

—¡Ahí vienen! —le gritó a Charlie al mismo tiempo que una lluvia de flechas pasaba por encima de sus cabezas.

Charlie se agachó. Miró por un agujerito en el muro y vio que cuatro esqueletos animados disparaban flechas contra ellos desde cierta distancia. Quería seguir vigilándolos desde allí, pero un segundo más tarde retrocedió de un salto, sobresaltado por la aparición de la cabeza de un zombi justo delante de sus ojos.

—¡Zombis! —le gritó Charlie—. ¡Y esqueletos! Son muchísimos. Y... —miró por algunas de las grietas de su refugio— ¡están por todas partes!

Tenía razón. Los cuatro esqueletos estaban disparándoles desde todos lados y unos seis zombis se habían congregado alrededor del fuerte y trataban de avanzar, a pesar de la presencia de la pared. Pero el horror no terminó allí.

—¡Tsiiiiiiiii!

Algo grande que había caído de los árboles acababa de aterrizar justo al lado del aterrado Stan. Sin pensar, este esgrimió su espada a su alrededor con todas sus fuerzas. La hoja alcanzó algo. El monstruo cayó al suelo y Stan lo golpeó varias veces más hasta acabar con él. Entonces, al verlo con claridad por primera vez, el corazón le dio un vuelco.

Lo que tenía ante sus ojos era el cadáver de la araña más grande que hubiera visto nunca. Tenía un montón de relucientes ojos rojos en la cabeza. El resto del peludo cuerpo era de color gris oscuro. Stan se dio cuenta de que era la criatura que había visto en los árboles durante el día. Entonces, el cadáver de la araña se desvaneció dejando solo un hilo fino.

En ese momento empezaron a caer más arañas de los árboles.

—¡Charlie! ¡Ayúdame! —gritó Stan mientras trataba de repeler la horda de arañas con su espada de madera.

Charlie lanzó un grito de horror al ver que las arañas corrían sobre su amigo y usó la espada para llamar la atención de algunos de los monstruos que estaban pendientes de Stan. En medio del ataque, Stan logró cortar la rama que estaban usando las arañas para penetrar en el refugio y a partir de entonces los arácnidos dejaron de caer sobre ellos.

—Ya no tenemos que preocuparnos por ellas —suspiró.

Pero estaba muy equivocado. Las arañas lograron encaramarse al muro para atacarlos. Los jugadores, resignados a la idea de pasarse toda la noche luchando contra ellas, se colocaron espalda contra espalda y sacaron sus espadas.

Fue una noche larga y difícil. El suministro de arañas parecía inagotable y los jugadores no podían levantar demasiado la cabeza por culpa de la lluvia de flechas que volaba sobre sus cabezas. Milagrosamente, ninguno de ellos perdió puntos de salud aquella primera noche. Las arañas siguieron atacando, pero Stan y Charlie lograron mantenerlas a raya y destruirlas con salvajes y frenéticas estocadas.

Al cabo de unas horas, el cielo empeñó a teñirse de rosa y luego de azul. La tormenta de flechas remitió. Las arañas dejaron de escalar las paredes. Los jugadores estaban sanos y salvos.

—Qué noche más larga —murmuró Charlie con agotamiento.

Apoyó la espalda en la pared y se dejó caer.

—Sí, yo también tengo sueño, pero debemos irnos —dijo Stan en medio de un bostezo a duras penas reprimido—. Debemos llegar a la aldea Adoriana antes de que caiga la noche, si no queremos enfrentarnos de nuevo con todas esas arañas.

—Tienes razón. Supongo que debemos irnos.

Se incorporó, pero al instante soltó un chillido y volvió a agazaparse.

—¿Qué pasa? —le preguntó Stan.

—No te asomes sobre el muro. Ni se te ocurra —gimoteó Charlie. Parecía aterrorizado.

Stan se asomó. Y al ver lo que había al otro lado se le hizo un nudo en el estómago.

Frente a ellos, el camino estaba cubierto de arañas. Estaban por todas partes, reptando y peleando unas con otras. No quedaban esqueletos ni zombis, pero había tantas arañas que a Stan se le doblaron las rodillas y se dejó caer junto a Charlie.

—¿Por qué siguen vivas? —preguntó—. Creía que los monstruos se quemaban cuando les daba la luz.

—Pues parece que las arañas no. ¿Qué hacemos? ¿Luchar con todas?

Stan miró las espadas de madera. Estaban cubiertas de tripas de araña, pero por debajo se podía ver que no se encontraban en muy buen estado. Unos golpes más y se romperían.

—No, no es buena idea —dijo.

Entonces se le ocurrió algo.

—Oye, Charlie, si esas arañas siguen ahí, ¿por qué no trepan el muro para atacarnos, como anoche?

Charlie pensó en ello.

—Pues tienes razón. ¿Crees que solo atacan de noche?

Stan comprendió lo que tenían que hacer.

—Supongo que solo hay un modo de averiguarlo.

Echó a andar hacia el muro.

—Eh, ¿adónde vas? —gritó Charlie.

—Voy a comprobar si las arañas me atacan cuando esté al otro lado del muro.

—¿Y si lo hacen?

—Pues puedo darme por muerto.

—No, no puedes...

—¿Tienes alguna idea mejor?

—Bueno, mm...

—Ya me lo imaginaba.

Stan empezó a trepar el muro.

—Espera —dijo Charlie. Le ofreció su espada—. Llévate esto —dijo—. La tuya está a punto de romperse y si tienes que pelear con todas esas arañas te va a hacer falta un arma.

—Gracias. Deséame suerte —dijo Stan con un leve temblor en la voz, y entonces saltó sobre el muro y cerró los ojos.

No sucedió nada. Abrió los ojos. Las arañas seguían en lo suyo, como si Stan no hubiera escalado la pared. Pasó de puntillas entre ellas y ni una sola reaccionó a su presencia. Como no quería correr riesgos, lo hizo lo más deprisa posible y no se detuvo hasta llegar a una parte del camino que no estaba invadida por las criaturas.

—No pasa nada, Charlie, no son hostiles. Ya puedes venir.

Charlie estaba medio petrificado y le temblaban las manos pixeladas mientras recogía los hilos de las arañas muertas del suelo (a los que tal vez pudieran darles algún uso más adelante), escalaba el muro y corría entre las arañas hasta llegar a su amigo.

—Bueno —dijo Charlie con un suspiro—. Me alegro de que esto haya terminado.

Stan asintió.

—Y que lo digas... ¡Eh, mira!

Se acercó a un montón de huesos y flechas. Recogió un hueso.

—Se le habrá caído a uno de esos esqueletos al darles la luz del sol. —Se lo tendió a Charlie—. ¿Crees que nos servirá de algo?

—Mira en el libro —respondió Charlie mientras examinaba los proyectiles—. Busca por los huesos y las flechas.

Stan abrió la sección del libro llamada Objetos y leyó en voz alta:

HUESOS

Los huesos son objetos que dejan caer los esqueletos al morir. Sirven sobre todo para dos cosas: se pueden transformar en polvo de hueso o usarse para domar un lobo salvaje y convertirlo en un perro. Para esto pueden hacer falta varios huesos.

FLECHAS

Las flechas son objetos que sueltan los esqueletos al morir o se pueden fabricar con pedernal, palos y plumas. Se pueden usar como proyectiles con un arco o un dispensador de redstone. Los esqueletos las utilizan.

Stan cerró el libro.

—Parece ser que los huesos nos serán útiles si nos encontramos con un lobo. Y habrá que fabricar un arco para poder usar estas flechas.

Charlie asintió y, a continuación, entre los dos derribaron el refugio para guardar los materiales por si les hacían falta más tarde. Volvieron al camino de la aldea Adoriana. Aún les quedaban muchas horas de sol por delante y las perspectivas para el día parecían halagüeñas. Acababan de comerse el pan que les quedaba cuando algo salió repentinamente del bosque.

Era un jugador con una espada hecha de un material parecido a la piedra, con la que apuntaba directamente al corazón de Stan.

El jugador tenía el mismo cuerpo que Stan y Charlie, pero a juzgar por su apariencia debía de ser una chica. Tenía una cabellera rubia que se extendía por detrás de su cabeza rectangular formando una especie de cola de caballo. Llevaba una túnica de cuero, unos pantalones cortos de color rosa fluorescente y unos zapatos azules.

«¿Por qué estoy pensando esto? —se dijo Stan en ese momento—. ¡Me está apuntando con una espada al pecho!»

—Dame todos tus materiales —dijo la chica con voz monótona— si no quieres que tu amigo acabe con una espada en el pecho.

Charlie, petrificado de miedo hasta entonces, sacó rápidamente todos sus materiales y los dejó sobre el suelo: su espada de madera dañada, un trozo de pan, un montón de tierra, un pedazo de carne podrida, un hueso, cinco flechas, un poco de madera y un montón de hilos de araña. La niña les dirigió una mirada despectiva.

—Me lo imaginaba. No tienen nada de valor.

37

Era una afirmación, no una pregunta.

—No sé. Yo tengo... ¡esto!

Y Stan, que había permanecido totalmente inmóvil hasta este momento, sacó repentinamente su espada de madera. Aprovechándose de que la chica estaba atenta a otra cosa, le asestó una estocada en el pecho que la lanzó hacia atrás. La chica cayó al suelo y arrugó el gesto. El ataque no había llegado a herirla, pero sí había logrado desprenderle la armadura de cuero del pecho, y por debajo asomaba ahora una camiseta naranja con un corazón del mismo rosa que los pantalones cortos.

Stan se plantó delante de ella y esta vez fue él quien le apuntó con la espada, secundado al cabo de un momento por Charlie.

—Yo en tu lugar no intentaría nada —dijo, fingiendo una seguridad que en realidad no sentía—. Somos dos y tú estás sola.

La chica se puso en pie y entonces, para sorpresa de Stan, respondió casi con tono de aburrimiento:

—No te preocupes, no voy a intentar nada. Para qué. Matarlos, aunque no me costaría mucho, no tendría mucho sentido. Solo son un par de novatos. Cuando decidas si van a atacarme, dejar que me vaya o lo que sea, avísame. Estaré aquí sentada, esperando.

Dicho esto, se sentó sobre un tocón cercano, puso las manos detrás de la cabeza, cruzó las piernas y cerró los ojos como si estuviera tomando el sol en una silla de playa en lugar de amenazada por una espada. Stan sintió que se ponía colorado.

—¿Cómo sabes que somos nuevos? —preguntó Charlie con tono desafiante y las manos temblorosas mientras le apuntaba al corazón con la espada.

—Eso. ¿Y si somos... no sé, unos auténticos maestros del juego, que llevan equipo de baja calidad para engañar a incautos como tú? —le espetó Stan con tono de amargura.

La chica abrió los ojos y lo miró.

—Bueno, en primer lugar están en el camino de la aldea Adoriana, que es para jugadores de menos de nivel cinco. Y en segundo lugar cualquier jugador sensato llevaría consigo armas para defenderse, ahora que el rey ha promulgado esa nueva ley.

Volvió a cerrar los ojos

—¿Qué ley? —preguntó Charlie.

La chica abrió los ojos de nuevo.

—Y en tercer lugar, solo un par de novatos no sabrían que hay una ley que te expulsa del servidor en cuanto mueres una vez y no te deja volver a entrar, en lugar de quitarte todas tus cosas y mandarte al punto de generación, como pasa siempre en Minecraft.

Y volvió a cerrar los ojos.

—Espera un momento —dijo Stan—. Si no eres nueva, ¿por qué llevas una espada de piedra? A juzgar por lo que se ve, yo diría que es bastante abundante por aquí.

La chica abrió los ojos y una expresión de amargura afloró a su rostro.

—Ah, eso. Es la cosa más estúpida de la historia. Una vez estaba en un servidor llamado Johnstantinopla... supongo que dirigido por un tipo llamado John, vaya usted a saber... y la verdad es que me iba muy bien. Encontré una aldea de PNJ abandonada, con una espada de hierro y un montón de manzanas en un cofre y andaba por ahí matando monstruos cuando un griefer se me acercó por detrás... ¡y me mató! Volví a punto de generación, maté un montón de creepers, conseguí arena para fabricar TNT, cambié una manzana dorada por unas cargas ígneas que un tipo había conseguido en el inframundo y las usé para volar por los aires la casa del cretino que me había matado. Por desgracia, resulta que el tipo era John, el administrador del servidor, así que me asesinó.

»¡Fue totalmente injusto! Por ello que tuve que cambiarme de servidor y no había aldeas de PNJ por ninguna parte, así que no me quedó más remedio que matar a un tipo mientras dormía para robarle esta porquería de espada de piedra y... No están entendiendo nada de lo que estoy diciendo.

De nuevo, era una afirmación, no una pregunta, y de nuevo era cierta. Los chicos se quedaron en el sitio, con mirada de aturdimiento. No habían entendido una sola palabra de su divagación sobre aldeas de PMG o lo que fuera que hubiese dicho. Estaban tan confundidos que la chica se levantó y se alejó.

—¡Oye! ¿Adónde crees que vas? —gritó Charlie.

—A buscar a alguien que tenga cosas que me interesen —respondió ella mientras se encaminaba al bosque.

—¡Espera! —gritó Stan y la siguió—. ¿Por qué no vienes con nosotros?

Ella se revolvió al instante y se encaró con él.

—¿CÓMO? —gritó, al mismo tiempo que Charlie.

—No hablarás en serio, Stan. ¡Acaba de tratar de asesinarnos!

—¿De verdad te crees que voy a ir con un par de novatos?

—¡Nos traicionará en cuanto nos quedemos dormidos!

—¡Si crees que voy a protegeros, más vale que te lo pienses mejor!

—¡CALLAOS! —gritó Stan, y lo hizo con tanta fuerza que Charlie y la desconocida obedecieron.

Se volvió hacia la chica y dijo:

—Mira, si atacas a gente que tenga armas mejores que tú te van a liquidar. Ven con nosotros a la aldea Adoriana. Te ayudarán a conseguir una nueva espada de hierro y luego cada uno por su lado.

La chica lo pensó mientras Charlie balbuceaba débiles protestas, que Stan ignoró.

—De acuerdo —dijo—. Iré con ustedes, pero solo hasta la aldea Adoriana. Después se quedarán solos.

—Muy bien —dijo Stan.

Charlie le dirigió una mirada incrédula, pero era evidente que Stan había tomado una decisión y dudaba mucho que pudiera disuadirlo.

—Vamos —dijo Stan—. El camino es por aquí.

Echó a andar por la vereda y los demás lo siguieron.

—Por cierto, me llamo KitKat783 —dijo la chica—. Pero pueden llamarme Kat.

—Yo me llamo Stan y este es Charlie —dijo Stan mientras hacía un gesto dirigido a Charlie, que levantó una mano pixelada sin demasiado entusiasmo.

Sin decir nada más, continuó su camino, seguido por una sonriente Kat y un ceñudo Charlie.

Caminaron en silencio. Stan iba al frente, seguido por Kat, con Charlie en último lugar.

—No me atrevo a tenerla a mi espalda —le había susurrado a Stan.

Siguieron así hasta casi el mediodía, cuando Stan vio algo a un lado del camino. Se lo indicó a los demás. Parecía un agujero de grandes dimensiones, jalonado de piedra, con una negrura dentro que se extendía hacia el interior de la tierra. Algunas de las piedras tenían unos puntitos negros.

—¡Es una mina! —gritó Kat con entusiasmo—. ¡Podemos extraer minerales de su interior! ¡Vamos a entrar!

—¿Estás loca? —le espetó Charlie, aún molesto con su presencia—. Ahí dentro está muy oscuro. Seguro que hay monstruos.

—Eh, no seas niño —dijo Kat con una sonrisa—. ¿Ves eso negro?

Señaló una de las piedras moteadas de puntos.

—Eso es mena de carbón. Podemos hacer antorchas con el carbón para ver en la oscuridad y alejar a los monstruos de noche. Además, aunque haya monstruos ahí dentro podemos luchar con ellos. Todos tenemos espadas. Soy la única chica de este grupo, pero, irónicamente, parece que también soy la que menos miedo tiene de bajar.

Nadie replicó. A Stan, la perspectiva de meterse en una oscura mina después del episodio de las arañas lo ponía un poco nervioso. Sin embargo, tenía que conseguir una espada nueva cuanto antes y estaría bien que fuese de piedra y no de madera, aunque no tenía ni idea de cómo fabricarla. También se preguntaba qué otros minerales podían encontrar allí dentro. Sus deseos y su curiosidad se sobrepusieron a su temor y finalmente dijo:

—De acuerdo, Kat. Entraré en la mina.

—Pues yo no y me da igual lo que digan —repuso Charlie—. No me he olvidado de las arañas. Pienso quedarme aquí.

Y con estas palabras caminó hasta el centro del camino, se sentó sobre un trozo de madera de su inventario, cruzó los brazos sobre el pecho y se quedó mirando a Stan y Kat de manera desafiante.

—Muy bien —dijo Stan—. Pues quédate aquí fuera. A ver si puedes encontrar más comida. Casi no nos queda. Kat y yo iremos por carbón, piedra y cosas.

Dicho lo cual, dio media vuelta y se encaminó a la mina.

—Espera —dijo Kat, antes de lanzarle algo.

Stan lo agarró y lo examinó: era un pico de piedra.

Ella llevaba otro idéntico.

—Si golpeas la roca con los puños te vas a hacer daño, aparte de que tardarás una eternidad en perforar y no podrás extraer nada. Es mucho mejor hacerlo con un pico.

Stan, sintiéndose un poco tonto, entró en la mina pico en mano, seguido de cerca por Kat.

Su primera parada fue en la mena de carbón que había visto Kat. Con el pico, Stan extrajo un fragmento de buen tamaño en cuestión de minutos. Se dio cuenta de que el carbón discurría en una veta y al cabo de poco tiempo tenía unos diez trozos. Se los llevó a Kat, que estaba ocupada picando una pared de roca.

—Bien —dijo ella—. Déjame ver eso.

Stan le pasó las rocas. Kat sacó unos palos de su inventario y les ató el carbón para hacer antorchas. Cada trozo de carbón daba para cuatro antorchas, así que sacaron cuarenta en total.

—Ya podemos entrar en la mina. En el interior no hay luz natural —le explicó.

Entraron. A medida que avanzaban iban dejando antorchas en la pared.

Stan se dio cuenta de que se encendían en cuanto Kat las colocaba en la pared, sin tener que usar cerillas, mechero ni nada. Era raro...

—¡Eh, mira aquí! —dijo mientras corría hacia un sitio donde había unos puntos negros en el suelo—. ¡Más carbón! Lo voy a extraer —dijo—. ¿Puedes conseguirme piedra para una espada nueva? Y a Charlie también.

—Como quieras —respondió ella.

Comenzó a picar la pared en otro sitio y extrajo grandes cantidades de piedra. Stan hizo lo propio en la veta de carbón. Se disponía a sacar su octavo trozo cuando Kat le dijo:

—¡Oye, Stan! ¡Ven a ver esto!

Stan se le acercó. Había hecho un buen agujero en la pared y estaba mirando un bloque distinto a la piedra que lo rodeaba. Estaba salpicado de puntitos como los de la mena de carbón, pero de un color marrón claro en lugar de negro. Kat retrocedió un paso.

—Es la primera vez que lo veo. ¿Crees que será oro?

—Podría ser. Espera, levanta una antorcha —dijo Stan.

Kat obedeció. Stan sacó su libro y se dirigió a la sección de bloques. Encontró una página en la que se describía la mena de oro y se la mostró a Kat.

—No —dijo esta—. El color no corresponde. La mena de oro tiene motas amarillas. Estas son marrones. Mira en las demás páginas.

Stan volvió a la anterior. Le mostró la ilustración a Kat.

—¡Esa es! —exclamó ella—. ¿Qué es?

Stan leyó lo que decía el libro:

HIERRO

La mena de hierro es un tipo de mineral que suele encontrarse en las regiones montañosas. Se puede fundir para obtener lingotes de hierro.

Stan levantó la mirada.

—¿Sabes lo que es un lingote de hierro? —preguntó.

Kat se encogió de hombros.

—Míralo —le dijo.

Stan lo hizo.

LINGOTE DE HIERRO

Un lingote de hierro es un objeto de fabricación. Normalmente se obtiene fundiendo mena de hierro, pero también se puede encontrar en los cofres de mazmorras, fortalezas, minas abandonadas, templos y aldeas de PNJ, o al destruir gólems de hierro o (en raras ocasiones) zombis. El lingote de hierro es un objeto fundamental para fabricar gran cantidad de objetos, como espadas de hierro, armaduras de hierro, herramientas de hierro, cubos, tijeras, barras de hierro, ganchos de cuerda y muchas otras cosas. Las herramientas y las armaduras de hierro son mejores que las de piedra o cuero, pero no tan buenas como las de diamante.

En este párrafo, una pequeña sección llamó la atención de Kat.

—¿Espadas de hierro? —exclamó—. Así que si... fundo esta cosa, signifique eso lo que signifique, ¿puedo obtener una espada de hierro?

—Eso parece —respondió Stan.

—¡Qué bien! —gritó Kat con alegría, y al instante empezó a picar la pared de mineral.

Stan se sumó a ella y entre los dos lograron extraer cuatro bloques de mena de hierro antes de topar de nuevo con la piedra.

—Vamos a seguir buscando. ¡Puede que haya más!

Se disponía a continuar picando la sección adyacente de pared cuando el eco de un chillido estremecedor llegó hasta ellos desde la boca de la cueva.

—¡Aaaaauuuuughhhh! ¡Stan! ¡Socorro!

—¡Vamos! —gritó Stan a Kat, y juntos echaron a correr hacia la boca de la mina y la luz.

Después de que Kat y Stan desapareciesen en la entrada de la mina, Charlie se levantó y dio una vuelta por allí con cara de pocos amigos.

«Será tonta», pensó. Al mirar a su alrededor vio un pequeño campo de trigo junto a un cartel que decía: TOMEN LO QUE LES HAGA FALTA, PERO REPLÁNTENLO.

«¿Por qué tiene que venir con nosotros? ¡Casi nos mata! ¿Qué le ve Stan?» Lo que no se podía negar, pensó mientras recogía el trigo, era que la chica sabía arreglárselas con una espada. «Pero ¿qué digo? ¡Si no la he visto luchar! Que yo sepa, nunca ha matado a nadie. Voy a desenmascarar a esa arrogante a la menor ocasión».

«Y mira lo que ha conseguido ahora —pensó mientras empezaba a romper los bloques de follaje de los árboles. Había leído en el libro de Stan que si rompías los bloques de las hojas, de vez en cuando caía una manzana—. Se lo ha llevado a una mina y ahora tardaremos más en llegar a la aldea Adoria...»

«Un momento —pensó, sin reparar en la manzana que caía del bloque que acababa de romper—. ¿Y si es una trampa? ¿Y si ha convencido a Stan de que se meta allí con ella para matarlo y luego volver y acabar conmigo? ¡Tengo que encontrarlos!» Recogió su espada apresuradamente y, cuando se disponía a correr a la mina para salvar a su amigo, algo lo detuvo.

Poco más allá de la boca de la mina, en su interior, había una figura. Parecía una especie de monstruo. Su primer impulso fue echar a correr, pero la curiosidad pudo con él, porque era la cosa más rara que hubiera visto en su vida. Se aproximó un poco para verla mejor. Era tan alta como él, dos bloques, pero no tenía brazos y se erguía sobre cuatro gruesas patas. No la veía bien, pero habría jurado que tenía el cuerpo cubierto de distintas tonalidades de verde, con manchas blancas entrelazadas. Se acercó un poco más. Y esto fue un tremendo error.

De repente, la criatura se volvió hacia él. Se había acercado demasiado. Se lo quedó mirando. Charlie no había visto nada tan aterrador en toda su vida. Era como una calabaza iluminada cubierta de manchas verdes. Tenía las cuencas oculares vacías y un agujero en lugar de boca, contraído en una sonrisa de espantosa tristeza.

Lo acometió con la espada y el monstruo cayó hacia atrás, pero el arma de madera había llegado al final de su vida. La maltrecha hoja se partió en mil pedazos y Charlie arrojó a un lado el mango inútil mientras se alejaba de la mina pidiendo ayuda a gritos.

Era una criatura rápida, pero también silenciosa. Los zombis emitían gimoteos, las arañas una especie de chasquidos y cuando los esqueletos se movían sus huesos traqueteaban. Pero aquella criatura se desplazaba en completo silencio. Charlie apenas alcanzaba a oír el ruido de sus pasos, detrás de sí. Además, los zombis y los esqueletos ardían cuando les daba la luz del sol y las arañas no les habían prestado la menor atención durante el día. Pero Charlie estaba corriendo bajo la luz del sol y la criatura lo seguía sin perder velocidad ni sufrir el menor daño. No quería saber lo que podía pasar cuando finalmente lo alcanzara.

Kat y Stan salieron de la mina cuando Charlie corría de nuevo hacia ella, seguido por el monstruo.

—¡Gracias a Dios, chicos! Me alegro tanto de que...

—¡Agáchate! —exclamó Kat.

El monstruo, que se encontraba sobre ellos, empezó a sisear como un balón demasiado hinchado. Kat empujó a Stan, que cayó de espaldas dentro de la mina, y luego, en el último momento, quitó a Charlie de en medio. Hubo una explosión atronadora y una nube de polvo se levantó sobre el camino. Entonces se hizo el silencio.

Al posarse el polvo, Stan se levantó y salió de la mina. El monstruo había desaparecido y en su lugar solo quedaba un enorme cráter, justo en medio del camino de tierra. Stan se le quedó mirando mientras Charlie y Kat se levantaban. Kat se volvió hacia Charlie.

—¿De dónde rayos ha salido ese creeper? ¡Creí que ibas a quedarte fuera de la mina! —le gritó.

—Espera... ¿Eso era un creeper? —preguntó Stan.

—¡Sí, claro que era un creeper! ¿Por qué ha empezado a seguirte?

—¿Conque esa es la criatura de la que habla todo el mundo? —preguntó Charlie con los ojos muy abiertos por la sorpresa y el terror—. Había visto los carteles en internet... pero yo pensaba que... no sé, que se te metían en casa y te robaban las cosas. ¿De verdad explotan?

—Sí... Y ahora, por última vez, Charlie, ¿cómo es que te estaba siguiendo?

—Iba a entrar en la mina.

—¿Por qué? —inquirió Kat.

—Este... eh...

Charlie pensó que sería una grosería decirle a Kat que iba a entrar en la mina para impedir que los traicionara, cuando acababa de salvarlos del creeper.

—Quería... quería ayudarlos, chicos. No había encontrado nada de comer y no quería estar cruzado de brazos, así que... fui a buscarlos. Seguí la línea de antorchas... ¡Sí! Y entonces... eh... vi a esa cosa y traté de luchar con ella, pero se me rompió la espada, así que los llamé, porque sabía que tenían espadas que... eh... ¿no estaban rotas? —terminó sin demasiada convicción.

Kat lo observaba con una expresión hecha a partes iguales de exasperación y diversión.

—Ajá —dijo con voz burlona—. Bueno, será mejor que nos pongamos en camino. Tenemos que conseguirte una espada «que no esté rota» cuanto antes y no sé cómo hacerla. ¿O sea que no has encontrado nada de comer?

—Bueno —respondió Charlie—. He encontrado un poco de trigo y unas cuantas manzanas. No sé si el trigo nos sirve de algo, pero las manzanas son comestibles.

—Bueno, pues tendremos que contentarnos con eso —respondió Kat—. Vámonos.

Mientras los tres jugadores continuaban por el camino a la aldea Adoriana, Charlie suspiró y se resignó a la idea de que nunca podría librarse de aquella chica que le había salvado la vida.

Aún les quedaban horas de sol de sobra. La vereda continuaba en línea recta y al cabo de poco tiempo empezaron a ver las copas de árboles sin tronco a los lados del camino. Lo que quería decir que se encontraban cerca de la civilización.

—Mira qué bien —comentó Stan mientras pasaban por un campo de sandías con un cartel idéntico al del trigal—. Aquí podemos conseguir provisiones. Pero no destruyan las parras.

Cada jugador recogió una sandía y la destruyó. Cada una de las frutas se dividió en varios trozos, que luego devoraron para saciar un hambre que empezaba a ser acuciante. Kat, que estaba especialmente hambrienta, se comió incluso dos chuletas de cerdo que llevaba en el inventario.

—Eh —dijo con la boca llena de sandía y cerdo crudo mientras los dos muchachos la observaban con expresión de asco—, *iguag ga ub bogo ge asgo, bedo aguí gue dada ge gagag ed hagge*. —Y entonces, al ver que una expresión de perplejidad reemplazaba a la de asco, tragó y repitió—: Eh, igual da un poco de asco, pero aquí se trata de matar el hambre.

Charlie puso los ojos en blanco. Stan se disponía a soltar un chiste cuando, por segunda vez aquel día, un jugador salió del bosque con una espada en la mano.

Esta vez no hubo vacilaciones. En cuestión de segundos, los tres jugadores se encontraban en pie. Kat adoptó una postura defensiva, con la espada de piedra extendida frente a sí, delante de Stan, que aferraba su dañada espada de madera con manos temblorosas, y Charlie, que había cerrado los puños y se preparaba para luchar dando saltos de puntillas.

El nuevo jugador vestía como un agente del servicio secreto, con un traje negro y unos lentes del mismo color sobre una cara aceitunada. Empuñaba una espada dorada en posición agresiva y parecía listo para matar al primero que hiciese el menor movimiento.

Kat fue la primera en hablar:

—¿Qué quieres? —preguntó.

El jugador arrugó las cejas al tiempo que la apuntaba con su espada.

—¿Que qué quiero? Pues muchas cosas. Recuperar mi antigua vida, por ejemplo. Era perfecta...

—Sí, sí. Mira, no podría interesarnos menos tu triste historia. Será mejor que te alejes antes de hacer algo que luego lamentes. Somos tres y tú solo uno, y dos de nosotros tenemos espadas. Te sugiero que vuelvas arrastrándote al bosque del que has salido.

A juzgar por la expresión del jugador, sus palabras lo habían ofendido mortalmente. Señaló a Kat con su espada.

—¡No permitiré que me digan lo que tengo que hacer! ¡Son novatos y solo llevan armas primitivas de madera y piedra, mientras que yo soy el honorabilísimo Señor A, el guerrero más poderoso de la historia de este servidor! Si supieran la mitad de las razones por las que deseo ver muertos a los novatos como ustedes...

—¡Oh, vamos, cierra el pico! —lo interrumpió Stan—. ¡Es imposible que puedas con todos nosotros, honorabilísimo Señor A! Además, si de verdad fueras honorable, no tenderías emboscadas a gente con «armas primitivas». Eso es una bajeza. Me da igual lo que fueras antes... Es evidente que ahora no eres nada especial. ¡Déjanos en paz! No hemos hecho nada malo. No eres más que un... ¡un griefer, eso es lo que eres!

No sabía lo que significaba exactamente el término, pero tuvo el efecto esperado.

El Señor A atacó. Y Stan se alegró de que lo hiciera, porque así tenía una excusa para pelear. Estaba empezando a acalorarse. Cuando la espada del Señor A estaba a punto de caer sobre su cabeza, levantó la suya para parar el golpe. Las dos espadas se rompieron a la vez. La de madera lo hizo como la de Charlie antes, mientras que la hoja dorada se dobló a la altura de la empuñadura y se desprendió. Enfurecido, el Señor A le lanzó un puñetazo. Stan levantó los brazos para protegerse al mismo tiempo que Kat asestaba un tajo al Señor A en la pierna desde un lado y Charlie le propinaba un puñetazo en la cabeza desde el otro. El griefer cayó de bruces al suelo. Volvió a levantarse al instante, pero con una mano en el torso y una mueca en el rostro.

—¡De acuerdo! Ustedes ganan. Pero ni se les ocurra pensar que esto ha terminado. Volveremos a encontrarnos y cuando lo hagamos lamentarán no haber muerto. ¡A ver cómo se libran de esto!

Con un movimiento repentino, el Señor A sacó un arco y disparó una flecha. No apuntaba a los jugadores, sino a algo situado en los bosques. Stan, Charlie y Kat siguieron el vuelo de la flecha con la mirada mientras el Señor A escapaba corriendo al bosque del otro lado del camino.

Entonces oyeron un gañido de dolor y, un momento después, una fiera de pelaje blanco y brillantes ojos rojos salió de un salto de los bosques. Era un lobo. Enfurecida por la flecha del Señor A, la bestia clavó los ojos en el objetivo más próximo: Stan.

Stan estaba desarmado. Lo único que podía hacer era tratar de correr más que el lobo, pero este era muy rápido, más que el creeper y más de lo que podría ser nunca el jugador. El lobo saltó sobre él y lo inmovilizó en el suelo. La bestia soltó un gruñido sordo y, cuando se disponía a desgarrarle el pescuezo a Stan, sonó un silbido tras ella. El animal volvió la cabeza al instante.

Kat se encontraba allí, con un hueso que acababa de sacar del inventario de Charlie. Ante la mirada de asombro de los muchachos, los ojos del lobo pasaron del rojo a un color triste y negruzco. El lobo ladeó ligeramente la cabeza hacia la izquierda, hizo una pausa y se acercó lentamente a Kat. Cuando se detuvo frente a ella, la chica le dio el hueso.

El instinto agresivo del lobo parecía haber desaparecido. Se sentó frente a Kat meneando la cola y con la lengua fuera. Kat sacó un collar rojo de su inventario y se lo puso alrededor del cuello. El hueso lo había domesticado.

—Ya van dos veces que les salvo la vida —dijo Kat a Stan con petulancia mientras acariciaba a su nuevo perro en la cabeza—. Creo que lo voy a llamar *Rex*.

—Oh, caray, un perro llamado *Rex*. Qué original —murmuró Charlie, pero Kat no lo oyó.

—Stan, ¿podrías buscar información sobre los perros en tu libro? Quiero saber cómo tengo que cuidar a este pequeñín.

Stan obedeció, asombrado aún por la facilidad con la que había domesticado al lobo. Abrió el libro y buscó en la sección de animales y monstruos, pero no encontró nada sobre perros.

—Prueba con «lobo» —le sugirió ella.

Stan lo hizo y encontró una página sobre estos animales.

LOBO

El lobo es una criatura neutral que vive en regiones boscosas. Suele viajar en manadas. Normalmente no agrede a los jugadores, pero si se le ataca se volverá hostil y acometerá con una velocidad y capacidad de salto comparables a las de una araña. Si alguien ataca a un lobo, los demás miembros de su manada se vuelven también contra el atacante. Se puede domesticar a un lobo dándole de comer uno de los huesos que sueltan los esqueletos. A un lobo domesticado se le puede enseñar a sentarse o a seguir al jugador. Si un jugador ataca a una criatura o es atacado por ella, su lobo lo ayudará en la pelea. El nivel de salud de un lobo lo indica el ángulo de su cola. Cuanto más baja, menor es la salud del animal. Para curar a un lobo solo hay que darle de comer cualquier tipo de carne. Al contrario que los jugadores, no se intoxica al comer carne podrida ni pollo crudo.

Kat miró de reojo la cola de *Rex*. Aunque seguía meneándola, estaba casi a la altura del suelo.

—Parece ser que esa flecha lo ha dejado malherido. Debe de haberse separado de su manada. Pobrecito —dijo apesadumbrada.

Stan la miró con perplejidad mientras se rascaba los ara-
ñazos que le habían dejado en el cuello las zarpas de *Rex*.

—Charlie, déjame ver esa carne podrida.

Charlie sacó la carne de su inventario. Se la entregó a
Kat y *Rex* empezó a comerla de su mano. Al instante se le
enderezó la cola.

—¡Vaya, parece ser que tenemos un perro! —dijo Kat a
Stan y a Charlie.

—Espera —dijo Stan—. ¿Cómo que tenemos? Yo creía
que ibas a largarte en cuanto consiguieras tu espada nueva.

—¿Estás de broma? —respondió ella con una sonrisa—.
De no ser por mí, el bueno de *Rex* los haría pedazos y —señaló al propio Stan con un ademán— ese creeper los habría
hecho pedazos a la entrada de esa mina. Sin mí morirían
ambos y, la verdad, eso supondría un montón de aburrido
papeleo para los operadores de este servidor. Y ahora vamos
—dijo con tono animado, sorda y ciega a las expresiones de
indignación y el conato de protesta balbuceado por Stan y
Charlie—. A la aldea. ¡Necesito una espada!

Siguieron su camino alimentándose de las manzanas de
Charlie, ellos malhumorados y ella risueña. Cuando por fin
comenzaba a ocultarse el sol avistaron dos torres y oyeron
los gritos de alguien que decía:

—¡Nuevos jugadores! ¡Vienen nuevos jugadores! ¡Bienvenidos a la aldea Adoriana, nuevos jugadores!

La aldea Adoriana no se parecía a nada que Stan hubiera visto en Minecraft. Hasta entonces, los únicos objetos fabricados por el hombre que había visto eran carteles, cofres y antorchas. Pero allí todo parecía hecho de bloques manufacturados.

Los edificios eran principalmente de tres materiales: tablones de madera apilados, paneles de cristal en las ventanas y una piedra que no estaba en estado natural, como la de la mina, sino dividida en pedazos, como los adoquines de una calle. Había antorchas por todas partes y el camino estaba pavimentado de grava.

Tan pronto entraron en la aldea, a través de una puerta de madera enmarcada por dos torres de guardia, vieron que se les acercaba un jugador. Tenía el cabello castaño y llevaba unos pantalones azules y una chaqueta roja por encima de una camisa blanca. Se presentó como Jayden10 y les dijo que lo siguieran para conocer al alcalde de la ciudad. A continuación echó a andar por la calle de grava hacia un edificio de ladrillo de grandes dimensiones. Stan, Charlie y Kat fueron tras él.

Mientras caminaban por aquella calle, Stan vio que había jugadores por toda la aldea. Uno de ellos estaba cambiando dos manzanas por un pedazo de pedernal y un anillo metálico. Al otro lado de un gran ventanal, Stan vio un grupo entero de jugadores, sentados alrededor de unas mesas con herramientas. Uno de ellos dio un último golpe de martillo al objeto que estaba fabricando y lo levantó para examinarlo. Era un pico de brillante metal. A la derecha del edificio de ladrillo había otro de grandes dimensiones, de madera, con una amplia extensión de tierra detrás donde se veían distintos animales, además de campos de trigo, calabazas y sandías. Stan nunca había visto en Minecraft nada como lo que estaban haciendo aquellos jugadores. Su emoción fue en aumento. Además, los jugadores parecían amistosos. Uno de ellos lo saludó con la mano y otro le gritó a Kat «¡Bonito perro!».

—Pues aquí estamos —dijo Jayden mientras señalaba con un gesto el enorme edificio de ladrillo—. El ayuntamiento. Ahí vive la alcaldesa, Adoria. Es la fundadora de la aldea y uno de sus habitantes de mayor nivel. Pasen. Le gusta conocer a todos los recién llegados.

Entró.

Los tres jugadores, tras intercambiar una rápida mirada, lo siguieron, dejando a *Rex* fuera, sentado.

Stan estaba impresionado. El pasillo en el que se encontraba tenía una alfombra roja y las paredes cubiertas de bloques de lámparas eléctricas, que seguramente habrían estado encendidas de no haber sido por la luz que atravesaba el fabuloso techo de cristal. En los huecos de la pared que dejaban las lámparas colgaban pinturas de aspecto distinto. Había una pequeña, con un amanecer, otra más grande con la cara de un creeper —que dio un buen susto a Stan— y otra con una partida de Donkey Kong, que ocupaba una pared entera. Todas estaban muy pixeladas.

Al llegar al final del pasillo Jayden oprimió un botón y se abrió una puerta de hierro. Había alguien en el interior, una jugadora a juzgar por su trenza de pelo negro, sentada a una mesa y escribiendo en un libro. Al oír que se abría la puerta levantó la mirada.

—Hola, Jayden. Supongo que son jugadores nuevos, ¿no?

Tenía una voz amable, que a Stan le recordó la de su madre.

—Sí, señora Adoria —respondió Jayden respetuosamente.

Adoria se levantó. Stan vio que llevaba una blusa rosa y una falda roja.

—Pues entonces bienvenidos a la aldea Adoriana, nuevos jugadores. Soy Adoria1, fundadora y alcaldesa de esta comunidad. Pero, por favor, llamadme Adoria. ¿Cómo se llaman?

Stan tomó la palabra:

—Yo Stan2012, pero puedes llamarme Stan. Este es KingCharles_XIV, Charlie.

Charlie inclinó la cabeza educadamente y Stan continuó:

—Y esta es KitKat783, o Kat.

—Es un placer conocerla, señora —dijo esta.

—Lo mismo digo, jugadores. Cuéntenme, ¿han jugado ya a Minecraft? —inquirió Adoria.

Stan y Charlie sacudieron la cabeza mientras Kat respondía:

—Yo sí, pero en otro servidor y no estuve demasiado tiempo. No tengo mucha más experiencia que estos dos.

Stan y Charlie la miraron con incredulidad, pero bajaron la cabeza al ver su expresión.

Adoria asintió.

—Comprendo. En este caso será un placer enseñarles el juego. Tenemos un programa que enseña todo lo que hay que saber sobre Minecraft en cinco días. ¿Les interesa? El trato incluye comida y un sitio para alojarse temporalmente.

—Suena bien —dijo Stan.

—Yo encantada —dijo Kat, animosa.

—Puede contar con los tres —dijo Charlie—. Pero ¿qué clase de cosas van a enseñarnos?

—En esta aldea tenemos un grupo de personas dedicadas a instruir a los nuevos jugadores. Cada una de ellas posee conocimientos diferentes, que les transmitirá. Les enseñarán a luchar, a fabricar, a crear y otras cosas parecidas.

—Entonces, ¿es tarea suya entrenar a los nuevos jugadores y prepararlos para el servidor? —preguntó Kat.

—Exacto —respondió Jayden—. Casi todos los jugadores del servidor, incluidos la mayoría de los habitantes de Element City, pasaron primero por nuestro programa.

—¿Qué es Element City? —preguntó Stan.

—La capital del servidor —dijo Adoria—. Element City es el sitio al que va la mayoría de los jugadores tras pasar por nuestro programa. Se encuentra en una enorme llanura, rodeada de bosque por todos lados, y es el asentamiento más poblado de este servidor. Allí es donde la gente construye sus casas y montones de estructuras, artilugios y otras cosas. En el centro de la ciudad se encuentra el castillo, desde donde el rey del servidor preside el consejo que promulga las leyes.

—Parece un sitio interesante. ¿Cree que deberíamos visitarlo después de terminar el programa? —preguntó Charlie.

—Mmm... sí, no veo por qué no —respondió Adoria.

Pero su vacilación no le pasó inadvertida a Stan, como tampoco el hecho de que había respondido sin mirar a Charlie a los ojos. Se preguntó qué problema habría con Element City.

—Bueno, ¿hay algún sitio donde podamos descansar? —preguntó Charlie bostezando—. Estoy rendido. ¡Aún no hemos dormido y ya llevamos en el servidor casi dos días!

—¡Oh, por favor, claro! —dijo Adoria con una sonrisa amigable—. Encontrarán cosas para ustedes en el motel. Jayden, llévalos a sus habitaciones, por favor.

—Sí, señora —respondió Jayden—. Síganme —añadió antes de abandonar la sala.

Stan, Charlie y Kat lo siguieron por el pasillo hasta salir al exterior, donde esperaba *Rex* junto a la puerta.

—Bueno —dijo Jayden tan pronto salió del edificio—, ¿qué materiales han conseguido hasta ahora, chicos?

61

—Poca cosa —respondió Charlie, mirando en su inventario mientras caminaban—. Apenas... un montoncito de tierra, cinco flechas, unos hilos y algo de madera. ¿Ustedes tienen algo más? —preguntó, mirando a Kat y a Stan.

—Yo una espada de piedra, un pico, un poco de roca y unas antorchas —respondió Kat—. ¿Stan?

—Oh, tengo un poco de carbón, el pico que me diste y el libro.

—¡Vamos, chicos! ¡Para sobrevivir en este juego van a necesitar cosas mejores!

Stan se dio cuenta de que Jayden no estaba siendo condescendiente, solo bromeando un poco con ellos. Se rio junto con él.

—Supongo que Stan y yo estamos en deuda con ustedes —dijo Charlie—. Sin las espadas, el pan y el libro, nunca habríamos llegado aquí, ni de lejos. ¡De hecho, con tantas arañas no habríamos sobrevivido la primera noche!

—Sí... un millón de gracias —reconoció Stan, temblando al recordar la pelea con las arañas.

—Ah, no se preocupen —respondió Jayden, encogiéndose de hombros—. Además, no soy yo quien dejó esas cosas ahí. Fue mi amiga Sally. Es la que se ocupa de subir al punto de generación y reponer las existencias todas las semanas. Hablando de lo cual, ¿por qué han tardado dos días en llegar? El viaje solo dura uno.

Así que Stan y Charlie le contaron su viaje a la aldea, su extravío, el combate con las arañas y su encuentro con Kat (que a partir de entonces hizo sus propias aportaciones a la historia), además de lo de la mina, el creeper y el Señor A.

La parte del Señor A pareció desconcertar un poco a Jayden.

—¿Se han encontrado con un griefer? —preguntó con cierto tono de escepticismo—. ¡Pero si ni siquiera son de nivel cuatro! ¡Su mejor arma es una espada de piedra medio usada! ¿Para qué iba a atacarlos?

—Bueno, se disponía a decírnoslo en tono melodramático, pero creo que fue entonces cuando Kat le dijo, y cito: «Oh, no podría interesarnos menos tu triste historia» —respondió Charlie mientras la miraba con una sonrisa.

—Y no me arrepiento de ello —respondió Kat, guiñándole un ojo—. Bueno, Jayden, ¿qué se puede hacer por aquí? Esto parece bastante aburrido.

Jayden sacudió la cabeza.

—Pues en realidad no. Es divertido enseñar a los nuevos, como ustedes. En la escuela soy el profesor de lucha con hacha y ayudo a mi hermano en su granja. Además, Adoria me envía a misiones. De hecho, acababa de volver de una cuando han aparecido —añadió al mismo tiempo que el cuarteto llegaba finalmente al motel, un enorme edificio de cuatro plantas hecho sobre todo de planchas de madera.

Stan vio un agujero en el costado del edificio más próximo, junto a varios cofres y un cartel que rezaba Obras.

—Pues aquí estamos. Hogar, dulce hogar —anunció Jayden con un ademán dirigido al edificio—. Tienen suerte. Esta noche van a dormir en el mismo barracón que mis compañeros y yo. En condiciones normales les asignaríamos sus propias habitaciones, pero como últimamente entran tantos jugadores nuevos no queda sitio en el ala principal y la nueva aún no está terminada. Así que vengan conmigo.

Empezó a subir al tejado por una escalerilla.

—¡Espera! —exclamó Kat—. ¿Y *Rex*?

Jayden hizo una pausa.

—¿Cómo? Ah, el perro. Déjalo ahí, pero no le digas que se siente. Creo que encontrará la forma de subir por sí solo.

Siguió subiendo.

Kat se encogió de hombros y rascó a *Rex* entre las orejas antes de ir detrás de Jayden, seguida por Charlie y luego por Stan.

La habitación de Jayden se encontraba sobre el tejado del cuarto piso. Era una sala grande, lo bastante para albergar cómodamente a ocho jugadores. Cuando Jayden abrió la puerta de madera salieron dos voces diferentes. Los tres jugadores lo siguieron al interior.

Había cuatro camas en el suelo, dos de ellas ocupadas. Como el resto de la aldea, la sala se iluminaba con antorchas, y había una mesa con herramientas, idéntica a la que había visto Stan en el otro edificio. Junto a la mesa había un horno con un fuego encendido, cuadros colgados de las paredes y un cofre grande junto a cada cama. A un lado de la puerta había también una caja con una ranura encima.

Los dos jugadores de las camas no se parecían a nadie que hubiera visto Stan en el juego hasta entonces. Uno de ellos vestía como los esqueletos que habían convertido en un infierno su primera noche en Minecraft.

Le habría dado un buen susto de no ser por la cabellera rojiza del jugador, que impedía confundirlo con un monstruo. El otro tenía el mismo aspecto que Stan (y que parecía el estándar en Minecraft), con la diferencia de que era dorado. Su cabello, su piel, sus brazos, su cuerpo y sus piernas eran todos de este color. Lo único que impedía confundirlo con una especie de estatua era que tenía ojos verdes.

—¡Hombre, Jay! ¡Me alegro de que hayas vuelto! —dijo el esqueleto con voz tonante. Su voz era inesperadamente profunda.

—¡Y yo de haberlo hecho, Archie! ¡Ese viaje ha sido una completa tortura!

—No —dijo el dorado con tono ausente—. Una tortura es estar atrapado en un pozo-trampa de infiedra ardiente en medio del desierto de Ender, y escapar solo porque resulta que un tipo...

—¡Déjalo, D, esa historia ya nos la has contado como mil veces! —gimió el esqueleto con voz exasperada.

—Bueno, pero ¿qué puede ser peor que eso? —preguntó el del pelo dorado, ahora con tono más animado.

—¿No sabes la última misión que me ha encargado Adoria? Tenía que ir a la más cercana de las islas Champiñón para buscar muestras de setas y conseguir que las tribus que la habitan me enseñasen a cultivarlas. Además, he tenido que sacar dos champiñacas atrayéndolas con trigo y traerlas hasta aquí.

—¡Ay! —gritó el jugador dorado—. ¡Pues sí, es bastante malo eso!

—Dímelo a mí. Lo peor fue lo de comerciar con la tribu. ¡Resistirse a cambiar dos champiñacas por cuatro árboles y polvo de hueso cuando ni siquiera hay árboles en tu isla! Aun así, no puedes decir que has vivido hasta que has matado un jinete arácnido al mismo tiempo que mantienes a dos champiñacas interesadas en ti con trigo. Bueno, ¿dónde está Sally? ¿Ha vuelto ya?

—Oh, está explorando un nuevo atajo para llegar hasta la colina. Dijo que le llevaría entre la mitad y el doble del tiempo normal, no estaba segura. Y que no nos preocupáramos si tardaba en volver.

—Bueno, Jay, ¿quiénes son estos chicos? —preguntó el esqueleto mientras señalaba a Stan, Charlie y Kat, que habían entrado en la habitación y estaban escuchando la conversación con una mezcla de confusión y admiración por esos jugadores a todas luces expertos.

—Son jugadores nuevos. Hoy el motel está lleno, así que se quedan aquí.

—Excelente. No hay nada como una buena fiesta de pijamas —dijo una voz femenina desde atrás.

Todos se volvieron

Había una chica apoyada en el marco de la puerta. Una coleta negra le caía por la espalda. Llevaba una camiseta verde sin mangas y una falda negra, y empuñaba una espada de hierro con la hoja manchada de tripas de araña aún recientes.

—¡Miren lo que ha traído el ocelote! ¡Sally ha vuelto!

—Me alegra ver que sigues viva, Sal.

—¿Por qué has tardado tanto, chica?

Sally esbozó una sonrisa cansada, digna de alguien que estuviera tratando con un grupo de bulliciosos hermanitos tras un día demasiado largo.

—¿Recuerdan cuando nos saludábamos con un sencillo «¿Hola?» —preguntó.

—Perdón —dijo el esqueleto—. ¿Lo preferías así?

—¡Pues claro que no! —respondió Sally con una carcajada—. Solo estaba rememorándolo. Bueno, ¿van a presentarme a estos novatos?

—Si insistes —dijo Jayden—. Por suerte, aún no se los había presentado a Archie y a D, porque de ser así no habría derrochado aliento contigo —añadió con tono de broma—. Estos son Kat, Stan y Charlie —dijo mientras los iba señalando uno a uno—. Novatos, estos son Archie —el esqueleto asintió—, Dorado, alias D —el chico dorado asintió— y Sally.

La chica asintió.

—Qué tal —dijo D—. Bonito perro, Kat.

—¿Qué quieres dec...? ¿Cómo?

Kat se volvió con los ojos abiertos de par en par. *Rex* acababa de traspasar la puerta y estaba acercándose a ella. La chica le acarició la cabeza, presa de su asombro.

—¿Cómo ha conseguido subir la escalerilla? —preguntó.

—Nadie lo sabe —respondió Archie con tono ominoso.

Se quedaron mirando al perro un momento y luego desviaron los ojos. Ninguno de ellos volvió a cruzarlos con *Rex* durante el resto de la noche.

—Bueno, ¿y qué hacen estos novatos por aquí? —preguntó Sally con el ceño fruncido mientras se apoyaba en el quicio de la puerta.

—¿Podrían dejar de llamarnos novatos, por favor? —preguntó Stan—. Al cabo de un rato se vuelve bastante molesto.

—Lo siento, chico, pero es lo que hay. Yo también fui una novata en su día, pero entonces recibí un flechazo en el... je, je, je, solo era una broma. La cuestión es que la gente te va a llamar eso hasta que pases de... no sé, nivel diez. Hasta entonces tendrás que aguantarte. Como todos —dijo señalando a Jayden, a D, a Archie y a sí misma.

—Bueno, puedo aceptar que la gente lo haga —dijo Stan—, pero ¿podrían no hacerlo ustedes? A fin de cuentas vamos a pasar unos días juntos.

—Mmmm... —dijo Sally, fingiendo que lo pensaba—. Eh, bueno, no, creo que voy a seguir haciéndolo. Probablemente no lo haría si no te fastidiara tanto.

Se encogió de hombros. Stan suspiró.

—¿Siempre es así? —preguntó, volviéndose hacia Archie. Este se echó a reír.

—¡Claro que no! Vivir con Sally es un completo placer. No es nada enervante, odiosa ni condescendiente con nosotros. ¿Qué te ha hecho pensar eso?

Sally puso los ojos en blanco.

—¿Has terminado?

—Teniendo en cuenta la espada que llevas en la mano, creo que voy a responder que sí —dijo Archie y todos se echaron a reír.

—Bueno, chicos, ¿empiezan el programa mañana? —preguntó D mientras Sally se acercaba al cofre que había junto a una de las camas y guardaba allí la espada y unas sandías.

—Eso parece. Jayden ha mencionado que dan clases. ¿Es así?

—Sí —respondió Sally mientras se sentaba en la cama con las piernas cruzadas—. Y les enseñaré todo lo que necesitan saber sobre esgrima y fabricación.

—Sí, y cuando dice todo, se refiere también a cómo destripar arañas —añadió D, lo que provocó de nuevo las carcajadas de los demás—. Bueno, yo les enseñaré a luchar con pico y todo lo necesario sobre la minería.

—En cuanto a mí —dijo Archie con su vozarrón—, les enseñaré el arte de los proyectiles hechos con la piedra de grava, el husillo del árbol y el atuendo del ave. En otras palabras, a disparar. Sorprendente, ¿verdad? —añadió, señalando con un gesto su traje de esqueleto.

—Yo enseño lucha con hacha y técnicas de granja —dijo Jayden.

Metió las manos en el cofre que había junto a su cama y sacó un hacha. Pero no era un hacha cualquiera. La hoja estaba hecha de diamante y aunque el mango de madera parecía desgastado, el diamante aún refulgía a la luz de las antorchas, afilado y letal. Stan se la quedó mirando. Era el objeto más impresionante que había visto en el juego hasta entonces.

—Es mi posesión más preciada —dijo—. Me la regaló mi hermano cuando dejé su granja.

—Deja de presumir —protestó D—. No todos podemos tener herramientas de diamante.

Y abrió su propio cofre para sacar algo de comer.

—¡Un momento! ¿Qué es eso? —intervino Charlie, señalando algo que había en el cofre de D.

—¿Qué cosa, esto? —preguntó D mientras sacaba un objeto casi tan impresionante como el hacha de diamante: un pico de oro puro.

—¿Cómo puedes quejarte de tus herramientas teniendo esa cosa? —preguntó Kat, secundada por los gestos de asentimiento de Charlie y Stan.

—¿Cómo? ¡Ah! No lo sabes, ¿verdad? —D se echó a reír—. Mira, puede que tenga un aspecto impresionante, pero las herramientas de oro no son demasiado prácticas. Se rompen a una velocidad ridícula. Más que las de madera. Su única ventaja es que rompen las cosas muy deprisa, pero incluso así, un pico de oro solo sirve para romper adoquines y mena de carbón. Yo llevo la mía por una cuestión de prestigio, porque encaja con mi apariencia.

Señaló su cuerpo dorado. Mientras él se reía de su propia broma, Stan se fijó en que Kat enarcaba una ceja y soltaba una risilla.

—Bueno, estoy exhausto —dijo Jayden con un bostezo—. Esa misión ha sido horrible y en cuanto a ustedes, chicos, seguro que están agotados después de lo que han pasado para llegar.

Los tres nuevos jugadores asintieron, agradecidos.

—D, Sal, saquen las otras camas. Charlie, Kat, Stan, será mejor que coman algo antes de irse a dormir. Prueben esto.

Jayden metió las manos en su cofre y sacó dos filetes y una chuleta de cerdo, ya hechos. Le dio un filete a Stan y otro a Charlie, y la chuleta a Kat.

—Mmm —dijo Kat al terminar, mientras se chupaba los dedos—. Estaba mucho mejor que cruda.

Charlie puso los ojos en blanco.

Después de cenar, los siete jugadores se metieron en la cama. Cinco de ellos se quedaron dormidos al instante. Stan estaba a punto de hacerlo también cuando oyó una voz detrás de sí.

—¿Estás dormido, novato?

Se volvió hacia la voz sin levantarse. Sally estaba acurrucada junto a su cama.

—Tomaré eso como un no —dijo la chica.

Stan se incorporó.

—¿Puedo ayudarte? —preguntó.

Sally se sentó a su lado.

—Sí, así es —dijo—. ¿Es tu primera vez en Minecraft?

Stan asintió.

—¿Habías jugado alguna vez a un juego parecido?

Stan la miró.

—¿Cuántos juegos parecidos a Minecraft hay? —preguntó.

—Eso da igual.

Se encogió de hombros.

—Supongo que mi pregunta es... ¿Sientes que eres alguien especial?

—Vaya... Pues sí. O sea, es lo que me dice mi mamá todas las noches —respondió Stan con sarcasmo—. «Stan, digan lo que digan esos chicos tan malos para mí siempre serás especial.» ¿Te refieres a eso?

Sally se rio entre dientes, algo que a Stan le pareció extrañamente impropio de ella.

—Eres gracioso —dijo Sally.

—¿Ah, sí? —preguntó Stan, de nuevo molesto—. ¿Para eso me has despertado? ¿Para hacerte reír? Estoy agotado. Déjame dormir, por favor.

Y con esto, se dio media y volvió a tenderse. Por desgracia calculó mal la posición de la almohada y terminó con la cabeza en el suelo y una sien dolorida por el impacto.

Al incorporarse pudo ver que Sally no estaba haciendo el menor esfuerzo por disimular la risa y solo se tapaba la boca para no despertar a los demás con sus carcajadas. Tampoco podía culparla. Seguro que había hecho el más completo de los ridículos.

—Ni una palabra —dijo mientras volvía a sentarse en la cama—. Bueno, ¿de qué querías hablar?

Finalmente, Sally dejó de reírse y entonces puso los ojos en blanco y dijo:

—Ya hablaremos sobre ello. Hoy necesitas dormir un poco. Buenas noches, novato.

Y con esto se levantó y fue a meterse en su propia cama.

«Una chica muy simpática —pensó Stan mientras se quedaba dormido—. Aunque hay que ver lo que le gusta fastidiar.»

CAPÍTULO 5
EL PROGRAMA

Bueeeeeeeeeeeeeeeeeeenos díiiiiiiiiias, novatos!

Stan se levantó como impulsado por un resorte y saltó de la cama, sobresaltado por aquel griterío. Miró varias veces en derredor y vio que Kat y Charlie también seguían en la cama. La primera tenía la espada (con la que, al parecer, había dormido) en la mano y asestaba golpes a su alrededor mientras gritaba «¡Muere, muere, muere, muere!». Charlie se había incorporado de un salto, con una mano en el pecho. Archie se encontraba sobre la mesa de las herramientas, haciendo bocina con las manos. Estaba claro que el grito era cosa suya. D y Jayden estaban detrás, desternillándose de risa con las reacciones de los nuevos.

—Ay, Dios, tendrían... tendrían que haberse visto... ¡la cara! —logró decir Jayden entre carcajada y carcajada.

—Hemos visto... reacciones muy... muy buenas —dijo D casi sin aliento, sujetándose los costados con los brazos—, pero la de ustedes... ¡ha sido algo increíble! ¡Sobre todo la

73

tuya, Kat! «¡Muere, muere, muere!» —dijo, en medio de una nueva salva de carcajadas.

Kat se levantó, se acercó a D, puso las manos en las caderas y lo miró a los ojos.

—No tiene gracia. ¿Y si hubiera golpeado a alguien? ¡Podría haberlo matado!

—Lo siento, pero ¿por qué duermes con una espada, Kat? —preguntó Archie.

—Ay, ¿la pobre nenita ha tenido una pesadilla en la que querían atraparla unos creepers? —preguntó D en voz falsamente tierna, en medio de una nueva ronda de carcajadas descontroladas.

Kat envainó la espada, se acercó a D, que tenía calambres de tanto reírse, y le propinó un fuerte puñetazo en el pecho.

—¡Ay! —gritó el otro mientras se retorcía sobre sí mismo—. ¡Oye, Kat, eso duele! ¿Quieres que te pegue yo? ¿Eh?

Kat le guiñó un ojo.

—No creo que pegases a una chica ni siquiera en un juego, salvo que estuviera armada y tratando de matarte.

—¿Eh? ¿Qué chica está tratando de matar a alguien?

Sally acababa de entrar en la habitación.

—Kat, si quieres deshacerte de estos cinco —dijo—, será un gran placer ayudarte.

—Te tomo la palabra —respondió Kat mientras se frotaba los ojos—, porque me acaban de despertar a gritos.

—¡Ha sido para morirse de risa! —exclamó D—. Ha sacado la espada, con la que duerme, y ha empezado a sacudirla de un lado a otro...

Los tres chicos se desplomaron en medio de un nuevo ataque de risa.

—Pero qué inmaduros son —dijo ella con tono arrogante—. Bueno, baja de la mesa de fabricación, Archie. Quiero fabricar algo de desayunar.

Archie obedeció, aún riéndose.

—¿Adónde habías ido esta mañana, Sal? —preguntó Jayden.

—Sí, hemos tenido que gastarles la broma sin ti —añadió D.

—Discúlpenme, chicos, pero creo que les va a gustar lo que tengo previsto.

Metió la mano en su inventario y sacó tres cubos de leche, un huevo, algo de azúcar y trigo.

—Ay, madre, Sal, ¿vas a preparar lo que creo? —preguntó Archie ansiosamente.

—Bueno, cuando me toca hacer el desayuno prefiero hacerlo bien —dijo ella mientras empezaba a ejecutar una serie de complejos procesos de fabricación con la comida—. Sobre todo si tenemos invitados.

Stan habría jurado que le dirigía una mirada fugaz.

—Ya está —dijo Sally al cabo de un minuto.

Levantó un pastel de forma cuadrada. Por lo que podía ver Stan, era una tarta de fresa y crema, cosa rara porque, que él hubiera visto, Sally no había usado fresas ni crema.

—Toda suya.

Había seis porciones de tarta iguales. Todos recibieron una salvo la propia Sally. Cuando Stan se disponía a comerse la suya la miró. La chica lo observaba de reojo, aunque de modo expectante. Stan tuvo un presentimiento.

—Eh... ¿Sally? ¿Quieres... eh, un poco de mi tarta?

—Vaya, gracias, Stan, sí, me gustaría mucho.

Levantó un cuchillo de la mesa de las herramientas y cortó la porción de Stan por la mitad. Luego tomó una de las dos mitades, se la tragó de un solo bocado y certificó el hecho con un sonoro eructo. D y Archie se rieron por lo bajo, pero Stan no sabía si era por el eructo de Sally o porque hubiera compartido su porción con ella.

Terminada la comida, Jayden se levantó.

—Muy bien. Gracias, Sally, por tan excelente desayuno.

Un murmullo de asentimiento recorrió la mesa.

—Si alguien sigue con hambre, pasaremos por la granja de mi hermano de camino a la escuela de sandías. Nuevos socios, dejen todas sus cosas en el cofre de la esquina, ahí, y síganme.

Después de guardar sus cosas, los jugadores salieron del cuarto y bajaron por la escalerilla, dejando a *Rex* allí. En el camino principal de la aldea pararon justo antes del ayuntamiento y se desviaron a mano derecha, en dirección a una granja.

—Ahí vive mi hermano —les explicó Jayden mientras pasaban bajo el seto que marcaba la entrada—. Es el granjero de más éxito de toda la aldea y el único que supera en nivel a Adoria. Es de nivel cincuenta y cuatro, cinco más que ella. El único problema es que...

—¡Oye, Jay!

Un jugador de pelo cano, con ropa de granjero y algo

que parecía una azada de hierro en la mano, corría hacia ellos.

—¡Eh, eh, chicos! ¿Son nuevos? —preguntó a Stan, Kat y Charlie con voz temblorosa—. Parecen nuevos con toda esa basura de piedra, ¿saben? ¡Eh! ¿Quieren un poco de relámpago? Porque sé de un sitio fabuloso que...

—Steve, ¿otra vez? ¡En serio! ¡Creía que habíamos acordado que no tomarías PDV cuando estuvieras de guardia! —gritó Jayden con tono exasperado.

—No he tomado PDV, no sé de dónde te sacas esa ideeeeeeeee...

Y entonces, el acelerado jugador, Steve, tal como lo había llamado Jayden, se desplomó, inconsciente.

—Por el amor de Dios —gimió Jayden.

—Pero qué... qué... ¿qué ha pasado? —preguntó Kat, mirando con espanto al cuerpo del suelo.

—¿Se recuperará? —preguntó Charlie.

—Bueno, sí, Charlie, aunque empiezo a cansarme de curarlo —respondió Jayden con un suspiro mientras sacaba una manzana de su bolsa.

La fruta despedía deslumbrantes destellos dorados a la luz del sol. Jayden se inclinó y se la puso en la boca al caído. Luego se levantó.

—Por responder a tu pregunta, Kat, se había tomado algo llamado poción de velocidad, conocido también como PDV o relámpago. Es una poción que te acelera durante un momento, pero luego te deja agotado. Steve tomó demasiada PDV una noche, en una partida de spleef y desde entonces en cuanto la prueba cae redondo. Es una pena, porque le ayudaba mucho a llevar la granja de manera más productiva.

—Un momento —dijo Stan—. ¿Es él quien lleva la granja? ¿Ese es tu hermano?

Optó por dejar para otro día la pregunta sobre lo que era el spleef.

—Sí —dijo Jayden con tono lúgubre—. Verás, el único modo de curarlo es darle una manzana dorada, que normalmente se usa para eliminar una herida. El problema es que las manzanas son muy poco habituales, y el oro tampoco abunda, y son los ingredientes de las manzanas doradas.

Steve había empezado a moverse. Mientras volvía en sí, Stan aprovechó la oportunidad para mirar la granja.

Era gigantesca. Debía de ocupar algo así como la cuarta parte de la aldea Adoriana. Tenía campos y más campos cubiertos de trigo, calabazas, sandías y unas plantas de tallo alto que Stan era incapaz de identificar. Entre las plantas discurrían canales de irrigación. Sobre unos troncos que parecían de madera de jungla crecían vainas de cacao. También había pastos, un rebaño entero de vacas y una piara de cerdos. Stan vio algunas ovejas de lana blanca, negra y marrón, y otras sin lana.

Miró a su alrededor y vio gallinas, un estanque lleno de calamares, unos lobos y unas criaturas que parecían gatos monteses. Pero el animal más singular era uno que parecía una vaca solo que de color rojo y blanco y con la espalda cubierta de champiñones. Aunque había rebaños de los demás animales, las vacas rojiblancas solo eran tres, dos grandes y una pequeña. Stan supuso que serían las criaturas que

Jayden acababa de llevar a la aldea desde la isla Champiñón. ¿Cómo las había llamado...? Ah, sí, champiñacas. Curioso nombre...

Steve había vuelto en sí y comenzaba a ponerse en pie. Se llevó la mano pixelada a la cabeza y gimió.

—Ah... Uf... ¿Qué ha pasado?

—¡No me vengas con eso! —exclamó Jayden, fuera de sí—. Sabes perfectamente lo que ha pasado. ¡No puedes tomar PDV mientras estás trabajando! Me estoy quedando sin manzanas doradas. ¡Las manzanas no crecen en los árboles! Al menos en este juego... ¡Pero la cuestión es que tienes que ser más responsable, Steve!

—Oye, ¿quiénes son estos chicos? —preguntó Steve, que no había prestado la menor atención a lo que decía Jayden, y ahora miraba con expresión distraída a Stan y sus amigos.

Jayden parecía furioso y se disponía a gritarle de nuevo a Steve cuando D dijo:

—No, Jay, es perder el tiempo. Steve, estos son Stan, Charlie y Kat. Chicos, este es CrazySteve1026, alias Steve.

—Hola, novatos —dijo Steve, sin prestar la menor atención al suspiro exasperado de Stan y la sonrisilla de Sally—. Van a empezar con el programa, ¿no? ¿Sí? Bien, bien, ¿en qué puedo ayudarte, hermanito? —preguntó, volviéndose hacia Jayden.

—Necesitamos unas sandías —respondió este—. Sal ha preparado tarta para desayunar, pero algunos seguimos teniendo...

—No digas más, Jay —respondió Steve.

Se encaminó al campo de sandías más próximo y golpeó dos de ellas con la azada. Las frutas reventaron y se dividieron en trozos. Los recogió, volvió con los jugadores y le dio dos a cada uno de ellos.

—*Gue guico* —musitó D.

—Sí, la próxima vez deberías preparar una tarta de sandía, Sal —tronó Archie.

—De nada, ¿eh? —repuso Sally, molesta.

Cuando se terminaron la sandía, Steve dijo:

—Bien, bien, ¿ya comieron todos? Bien, pues vamos, a trabajar. Que se diviertan con el programita. Pero cuidado. Como haya más muertes el rey podría optar por clausurarlo.

Charlie escupió la sandía que tenía en la boca.

—¿Cómo? —balbuceó—. ¿Qué es lo que has dicho?

Pero Steve se limitó a reírse como un lunático mientras regresaba a la granja para dar trigo a las champiñacas.

Los jugadores salieron de la granja un poco nerviosos y, en el caso de Charlie, petrificado.

Stan, Kat y Charlie no eran los únicos que iban a iniciar el programa. Había cinco personas más, jugadores de nivel inferior a cinco, y decididos también a aprender a jugar a Minecraft. Tras una breve presentación a beneficio de los demás, el grupo se dividió en dos. Cuatro de los demás jugadores se fueron con D para aprender minería y lucha con pico, mientras Stan, Kat, Charlie y un chico que parecía idéntico a Stan, solo que con ropa más oscura, se iban con Archie a aprender tiro con arco.

Archie se los llevó al campo de tiro. Era un claro alargado situado en el bosque, lejos de la gente. Archie les explicó cómo se tensaba el arco. Stan y sus amigos escucharon con atención, pero el cuarto jugador no parecía capaz de concentrarse. Se limitaba a mirar a Kat fijamente y con la boca abierta. Saltaba a la vista que no esperaba encontrarse con chicas en Minecraft.

Después de la explicación teórica, pasaron a practicar. El campo tenía unas lámparas, colocadas a diferentes distancias y alturas. Archie se puso a un lado y, utilizando unos interruptores, empezó a encenderlas y apagarlas. El objetivo era alcanzar la lámpara que estaba encendida. La única que se desenvolvía bien con el arco era Kat, que logró acertar a dos lámparas antes de que se apagasen. Stan no tenía mala puntería, pero le llevaba algún tiempo calcular la trayectoria de la flecha y solo logró darle a una encendida, porque la lámpara cambiaba antes de que disparara.

Charlie era malísimo. Solo consiguió darle a una lámpara y eso que fue el que más flechas gastó. La mayoría de ellas ni siquiera llegaron a acercarse al objetivo. Una de ellas estuvo peligrosamente cerca de alcanzar a Archie en el pecho, pero este sacó la espada en el último momento y logró desviarla. Puede que el otro muchacho fuese un excelente arquero, pero se quedaron sin saberlo porque no hizo otra cosa que seguir mirando a Kat.

Después de practicar, alrededor de las tres según el reloj de Archie, llegó la hora de la última actividad del día: enfrentarse. Recibieron una armadura de diamante, que según les dijo Archie estaba encantada para absorber todo el daño de las flechas sin que llegara nada a los jugadores.

Archie las llamaba «trajes de entrenamiento». También les dio un arco y un carcaj lleno de flechas y les dijo que ganaría el primero que consiguiese tres aciertos.

El primer duelo enfrentó a Kat contra Stan. Stan sabía quién iba a ganar y a pesar de que intentó disparar lo más deprisa posible, Kat se impuso antes de que él hubiera logrado clavarle una sola flecha en la armadura. El enfrentamiento duró cinco minutos y al terminar se dieron cuenta de que Archie se estaba impacientando, aunque intentaba disimularlo.

El enfrentamiento entre Charlie y el otro muchacho terminó en diez segundos, más que nada porque el chico no pudo dejar de mirar a Kat el tiempo suficiente para impedir que Charlie se acercase hasta un bloque de distancia y le clavase tres flechas en el peto a quemarropa. Al verlo, Archie se tapó la cara con la mano pixelada.

El duelo entre Kat y Charlie duró más que el de aquella con Stan, pero sobre todo porque Charlie se dedicó a correr de manera impredecible sin tratar de disparar una sola vez. Solo terminó cuando Kat se quedó sin flechas. Archie puso los ojos en blanco, se levantó, sacó el arco y le clavó tres flechas a Charlie en cuestión de segundos, a pesar de que seguía moviéndose. Las tres en el casco.

Había sido un largo día, y ahora que terminaba Archie se levantó, suspiró y dijo:

—Vámonos.

Su tono de voz evidenciaba que no estaba muy impresionado por sus dotes como arqueros. Volvieron al motel sintiéndose un poco decepcionados.

Mientras se preparaban para meterse en la cama y Sally estaba quitándose la armadura, le preguntó a Stan.

—Bueno, ¿qué te ha parecido tu primer día de entrenamiento?

—Pues... —respondió Stan—, digamos que espero que mañana vaya mejor, mucho mejor.

Y ambos se echaron a reír.

El día siguiente fue mucho más grato, por múltiples razones. Tras un desayuno a base de pan, los cuatro nuevos jugadores siguieron a D a las afueras de la aldea y se subieron a unas vagonetas para entrar en la mina.

El primer piso estaba iluminado con antorchas, pero aun así Stan no llegaba a distinguir las paredes. Era enorme. A medida que bajaban el número de antorchas iba descendiendo, pero Stan pudo ver que había docenas de jugadores trabajando las paredes con picos. Supuso que habría cantidad de buenos materiales allí.

La vagoneta atravesó varios pisos hasta llegar al fondo de la mina. Allí abajo les esperaba una sala hecha de adoquines, con antorchas por dentro. Los cuatro jugadores entraron con D y este les explicó los fundamentos de la minería. Les enseñó a distinguir los diferentes tipos de mena: carbón, hierro, redstone, oro, lapislázuli, esmeralda y diamante. Entonces les mostró con qué materiales servían los distintos picos y les dio algunos consejos básicos de seguridad: no excavar directamente hacia abajo, cuidado cerca de la grava y la arena, y cosas así.

Al acabar se los llevó a la sala de roca, les dio unos picos de piedra y les enseñó a luchar con ellos. Una vez más, se embutieron en trajes de entrenamiento y se enfrentaron unos a otros. Para sorpresa de todos, el primero que empezó a dominar el pico fue Charlie. Tenían que alcanzar tres veces al rival y Charlie venció a Stan en la primera ronda y a Kat en la segunda. Huelga decir que Kat aplastó al otro chico. El mejor momento llegó con la pelea entre Charlie y Kat. Charlie llevaba dos puntos de ventaja cuando Kat se abalanzó sobre él. Charlie cayó de espaldas agitando los brazos y le arrancó accidentalmente el casco a Kat.

Luego pasaron a excavar. A Stan se le daba bien. Solo le cayó grava encima una vez y salió de ella bastante deprisa. También encontró algo de mena de hierro y de carbón, e incluso dos bloques de mena de lapislázuli, que según D era un material muy raro que se usaba para fabricar tinte azul. Kat lo hizo casi tan bien como él: no tuvo ningún problema con la grava, aunque tampoco encontró lapislázuli. Sin embargo, una vez más, Charlie volvió a sobresalir. Parecía poseer un sexto sentido que le indicaba dónde tenía que excavar para encontrar los mejores materiales. Encontró mucho más hierro que nadie y cinco bloques de mena de lapislázuli e incluso mena de hierro, que según D era realmente rara. Por desgracia, les dijo, todos los materiales encontrados en el programa iban a los almacenes de la aldea.

—Pero no te preocupes, seguro que encontrarás cosas muy buenas tú solo, Charlie —dijo D con una sonrisa—. Nunca había enseñado a nadie con tanto instinto para la minería.

Volvieron a casa muy contentos por haberlo hecho mejor en la mina que en el campo de tiro. Sobre todo Charlie, que parecía radiante con sus nuevas dotes.

Cenaron sandía y un poco de pan y cuando se iban a la cama, Sally volvió a abordar a Stan.

—Mañana les toca conmigo —le dijo—. Les voy a enseñar esgrima y fabricación.

—¿Ah, sí? —preguntó Stan—. Pues lo estoy deseando.

—Y para que lo sepas —dijo Sally— que tengo grandes expectativas contigo.

Stan sintió que se le hacía un nudo en el estómago.

—¿En qué? ¿En esgrima o en fabricación? —preguntó, pero al instante se sintió como un idiota.

Sally lo miró a los ojos y sonrió.

—En ambas —dijo antes de irse a la cama.

Al día siguiente, después de tomar unos cuencos de estofado de champiñones para desayunar, se dirigieron al *dojo* que había sobre el edificio de producción para entrenarse en esgrima y fabricación.

Stan estaba nervioso. Antes de las lecciones de tiro con arco y minería había sentido agitación, sí, pero no nerviosismo. Recordaba la conversación con Sally de la pasada noche. Tenía grandes expectativas con él. No podía meter la pata.

Stan, Kat y Charlie se sentaron frente a Sally. Al otro chico lo habían trasladado a la otra clase, con sus amigos, después de una petición no demasiado sutil por parte de D y Archie. Stan escuchó con atención mientras Sally les explicaba que la clave de la esgrima en Minecraft era no pensar demasiado y básicamente, hacer lo que a uno le saliese natural.

Tras hacerles algunas demostraciones de diversas técnicas, sacó tres trajes de entrenamiento de su inventario.

—Stan, Charlie, Kat, vengan aquí, por favor.

Lo hicieron, sin saber lo que iba a pasar. D y Archie los habían hecho luchar de dos en dos, nunca en grupos de tres.

—Pónganse esto —ordenó Sally mientras les ofrecía tres armaduras de diamante completas.

Lo hicieron. Mientras Stan estaba poniéndose los pantalones de diamante, vio que Sally sacaba de su inventario dos espadas de piedra y una de hierro.

—Kat, Charlie, vengan aquí —dijo.

Se acercaron a ella y les lanzó las espadas de piedra.

—Stan, tú quédate ahí.

A él le lanzó la espada de hierro.

—Kat, Charlie, cuando grite «ya» quiero que ataquen a Stan con todas sus fuerzas. Stan, debes defenderte contra ellos. Como siempre, el que reciba tres golpes pierde.

Stan estaba consternado. Nunca había luchado contra otro jugador con espada. Sabía que Charlie no era mejor que él, pero en teoría Kat ya había practicado todo aquello en otros servidores. ¡Incluso se había quedado con la espada y los picos de un jugador después de matarlo! ¿Cómo iba a vencerla?

—Sally, ¿no puedes darme alguna ventaja o algo así?

¿Como por ejemplo, que yo pierda con cuatro golpes y ellos con dos? Sería más justo, ¿no?

Sally sonrió.

—Stan, imagínate que un grupo de veinte jugadores armados con arcos y espadas de diamante salen del bosque de un salto y te tienden una emboscada. No sería justo, ¿verdad? No, pero aun así tendrías que luchar, ¿no? Porque, ¿sabes una cosa? A veces la vida no es justa. Además, he sido buena. Ya tienes una ventaja. ¡Llevas una espada de hierro y ellos de piedra, así que no seas chillón, novato! Y ahora, ¡a sus posiciones!

Hasta ese momento, Kat había estado sonriendo y Charlie tenía cara de confusión, pero ahora adoptaron una posición de ataque, con las espadas en alto. Kat lucía una expresión de agresividad, mientras que la de Charlie parecía de aprensión ante la perspectiva de atacar a su amigo.

Stan estaba petrificado, pero se dio cuenta de que Sally no iba a cambiar de idea, así que se preparó para combatir.

Sally se sentó en una silla de madera, con las piernas cruzadas.

—Muy bien. Pues... ¡a luchar!

La orden tomó totalmente desprevenido a Stan, pero tanto Charlie como Kat se abalanzaron sobre él a la vez. Charlie lanzó una estocada de abajo arriba contra su brazo derecho y Stan la esquivó moviéndose hacia la izquierda. Sin embargo, se había olvidado de Kat, que descargó la espada de piedra sobre su casco con un potente impacto que reverberó por todo su cráneo.

—¡Punto para Kat y Charlie! —gritó Sally—. Stan, te

quedan dos... Charlie, tres... Kat, tres. Vuelvan a sus posiciones.

Regresaron a sus posiciones originales y volvieron a adoptar la posición de combate.

—¿Listos? ¡A luchar!

Esta vez, Stan estaba preparado. Charlie se lanzó de nuevo sobre él e intentó el mismo ataque, y Stan volvió a esquivarlo, pero cuando Kat atacó desde su izquierda, Stan levantó la espada de hierro y paró su ataque. Los dos contendientes empujaron con todas sus fuerzas. Kat era más fuerte, pero Stan tenía más palanca. Estaba a punto de hacerla caer cuando sintió un dolor sordo en el costado derecho, a la altura de las costillas. Charlie había dado la vuelta y le había golpeado con fuerza en la parte derecha de la armadura. Y le había hecho daño.

—¡Punto para Kat y Charlie! —volvió a gritar Sally—. Stan, te queda uno... Charlie, tres... Kat, tres.

Pero esta vez, en lugar de gritar «prepárense» se acercó a Stan. Se colocó tras él, le puso las manos en los hombros y le susurró al oído:

—Stan, no vas a ganar si te concentras solo en luchar con uno de ellos. Cuando te golpee uno, esquívalo y usa la oportunidad para contraatacar. O mejor aún, utiliza su propia energía contra ellos. Y recuerda ir primero contra el más débil.

Dicho esto, volvió a su silla. Stan había sentido que le temblaban las rodillas al tenerla tan cerca, pero al instante volvió a adoptar la posición de combate. Ya sabía lo que iba a hacer.

—¡Punto de partida! —anunció Sally—. ¿Listos? ¡A luchar!

Stan se puso en movimiento al instante. Lanzó un fuerte golpe hacia la derecha, en dirección al costado de Charlie. Kat no podría responder, porque Charlie se encontraba en medio. Charlie respondió con un tajo, pero Stan fingió que retrocedía y a la primera ocasión se lanzó sobre él y golpeó con todas sus fuerzas en dirección a su estómago. El traje de entrenamiento desvió el golpe, pero aun así Charlie se retorció sobre sí mismo, sin aliento.

—¡Punto para Stan! A Stan le queda un golpe... A Charlie, dos... A Kat, tres.

Al volver a su posición original, Stan cruzó un instante la mirada con Sally. La chica sonrió y al instante un plan nuevo y más brillante apareció en la cabeza de Stan.

—¡Punto de partida! ¿Listos? ¡A luchar!

Stan se quedó quieto y Charlie se abalanzó sobre él. Sabiendo lo que estaban intentando, Stan fingió un movimiento hacia la derecha y lanzó un golpe hacia la espalda de Charlie, que obligó a este a retroceder hacia el sitio que el propio Stan acababa de abandonar. Tal como esperaba Stan, Kat había saltado sobre él. Sin darse cuenta de que Charlie había cambiado de posición, Kat lanzó su golpe hacia el sitio donde Stan había estado un momento antes, pero en lugar de alcanzarlo en la cabeza, fue su compañero quien recibió el impacto. Su casco salió despedido y Charlie se desplomó con todo su peso.

—¡Punto para Stan! —exclamó Sally—. A Stan le queda un golpe... A Charlie, cero... A Kat, tres.

Pero ni Kat ni Stan le prestaron la menor atención, porque estaban demasiado ocupados asegurándose de que Charlie se encontraba bien e incluso la propia Sally, que se había puesto en pie mientras lo decía, se reunió con ellos.

—¿Estás bien, Charlie? —exclamó Stan con voz ronca de preocupación.

—¡Ay, Dios, Charlie, lo siento mucho! —gritó Kat con lágrimas en los ojos.

—¿Charlie? ¿Charlie, me oyes? —dijo Sally mientras se inclinaba sobre el cuerpo inconsciente del jugador.

Al ver el corte que tenía en la cabeza, Stan sintió que se le hacía un nudo en el estómago. No podía estar... No, apartó el pensamiento de su cabeza. Sally pasó la mano maciza sobre los ojos cerrados de Charlie. Al no obtener respuesta, metió la mano en el inventario y sacó algo. Era una manzana dorada, como la que Stan había visto usar a Jayden con su hermano inconsciente. En cuanto Charlie se comió la brillante fruta, la herida desapareció y el jugador se incorporó con las manos en la cabeza.

—Qué desagradable —dijo con una sonrisa siniestra.

Kat exhaló un suspiro de alivio mientras Stan exclamaba:

—¡Gracias a Dios que estás vivo!

Se volvió hacia Sally.

—¿Qué ha pasado? ¿No habías dicho que la armadura absorbía todo el daño?

—En teoría sí —dijo Sally con el ceño fruncido—. Déjame ver el casco de Charlie, Stan.

Stan recogió el casco del suelo y se lo entregó. Sally lo examinó.

—Vaya, parece que no lo han encantado bien. Tiene protección contra explosiones en lugar de protección normal, así que una detonación no te haría nada... pero una espada sí. ¿Cómo se nos habrá pasado al revisarlo?

»Bueno, supongo que da igual. Podemos arreglarlo —dijo—. Y tengo que decir que ha sido un movimiento excelente, Stan. Si Charlie estuviera en condiciones de luchar, habría perdido la partida por haber recibido un golpe tuyo y otro de Kat. ¡Y tú, Kat! Asestar un golpe capaz de hacer tanto daño a alguien protegido por una armadura de diamante... ¡Me han impresionado ambos!

Stan trató de no parecer demasiado orgulloso de sí mismo, consciente de que acababa de dejar malherido a su mejor amigo. Kat, por su parte, intentaba disimular el hecho de que se estaba ruborizando.

—Bueno, Charlie, sin casco es mejor que no sigas luchando, pero aún tenemos que terminar el combate. Kat, ¿dónde está tu espada?

—Ahí —respondió la jugadora con timidez, mientras señalaba una empuñadura y varios pedazos de piedra. El impacto con el casco de Charlie la había reducido a escombros.

—¡Tú sí sabes! —rio Sally mientras recogía del suelo los pedazos de la espada de Kat—. Hace falta mucha fuerza para romper una espada de piedra de un solo golpe. Ten —dijo.

Agarró la espada de Charlie y se la lanzó.

—¡Punto de partida! ¿Listos? ¡A luchar!

Esta vez no hubo dudas. Sencillamente, Kat tenía más

talento con la espada que Stan y certificó su victoria con un golpe en la pierna de Stan, en cuestión de segundos.

—¡Punto para Kat! Stan, cero... Kat, tres. ¡La ganadora es Kat! —rugió—. Y ahora vamos, chicos, aún tengo que enseñarles a fabricar.

Los tres amigos se alegraron de poder quitarse los trajes de entrenamiento. Al cabo de un rato resultaban realmente incómodos. Siguieron a Sally por una escalerilla hasta la sala de fabricación.

Sally les explicó que las mesas con las herramientas se llamaban «mesas de creación» y que se usaban para crear gran variedad de objetos distintos. Les dio una copia de un libro idéntico al que había sacado Stan del cofre su primer día en Elementia.

Luego les explicó cómo se fabricaban ciertos objetos y les dijo que usaran lo que encontraran en los cofres para hacerlo. Todos ellos demostraron bastante habilidad con la fabricación. Primero hicieron unos tablones de madera y luego mesas de fabricación, palos, una espada de piedra, un hacha del mismo material, un arco, unas flechas y una armadura de cuero.

Después de estar un rato practicando, Sally les explicó cómo fundir materiales (un proceso que cambiaba las propiedades de determinados bloques en un horno) y luego volvieron al dormitorio. Había sido un día largo y complicado, pero también fructífero. Sally volvió a hablar con Stan. Él se lo esperaba... Comenzaba a parecer una costumbre. Sally se sentó en el suelo.

—Se te da muy bien la espada —dijo.

—¡No es cierto! ¡A Kat se le da mejor! —repuso.

No entendía por qué le había dicho tal cosa.

—Sí, sabe más que tú de esgrima. Pero has demostrado iniciativa e imaginación. Una vez que entendiste el juego, conseguiste anotarte dos puntos a pesar de enfrentarte a dos jugadores. La mayoría de las personas no lo habrían logrado.

—Gracias —respondió Stan con una sonrisa—. He tenido una buena maestra.

Sally sonrió también.

—Más vale que te vayas a la cama, novato. Mañana les toca con Jayden y no es tan buena onda como yo. Descansa un poco. Lo vas a necesitar.

Y con estas palabras, se fue a la cama.

A la mañana siguiente, un siseo despertó a Stan.

—Qué graciosos, chicos —murmuró—. Se parece mucho a un auténtico creep... ¡Aaauuuggghhh!

Esta vez no era ninguna broma. Había un creeper de verdad junto a Stan, y su horrible y vacío rostro se encontraba a escasos centímetros. El monstruo estaba empezando a hincharse y en el segundo que quedaba antes de la inevitable explosión, Stan saltó sobre él y le propinó un puñetazo en plena cara.

Para su sorpresa, en lugar de explotar, la criatura salió despedida hacia atrás. Y entonces, cuando había empezado a avanzar otra vez hacia él, de pronto cayó de lado, con una flecha clavada en un lado de la cabeza. El grito de Stan despertó a todo el mundo y *Rex* se puso a aullar. Archie estaba en pie, con el arco en la mano, apuntando al sitio donde hasta hacía un segundo se encontraba la cabeza del monstruo. El cadáver se esfumó entonces, sin dejar más que un montoncito de polvo gris.

—¿Qué sucede? —gritó Kat con la espada en alto.

—Sí, ¿a qué viene tanto escándalo? —protestó D—. ¡Estoy tratando de dormir!

—Ha entrado un creeper —dijo Stan.

—¿Qué? —preguntó Sally con un rostro ojeroso que no parecía el suyo—. ¿Cómo ha podido un creeper...? Espera un momento. ¿Por qué está tan oscuro? ¿Y las antorchas?

Tenía razón. Las ventanas del edificio eran la única fuente de luz. Por lo demás, estaban a oscuras.

—Sí, ¿dónde están las antorchas? —preguntó Jayden, aún con la respiración entrecortada—. ¿Nos las han robado?

—Eso parece —dijo Charlie, mirando en derredor—. Pero ¿para qué? ¿Por qué iban a entrar a robar unas simples antorchas? ¿Y la puerta? —añadió, porque acababa de darse cuenta de que también había desaparecido.

—Habrá sido un griefer. Ya saben, uno de esos jugadores que disfrutan haciéndoles la vida imposible a los demás sin razón —dijo Archie mientras volvía a guardar el arco en su inventario—. Le habrá parecido gracioso franquear el paso a los monstruos en mitad de la noche.

—Sí —dijo Stan. Aún recordaba que el Señor A los había atacado sin razón aparente—. Sí, es la típica cosa que haría un griefer.

—Pues es una suerte que nos haya despertado ese bicho. Iba a pasarme todo el día dormido —dijo Jayden—. Me toca hacer el desayuno, así que voy por unas cosas. Sally, baja al almacén a fabricar una nueva puerta y unas antorchas.

Sally asintió y salió corriendo por la puerta, seguida de cerca por Jayden.

Al volver, poco después, puso unas antorchas en las paredes y la nueva puerta en el marco. Jayden llegó enseguida, con algo de trigo y un polvo marrón. Los dejó sobre la mesa de creación y, al cabo de unos instantes tenía una ración de galletas. Había suficientes para todos. Tenían trocitos de chocolate y estaban deliciosas.

—Muy bien —dijo Jayden después de que todos terminaran y Kat hubiera calmado a *Rex*, que había seguido ladrando, con un poco de carne podrida—. Ustedes tres, vengan conmigo. Hoy van a aprender a luchar con hacha y a trabajar en la granja.

Kat y Charlie salieron en fila india del cuarto, seguidos por Stan, quien estaba convencido de que no se le daría demasiado bien el hacha. La verdad es que siempre había sido un poco torpe y no creía que esgrimir un palo largo de madera con una cabeza metálica en un extremo pudiera ser su fuerte. Pero el pensamiento le provocó un acceso de malhumor. Charlie había demostrado una extraordinaria habilidad con el pico y Kat otro tanto con la espada. Si él no podía dominar el hacha, ¿con qué iba a pelear? Pero al salir del cuarto, le pareció oír que Sally le susurraba «Buena suerte, novato» y al instante se sintió más confiado.

Siguieron a Jayden por el camino hasta llegar, para sorpresa de todos, a la granja de Steve *el Loco*.

—¿Qué hacemos aquí? —preguntó Stan.

—Bueno, ¿qué mejor sitio para aprender a usar un hacha que una granja? —preguntó Jayden—. Van a ayudar a mi hermano en los campos, dentro del programa.

Tenía sentido y los cuatro jugadores entraron en un re-

cinto vacío delimitado por una cerca. En el campo de calabazas que había cerca, Steve *el Loco* estaba arando una zona
de tierra con la azada. Stan se sintió aliviado al comprobar
que, a juzgar por su comportamiento tranquilo y metódico,
no había tomado PDV.

—Hola, hermano —dijo el granjero mientras saludaba,
inclinando el sombrero de paja a los tres neófitos que estaban entrando—. ¿Vienen a echar una mano a un viejo
granjero? Esas champiñacas me están complicando la vida y
no me vendría mal un poco de ayuda.

—Para eso estamos aquí, Steve —respondió Jayden—.
Pero antes tienen que aprender a luchar con hacha.

Stan volvió a sentir un nudo en el estómago al pensar en
el hacha, mientras Jayden sacaba una de un cofre situado
en el recinto.

—La clave —dijo este mientras levantaba el arma y les
enseñaba a blandirla— es dejar que el hacha te guíe. Ella
sabe lo que tiene que hacer. Tú no eres el dueño del hacha,
solo su humilde guía.

—Ay, por Dios —rezongó Kat entre dientes.

Jayden pasó a explicar los fundamentos de la lucha con
hacha, que Stan asimiló con sorprendente facilidad.

—Para que puedan apreciar mejor este arte, cada uno de
ustedes debe superar un reto. ¡Eh, Steve! —exclamó—.
¡Lánzame esas cuatro calabazas, compañero!

Puede que Steve *el Loco* fuese viejo, pero no le faltaban
fuerzas. Recogió cuatro calabazas del campo y se las lanzó a
Jayden de dos en dos. Este guardó tres en el cofre y luego
sacó algo que Stan no había visto en toda su vida. Parecía

un bloque de nieve de gran tamaño. A continuación sacó un segundo. Se los llevó a la parte trasera del recinto y allí puso uno encima del otro. Se volvió hacia Stan, Charlie y Kat.

—El objetivo de este ejercicio es cruzar esta línea roja.

Señaló una línea de polvo de este color que había detrás de los bloques de nieve, en la que Stan no había reparado hasta entonces.

—Además, deben destruir al enemigo que estoy a punto de crear.

Los tres jugadores se pusieron a hablar al mismo tiempo.

—¿Qué quieres decir con «crear»?

—¿Por qué no se funde la nieve?

—¿Vas a hacer un creeper o algo así?

—¿Cómo funciona eso?

—¿Por qué no se funde la nieve?

—¿Cómo vamos a sobrevivir sin armadura?

—¡Esto es peligroso!

—¡¿Por qué no se funde la nieve?!

Jayden esperó a que cesaran las preguntas antes de continuar.

—Se los enseñaré y todas sus preguntas recibirán su respuesta. Charlie, ¿puedes venir, por favor?

Con una expresión de tensa aprensión, seguramente justificada, Charlie se acercó al montón de nieve. Jayden le lanzó una calabaza y dijo:

—A ver, Charlie, cuando yo te diga «ya», pon la calabaza sobre la nieve. ¿Entendido?

Charlie asintió con cara de confusión. Stan estaba tan

perplejo como él. No tenía ni la menor idea de lo que pretendía Jayden.

Jayden se puso al otro lado de la línea roja y la nieve, y sacó un hacha de hierro del cofre. Con el hacha al costado, adoptó una postura de combate y dijo:

—¿Listo, Charlie? Y... ¡ya!

Charlie puso la calabaza sobre el montón de nieve, y al instante retrocedió gritando, con expresión de asombro y horror en la cara. El montón de nieve y la calabaza se habían transformado en una especie de hombre de nieve viviente. Le salieron unos palos a los lados y empezó a arrojar una andanada de bolas de nieve a Jayden, que había echado a correr hacia él. Jayden era muy ágil. Ni una sola de las bolas de nieve lo alcanzó.

Entonces, al llegar junto al hombre de nieve, dio un salto, hizo una especie de pirueta en el aire para esquivar la última bola de nieve y segó por la mitad el bloque inferior del bloque de nieve. Tras una nueva acrobacia, cortó en dos la sección central y con un tercer salto, el hacha cercenó la calabaza que hacía las veces de cabeza. El hombre de nieve, seriamente dañado, había dejado de lanzar bolas y parecía tener serias dificultades para tenerse en pie. Pero Jayden no tenía piedad y saltó de nuevo para asestarle un golpe en lo alto de la cabeza. El montón de nieve y la calabaza reventaron en medio de una lluvia de bolas de nieve, sin dejar otra cosa que semillas y unos pedazos de carne naranja.

Haciendo caso omiso de las expresiones boquiabiertas de los tres novatos, Jayden limpió el hacha de nieve y tripas de calabaza y atravesó tranquilamente la línea roja.

Stan, Charlie y Kat prorrumpieron en vítores. Ninguno de ellos sabía muy bien lo que acababan de presenciar, pero había sido algo espectacular.

—¡Ha sido increíble! —gritó Stan.

—¡Ya lo creo! ¿Y qué era la criatura a la que destruiste? —preguntó Kat.

—Oh, solo un gólem de nieve —les explicó Jayden—. Utilizan bolas de nieve para mantener a raya a monstruos e invitados indeseables. Bueno, ¿quién quiere intentarlo primero?

La sonrisa se le borró a Stan de la cara. Se le había olvidado que tendría que hacer lo mismo que acababa de presenciar. «¡Con él parecía pan comido! ¿Y si quedo como un idiota?», pensó.

—Yo —dijo Charlie con timidez mientras daba un paso al frente.

Los demás lo miraron con sorpresa, incluido Jayden, pero aun así le arrojó el hacha a Charlie. Este nunca se presentaba como voluntario para nada.

—Bueno, las bolas de nieve no hacen daño, ¿verdad? —dijo Charlie, y mientras Jayden preparaba el gólem, adoptó la posición de combate—. ¿Qué es lo peor que puede pasar?

«Famosas últimas palabras», pensó Stan.

Y tenía razón, porque el intento de Charlie fue un verdadero desastre. En cuanto Jayden gritó «ya», Charlie echó a correr, pero al instante cayó sobre las posaderas, sin soltar el hacha. Estaba claro que había subestimado su peso. Con él en el suelo, el gólem de nieve pudo lanzar sus bolas a placer. Cada una de ellas lo levantaba un poco en el aire y a Charlie se le daba tan mal esquivarlas que acabó catapultado hacia atrás por un rápido torrente de nieve. Solo la azada lanzada por Steve *el Loco* contra la cara del gólem impidió que Charlie alcanzase una altura fatal. Aun así, la caída fue bastante dura y Jayden, de mala gana, tuvo que sacar otra manzana dorada para curarle la herida que se había hecho en la pierna.

A Kat le fue casi igual de mal. Decidió usar sus nada desdeñables fuerzas para lanzarle el hacha al gólem a la cabeza. Y le habría salido bien de haber tenido mejor puntería. Pero el hacha terminó alcanzando (y matando) a una vaca que pastaba cerca. A partir de ahí, a la jugadora no le quedó otra alternativa que tratar de evitar las bolas de nieve para no terminar como Charlie. Era más ágil que él, pero no tenía arma y solo logró evitar la mitad de los proyectiles. Jayden tuvo que sacar un arco del cofre y clavarle tres flechas al gólem en la calabaza para acabar con él.

Por último, Stan agarró el hacha. Se preparó para luchar con un nudo en el estómago. Esperaba no acabar en el suelo, como Charlie, o hacer cualquier otra estupidez. Jayden colocó la calabaza en su sitio y Stan se puso en movimiento mientras el gólem de nieve cobraba vida.

Lo primero que notó fue que el hacha no era tan pesada como esperaba. De hecho le pareció bastante fácil correr llevándola tras de sí. Lo segundo, que era muy sencillo esquivar las bolas de nieve. Simplemente sabía cuándo tenía que agacharse o moverse hacia un lado para eludirlas y al cabo de pocos segundos se encontraba junto al gólem de nieve. Lo que sucedió entonces fue tan increíble que ni el propio Jayden pudo dar crédito a sus ojos.

Al llegar junto al gólem de nieve, a Stan se le ocurrió una idea brillante. En lugar de imitar a Jayden y hacer un triple salto, Stan se abalanzó sobre el gólem y giró sobre sí mismo con todas sus fuerzas, con el hacha hacia delante. Embistió a la criatura con tal potencia y velocidad que la transformó en polvo como si fuese el contenido de una licuadora.

Aterrizó con una mano y los dos pies en el suelo, al otro lado de la línea roja, respirando entrecortadamente y con el hacha en la otra mano. Del monstruo no quedaba ni rastro. No había ni trozos de calabaza. El único vestigio de la nieve era un polvillo que flotaba en el aire y convertía los rayos del cuadrado sol en un arcoíris.

Hubo un estallido de aplausos por parte de Charlie y Kat, mientras Jayden se limitaba a mirarlo con asombro. Stan exhibía una sonrisa desbordante. ¡Le había resultado tan fácil...! Entonces reparó en la expresión de Steve *el Loco* y su sonrisa se esfumó.

Su mirada era astuta y calculadora. Era como si el anciano hubiera visto a Stan por primera vez y ahora estuviese tratando de discernir algo sobre él, como si hubiera algo escondido en el cuerpo pixelado de Stan que estuviese tratando de descifrar. Pero entonces llegaron sus amigos y la imagen pasó a un lugar apartado de sus pensamientos.

—¡Ha sido increíble! —gritó Kat.

—¡Vaya! ¡Alucinante! —exclamó Charlie.

—¡¿Cómo has hecho eso?! —preguntó Jayden con los ojos como platos.

Stan se encogió de hombros, incapaz de dejar de sonreír.

—No lo sé. Ha sucedido sin más.

—¡Pues ha sido increíble! —repitió Kat, secundada por los entusiastas cabeceos de asentimiento de Charlie.

—¡Puede que hayamos encontrado tu talento! —dijo un sonriente Jayden.

A Stan le dio un vuelco el corazón. Y luego, durante el entrenamiento, les pareció que, en efecto, había encontrado algo para lo que poseía un talento innato. Como Charlie con el pico y Kat con la espada, pulverizó a todos los demás en el cuadrilátero. Hasta logró vencer a Jayden, lo que lo dejó todavía más asombrado, además de un poco celoso.

Después de una lección de tareas agrícolas nada problemática (aunque a ninguno de ellos les gustaban especialmente los trabajos de la granja, eran capaces de realizarlos con facilidad y Steve les agradeció su ayuda para convencer a las testarudas champiñacas de que se reprodujesen), guardaron azadas y hachas y se marcharon. Jayden se disponía a salir por debajo del seto cuando una mano lo agarró del hombro.

—¡Eh, Jay!

Stan se volvió y vio que era Steve *el Loco* el que había abordado a Jayden. Jay se dio la vuelta.

—¿Te importa si hablo con el amigo Stan unos minutos?

Jay asintió y se alejó, seguido por los demás.

—Ven, novato —dijo Steve mientras volvía a la granja.

Stan no se sentía del todo seguro. No confiaba mucho en Steve *el Loco* desde el episodio de la PDV y tampoco se moría de ganas de hablar a solas con él. Al llegar a la cerca de las vacas, el Loco se sentó sobre ella y lo miró a los ojos.

—Mira, muchacho —dijo—, ya me imagino que no tendrás una gran opinión de mí desde lo de la PDV, pero llevo en este servidor mucho tiempo. Ya soy de nivel cincuenta y cuatro, más que nadie en esta aldea. Sé un montón de cosas sobre el servidor, sobre los que lo dirigen y sobre su funcionamiento. Hazme un favor y recuérdalo mientras hablamos, ¿de acuerdo?

Stan asintió, sin saber muy bien adónde quería ir a parar.

—Como ya te he dicho, llevo aquí muchísimo tiempo y, francamente, el servidor nunca había estado peor que ahora. No me interrumpas —añadió al ver que Stan abría la boca para preguntarle de qué hablaba—. En Element City, a los tipos que dirigen esto no les gusta la gente como ustedes. Carne fresca. Novatos. Pollos. Entiendes, ¿no?

Stan asintió, con un nudo en el estómago ante esta revelación, y preguntó:

—¿Y por qué? ¿Por qué no les gustamos? ¿Y qué tiene eso que ver conmigo?

La respuesta de Steve *el Loco* la cortó en seco una flecha al clavarse en su sien.

Stan sintió que su sorpresa se esfumaba al instante al oír el chasquido de un segundo proyectil. Se apartó rodando de la cerca, agarró la azada que se le había caído a Steve *el Loco* de las manos y la arrojó en la dirección de la que había venido la flecha. La azada golpeó algo y Stan vio que un jugador con una máscara de esquí de color negro, de pecho musculoso y desnudo y pantalones y zapatos negros, retrocedía tambaleándose con las manos en la cara.

Stan utilizó el tiempo que tardó en recuperarse su atacante para examinar a Steve. El Loco había caído al suelo y ahora yacía allí, inmóvil, sangrando por la herida de la cabeza. Todos sus objetos estaban esparcidos por el suelo. No cabía duda: estaba muerto.

La mente de Stan no tuvo tiempo de procesar este horrible giro de los acontecimientos. Agarró el hacha de hierro de Steve *el Loco* y se volvió en dirección al asesino al mismo tiempo que este disparaba otra flecha contra su cabeza. La desvió con el hacha y corrió hacia él.

El asesino emprendió la huida. Tenía un trozo de pedernal y una argolla de hierro en la mano y los estaba golpeando para crear chispas, con las que prendía fuego a cualquier cosa que hubiera a su alcance. Las sandías, la cerca del corral de los cerdos y los troncos donde crecían las plantas de cacao empezaron a arder al instante y la acelerada propagación del fuego impidió a Stan perseguir al asesino.

La mente de Stan entró en modo de emergencia. Sin un instante de vacilación, guardó todas las posesiones de Steve *el Loco* en el inventario, levantó el cadáver del viejo granjero y se precipitó hacia la salida llamando a Jayden a gritos. Atravesó el arco de setos, que ya había empezado a arder, y vio que Jayden volvía corriendo con expresión de espanto, seguido de cerca por Kat y Charlie.

En cuanto Jayden vio la granja en llamas se le abrieron los ojos de par en par, pero fue la imagen de su hermano muerto lo que le hizo perder por completo la cabeza. Agarró a Stan por los hombros y lo zarandeó de un lado a otro mientras gritaba:

—¿Que ha pasado?

—¡Un jugador con una máscara de esquí ha matado a Steve, ha intentado hacer lo mismo conmigo y luego ha incendiado la granja! —dijo Stan con voz ahogada.

Le costaba respirar por culpa del humo y del espanto que le había provocado la inesperada muerte de Steve *el Loco*.

Un destello de reconocimiento cruzó los ojos de Jayden y Stan comprendió que aquel... aquel... griefer, el de la máscara de esquí, ya había atacado otras veces. Jayden lanzó un grito al cielo con toda la fuerza de sus pulmones y maldijo al griefer con los ojos y las venas hinchados. Stan, Kat y Charlie estaban a su lado, con expresión aterrada.

Stan permaneció mucho tiempo sumido en una especie de aturdimiento. Apenas era consciente de que Jayden sollozaba a su lado, de las órdenes que impartía Adoria a gritos y de la gente que corría por delante de él con cubos de agua. Poco a poco, el incendio comenzó a batirse en retirada. Al poco tiempo, el fuego ya no iluminaba la noche, que había caído mientras lo combatían.

Stan salió del trance al oír la voz de Sally a su lado.

—¿Estás bien, novato? —preguntó la chica con delicadeza.

Stan la miró. Tenía ganas de decirle que no estaba bien, que Steve *el Loco* nunca podría volver al servidor por culpa del exilio y que no podía entender por qué quería alguien matar a otro jugador sabiendo cuáles eran las consecuencias... pero lo que hizo fue mirarla a los ojos y decir:

—Lo estaré.

Sally tenía los ojos empapados en llanto y Stan no quería parecer débil, sobre todo después de la fe que había tenido en él.

—¡Sally, tenemos un gran problema! —exclamó Adoria con pánico, al llegar a su lado—. Es posible que no se trate de un ataque aislado. Tendríamos que meter a todos los jugadores de bajo nivel en la mina, pero no hay sitio para todos. No estaba pensada para algo así. Con más de dos terceras partes de la población actual, el riesgo de accidentes sería excesivo. Me he quedado sin ideas, Jayden sigue sin recuperarse, y Archie y D están ocupados preparando la evacuación de los niveles inferiores. ¿Qué crees que deberíamos hacer?

Su tono de pánico llevó a Stan a hablar.

—Irnos —dijo.

Sally y Adoria se le quedaron mirando.

—Nos iremos. Charlie, Kat y yo. Si van a venir más griefers, tendremos más posibilidades. Si nos mandan a otro sitio y piden a los voluntarios que se marchen, podrán quedarse y defender a quienes queden.

Adoria abrió la boca para protestar, pero Sally se le adelantó.

—No es mala idea. Quienes ya han completado el programa tendrán más probabilidades de sobrevivir y los de nivel alto podemos quedarnos a defender la aldea. Podemos mandar a los voluntarios que hayan completado el programa al bosque, en dirección a la ciudad.

—Pero ¿y si se encuentran con griefers por el camino? —preguntó Adoria.

—No lo harán —respondió Sally—. Los griefers evitan los caminos principales, por si se encuentran con viajeros bien armados. Son todos unos cobardes. Además —añadió sonriendo mientras miraba a Stan—, ese griefer no ha salido huyendo porque sí. ¿Me equivoco al pensar que lo has puesto en fuga?

Stan asintió.

—Muy bien —dijo Adoria antes de salir corriendo hacia la mina, con la falda ondeando al viento, para anunciar lo que habían decidido.

Stan miró a Sally y dijo:

—Sally... —pero ella lo interrumpió con un beso en la mejilla.

—Vuelve a visitarnos algún día —dijo mientras salía corriendo en pos de Adoria—. ¡Ah, y agarren armas y algo de comer del almacén!

CAPÍTULO 7
LA TORMENTA

o sabía! ¡Lo sabía! ¡Sabía que le gusto! Ay, ahora sí que pienso volver a la aldea a la primera oportunidad. No sé lo que esperaba del juego, pero esto no. ¡Vaya!»

Estos eran los pensamientos que corrían por la cabeza de Stan mientras, bajo una lluvia incipiente, corría por aldea Adoriana, seguido por Kat y Charlie. No estaban muy felices con la idea de marcharse, pero sí entusiasmados con sus nuevas armas.

Kat corría detrás de Stan con un arco a la espalda, un carcaj con doce flechas y una flamante espada de hierro al costado. *Rex* le pisaba los talones. Charlie iba justo detrás, con un pico de hierro en la mano y un montón de sandías en el inventario. De hecho, él se encargaba de la comida del grupo. Stan marchaba a la cabeza, con un hacha de hierro en la mano, además de una mesa de creación, un horno y un poco de carbón en el inventario. Estaban bien entrenados y se habían puesto en camino. En sus pensamientos, cualquier enemigo con el que se encontraran allí, bajo la llovizna, podía darse por muerto.

Al cabo de un rato pararon para recobrar el aliento.

—Vaya día, ¿eh? —dijo Charlie mientras descansaban.

—Sí —respondió Kat.

No estaban para bromas, pero al menos se había recobrado del trauma de la muerte de Steve *el Loco*.

—Pero sigo sin comprenderlo —añadió—. ¿Por qué escogería ese tipo a Steve *el Loco* como objetivo? ¡Era un granjero! ¡Ayudaba a los jugadores de bajo nivel!

Al oír estas palabras se produjo una conexión en la mente de Stan. Volvió a oír las últimas palabras de Steve *el Loco*. «En Element City, a los tipos que dirigen esto no les gusta la gente como ustedes. Carne fresca. Novatos. Pollos.»

—No pensarás que el asesino era del gobierno, ¿verdad? —preguntó.

Charlie y Kat lo miraron, estupefactos.

—¿Por qué iba el gobierno a mandar asesinos contra la gente que da de comer a sus ciudadanos de bajo nivel? —preguntó Kat con tono de escepticismo.

—Pues se trata de eso, precisamente —dijo Stan mientras se ponía en pie—. Daba de comer a los ciudadanos de bajo nivel.

Les contó su conversación con Steve *el Loco* y lo que había dicho sobre el gobierno el viejo granjero.

Kat se quedó boquiabierta, pero Charlie preguntó:

—¿Por qué? ¿Qué sentido tiene eso?

—No sé —respondió Stan—. Steve *el Loco* se disponía a decírmelo cuando...

Suspiró, apartó la mirada de sus compañeros y volvió a suspirar. Captaron el mensaje.

—Es una teoría muy rara, eso está claro —dijo Kat al mismo tiempo que se incorporaba—. Pero ya pensaremos en ella luego. ¡Hay que ponerse en marcha! —gritó para hacerse oír por encima del ruido de la lluvia, que había arreciado mientras descansaba.

Stan vio un relámpago en la distancia y *Rex* ladró. A la luz del relámpago avistó una torre en la lejanía, justo en medio del camino.

—¿Qué es eso? —preguntó mientras la señalaba con la mano.

—¿Qué es qué? —gritó Kat.

—¡Eso, esa torre! —repitió.

Un nuevo relámpago iluminó el cielo y Kat y Charlie pudieron verla también.

—¡Puede que sea un refugio! ¡O la casa de otro jugador! —exclamó Charlie.

—¡Puede! Pues será mejor que vayamos hacia allí, porque tenemos que salir de esta tormenta. ¡Esos relámpagos son peligrosos! —gritó Kat por encima del silbido del viento y el martilleo de la lluvia.

La tormenta empezaba a ser peligrosa y el restallido de los rayos era cada vez más frecuente. Uno de ellos había golpeado un árbol junto a Kat, que había proferido un grito al ver que el árbol empezaba a arder. Por suerte, la lluvia lo extinguió al instante.

Al acercarse a la torre vieron que en realidad se trataba de una pirámide y cubría el camino entero. Stan tuvo un mal presentimiento. Había algo extraño allí. Sus sospechas se vieron confirmadas cuando estuvieron más cerca. La pirámide entera estaba hecha de bloques de TNT amontonados.

—¿Para qué pondría alguien eso ahí? —preguntó Kat.

—No lo sé, pero no me parece prudente quedarse cerca —repuso Stan.

—¿Por qué? —preguntó Charlie mientras se acercaba a la pirámide—. ¿Qué es lo peor que podría ocurrir?

Y según lo decía, sucedió lo peor. Cayó un rayo sobre el vértice de la pirámide e inflamó la dinamita del bloque, que empezó a parpadear peligrosamente.

—¡CORRAN! —chilló Stan al mismo tiempo que explotaba el bloque.

Mientras los tres jugadores y *Rex* echaban a correr como locos, la torre entera reventó de arriba abajo, con una serie de explosiones sucesivas que enviaron una lluvia de bloques de dinamita encendida por todas partes, como la lava proyectada por un volcán. Afortunadamente para ellos, lograron ponerse fuera del alcance de las detonaciones. Pero las explosiones también eran subterráneas. Pudieron oír que continuaban durante unos sesenta segundos antes de cesar al fin.

La lluvia había parado, así que de nuevo podían hablar con tono de voz normal. El aire estaba lleno de polvo, como había sucedido tras la explosión del creeper de camino a la aldea Adoriana. Pero esta vez la detonación había sido mucho más potente y había abierto una gigantesca fisura en medio del camino, que les impedía llegar al otro lado.

—¿Por el bosque, entonces? —dijo Stan con una voz antinaturalmente aguda.

Se miraron. Recordaban lo que había dicho Sally. Los griefers evitaban los caminos principales por si se encontraban con viajeros bien armados. Salir de la carretera significaría meterse en territorio enemigo.

—Ah, no digas tonterías, no podemos... —comenzó a decir Charlie, pero Kat lo interrumpió.

—No seas niño, Charlie. Stan tiene razón.

El temblor de sus labios evidenciaba que Kat estaba haciendo esfuerzos serios por mantener la compostura.

—Vamos —dijo Stan mientras echaba a andar hacia el bosque seguida por *Rex*, que gruñía en tono sordo.

A Charlie se le escapó un gemido sordo, pero se forzó a seguir a su amigo al bosque.

Estaba oscuro. Stan apenas alcanzaba a distinguir el naranja fosforescente de la camisa de Kat. De vez en cuando se producía un nuevo relámpago y Stan podía vislumbrar una telaraña, un tronco de árbol o un zombi que se movía arrastrando los pies en la lejanía.

De repente hubo un crujido a su derecha. Había algo en la maleza que corría directamente hacia él.

—¡Corran! —gritó mientras huía abriéndose paso a hachazos entre el follaje.

Kat y Charlie permanecieron confundidos un instante, pero en cuanto oyeron el crujido fueron tras él.

Stan salió del bosque al otro lado del gigantesco cráter.

Kat apareció tras él, seguida de cerca por *Rex* y Charlie. Stan levantó el hacha por encima de su cabeza, Kat desenvainó la espada y adoptó una postura de combate y Charlie sostuvo el pico con manos temblorosas. Y entonces, la criatura que los había estado persiguiendo salió al claro.

—¿Estás de broma? ¿Has salido huyendo de ese pequeñín? —rio Kat.

Se acercó al cerdo y lo acarició detrás de las orejas, lo que pareció gustarle. *Rex* se acercó al animal y empezó a olisquearlo.

—¡Stan, en serio, no hagas esas cosas! —dijo Charlie con los ojos muy abiertos y los brazos sobre el pecho—. ¡Casi me da un ataque al corazón!

—Lo siento, ¿de acuerdo? —dijo Stan, pero estaba sonriendo. Era un cerdito lindísimo—. Kat, aleja a *Rex* del cerdo. Nos vendría bien un poco de carne.

Siguiendo las órdenes de Kat, *Rex* se apartó del cerdo y se sentó a los pies de su dueña.

—Adiós, chiquitín —dijo Stan mientras, coincidiendo con un nuevo rayo, levantaba el hacha y descargaba el golpe.

Una espada dorada detuvo el hacha.

Kat se quedó boquiabierta, Charlie soltó un grito y Stan estuvo a punto de caerse de espaldas al ver el monstruo en el que se había transformado el cerdo al recibir el impacto del rayo.

Su forma era como la de un jugador y su color se parecía al de un cerdo, pero la carne estaba podrida por todas partes y el cráneo asomaba por un lado de la cabeza. Las costillas afloraban a la altura de su estómago. Llevaba un taparrabos de color marrón y su mano empuñaba una espada dorada, que era la que había parado al acero de Stan. Parecía una especie de híbrido entre hombre y cerdo. Y estaba furioso.

El hombrecerdo zombi atacó. Con una serie de complicados molinetes de la espada, obligó a Stan a retroceder. El jugador intentó responder con su hacha, pero en vano. El zombi esquivó el golpe y separó la empuñadura del hacha de su cabeza con un golpe de su espada dorada. Stan se había quedado sin arma.

Retrocedió de un salto, tratando de esquivar los tajos de la espada, pero al mismo tiempo que lo hacía un pico atravesó el aire y se hundió en el cráneo expuesto del hombrecerdo zombi. El ataque en sí no causó el menor daño, pero tuvo el efecto deseado. El hombrecerdo zombi dejó de fijarse en Stan para dirigir su atención hacia Charlie.

Pero Charlie no había pensado demasiado bien su ataque. El hombrecerdo zombi era más rápido de lo que esperaba y Stan vio con horror que, de sendos golpes, hería a su amigo en la frente y la pierna. Charlie gritó de dolor y cayó al suelo sujetándose el miembro herido y la sien. La espada dorada se alzó para asestar el golpe de gracia, pero antes de que pudiera darlo, algo borroso de color blanco embistió al hombrecerdo zombi y lo tiró al suelo.

Rex, siguiendo las órdenes de Kat, lo había atacado. Durante un momento, las dos criaturas lucharon a brazo partido, tratando de arrancarse la garganta, pero finalmente *Rex* resultó vencido. El monstruo lo arrojó al borde del cráter, donde quedó tendido, gimoteando e incapaz de levantarse.

Al ver a Charlie y a su perro así, a Kat le centellearon los ojos y se abalanzó sobre el hombrecerdo zombi. Las hojas de oro y hierro entrechocaron y los dos guerreros entablaron combate. La destreza de Kat era increíble, pero el hombrecerdo zombi no se quedaba atrás. Y Kat tenía una desventaja evidente. Logró alcanzar a su enemigo en el estómago, pero lo único que consiguió fue que se le cayese un trozo de carne, sin que esto le hiciera perder velocidad.

Stan estaba desesperado. Se le había roto el hacha, Charlie estaba medio muerto y Kat empezaba a dar muestras de cansancio. Estaba claro que haría falta un ataque increíblemente potente para acabar con el hombrecerdo zombi, como una explosión o algo parecido, como...

De repente sintió como si el aire se llenase de estática. Se volvió hacia el lugar de procedencia de la sensación. A cierta distancia de ellos, una figura salía del bosque. Era tan alta como él, pero con cuatro piernas cortas. Un creeper. Pero había algo distinto en él. Unos finos arcos eléctricos recorrían su cuerpo y la corriente que generaban se podía sentir desde donde se encontraba Stan. Era como si lo hubiera alcanzado un rayo. Stan se dio cuenta de que la explosión de un creeper cargado con tanta electricidad sería... fatal.

Comprendió lo que tenía que hacer.

—¡Kat! —gritó—. ¡Lánzame el arco y las flechas!

Kat estaba cada vez más cansada y sabía que no tardaría en sucumbir ante el hombrecerdo zombi. Aprovechando un nuevo ataque del monstruo, retrocedió de un salto y le propinó un poderosísimo golpe con todas sus fuerzas, esgrimiendo la espada como si fuese un *bat* de beisbol. El muerto viviente salió despedido hacia atrás y chocó contra un árbol. Kat le lanzó el arco y las flechas a Stan y aprovechó el momento para recobrar el aliento.

Stan agarró el arco, sacó una flecha, apuntó y disparó.

Y dio en el blanco. La flecha se hundió en la cabeza del creeper.

El creeper miró a Stan. Sus ojos se tiñeron de rojo y la electricidad que recorría su cuerpo se intensificó de manera significativa. Entonces echó a correr hacia ellos a toda velocidad.

—Pero ¿qué haces? —gritó Kat.

Tenía que concentrar toda su atención en su propia pelea. El hombrecerdo zombi, que ya se había levantado, le asestó un golpe en la espalda que la hizo trastabillar. La espada de Kat salió volando.

Stan sabía que no podía permitirse el lujo de pensar en sus dos compañeros caídos hasta haber completado lo que estaba haciendo. Agarró la espada de hierro de Kat y se abalanzó sobre el monstruo. Las espadas entrechocaron y los dos combatientes midieron sus fuerzas un momento. Stan miró la cara del monstruo y vio que uno de sus ojos no era otra cosa que una cuenca ocular vacía. Y también que el creeper, en la periferia de su campo de visión, estaba casi sobre ellos. Fingió que se replegaba y utilizó todas las fuerzas que le quedaban para asestarle una estocada en el estómago. Antes de que el demonio tuviera tiempo de reaccionar, Stan lo empujó hacia atrás para que chocase con el siseante creeper.

Entonces se arrojó al suelo de un salto y un instante después se produjo una explosión tremenda.

La detonación lo había dejado aturdido y sabía que había resultado herido durante el combate, pero aun así se obligó a levantarse y examinar el lugar. Charlie estaba tendido a un lado del camino y sangraba por la cabeza y la pierna. *Rex* seguía gimoteando al borde del cráter. A Kat no se la veía por ninguna parte. En el sitio donde habían chocado los dos monstruos había un cráter tres veces más grande que el de la explosión de un creeper normal. El hombrecerdo zombi había desaparecido, sin dejar otra cosa que un montón de carne podrida y una espada de oro manchada de sangre.

Sin perder un instante, Stan se acercó al cráter. Cada paso le causaba un dolor insoportable, pero tenía que salvar a sus amigos. Recogió la espada dorada y las guardó ambas en su inventario. Agarró la carne podrida y alimentó con ella a *Rex*, que enderezó la cola al instante y luego le lamió la mano con el mismo entusiasmo de siempre.

A continuación, Stan se acercó a Charlie. Estaba inmóvil y, de cerca, sus heridas parecían aún más graves. Temiéndose lo peor, metió la mano en el inventario de su amigo y sacó una rodaja de sandía. Mientras se la metía en la boca lo examinó en busca de algún indicio de vida. Y con enorme alivio comprobó que Charlie empezaba a masticar lentamente la fruta y luego suspiraba. Stan suspiró también. Ahora sabía que su amigo se recuperaría si conseguía encontrar tratamiento para él.

Solo quedaba Kat. No sabía dónde estaba. No la veía

por ninguna parte. Estaba empezando a entrarle el pánico cuando oyó una voz ronca de mujer que pronunciaba su nombre desde el interior del cráter dejado por la explosión de la pirámide. Miró dentro y vio que Kat estaba tirada en el suelo de un saliente, cinco bloques más abajo. Mientras se abría paso a puñetazos a través de la tierra para llegar hasta ella se dio cuenta de que Kat había recibido una buena tunda. Respiraba entrecortadamente y con dificultad.

No sin complicaciones, Stan y Kat lograron salir del colosal cráter y entonces, sin decir palabra, cayeron al suelo, inconscientes.

Stan despertó al sentir que *Rex* le lamía la cara. Teniendo en cuenta que era temprano y que el cielo ya no era de color gris, debían de haber pasado mucho rato tiempo inconscientes. Stan se incorporó y despertó a Kat.

—Tiene gracia —dijo la jugadora con una mueca—. Cada vez que pasa algo pienso que el juego no puede ser más peligroso.

Stan asintió. Entendía lo que quería decir.

—Bueno, debemos apresurarnos. Hay que conseguir ayuda para Charlie lo antes posible y tengo el presentimiento de que Element City es el sitio perfecto para ello.

Kat asintió y se incorporó. Stan se miró a sí mismo y vio que estaba cubierto de polvo y escombros de la explosión.

—Y no nos vendría mal un baño a ninguno de los dos —dijo—. ¡Estamos hechos un desastre!

Kat no respondió, pero se levantó y se encaminó dolorosamente hacia Charlie. Stan la siguió. Entre los dos, y con enormes dificultades, se cargaron al inconsciente Charlie sobre los hombros y volvieron a ponerse en camino, cojeando.

Fue una pesadilla. La explosión del creeper había lastimado a Stan por dentro y cada vez que respiraba sentía que el aire que entraba en su cuerpo le hacía más mal que bien. Kat, por su parte, tenía un enorme corte en la espalda, cortesía del hombrecerdo zombi, y seguramente se hubiera lastimado más al caer al cráter. En cuanto a Charlie, no estaba en condiciones de ayudarlos. Las heridas de su pierna y su cabeza eran muy graves y la idea de que no se estaban curando era lo único que daba fuerzas a Kat y Stan para seguir adelante.

Al cabo de lo que les pareció un día entero (aunque en realidad el sol seguía en lo alto y era solo mediodía) apareció una muralla ante sus ojos. Era gigantesca y lo único que se veía por encima de ella eran las torres de lo que parecía un castillo. Stan acababa de reparar en los guardias que recorrían de un lado a otro la muralla, armados con arcos, cuando algo en su interior sufrió una atroz sacudida. Sin poder hacer nada por evitarlo, notó que se desplomaba y perdió el sentido antes incluso de haber llegado a tocar el suelo.

Capítulo 8
El día de la proclamación

Al despertar, Stan se encontró en el suelo. Había tierra y maleza debajo de él y a ambos lados se levantaban sendas paredes de ladrillo. Acababa de ver todo esto cuando Kat se sentó a su lado y le metió al inconsciente Charlie una manzana dorada en la boca. El corte de su espalda había desaparecido. Debía de haberse comido otra manzana dorada.

—Oh, Kat... ¿qué ha pasado? —preguntó Stan con una mano en la cabeza, mientras Charlie, cuyas heridas habían desaparecido por completo, comenzaba a removerse.

—Perdiste el conocimiento —dijo Kat—. Justo antes de llegar a las puertas. Charlie y tú estaban inconscientes y me di cuenta de que necesitaba manzanas doradas. Los guardias ni siquiera me dirigían la palabra y tuve que buscar en varias tiendas antes de encontrar una que estuviese dispuesta a venderme tres. Tuve que darles la mesa de creación, el horno y el carbón, el arco, las once flechas, las espadas de oro y de hierro y la mayor parte de la sandía, y aun así el vendedor parecía pensar que prácticamente estaba robándole.

—Espera —dijo Stan mientras trataba de asimilar todo lo que le había dicho—. Tengo varias preguntas. ¿Cómo que tiendas?

—Oh, bueno, parece ser que hemos llegado a Element City. Lo que vimos antes era la muralla.

Stan vio una hilera de edificios y varias calles repletas de jugadores a su alrededor.

—Y justo después de la entrada se encuentra el barrio de los mercaderes. Con sus tiendas, que es donde venden sus mercancías.

—Bueno —dijo Stan—. ¿Y dónde estamos ahora?

—Oh, donde los dejé antes, en el callejón más próximo, antes de ir por las manzanas doradas.

—Bueno, pues... Un momento... Mesa de creación... Horno, carbón... arco, flechas... Dos espadas... Sandía... ¿Has dado todas nuestras cosas? —dijo Charlie, que se había recuperado y estaba escuchando también.

—Y el vendedor ha aceptado de mala gana, a pesar de que estaba desangrándome ante sus mismos ojos —dijo Kat, sacudiendo la cabeza—. En serio, los habitantes de aquí son unos verdaderos patanes comparados con los de la aldea Adoriana.

Stan se acordó de que Adoria había titubeado antes de decirle que ir a Element City era buena idea. «Se referiría a esto», pensó.

—Pero tengo que decir —añadió Kat— que se sorprendió mucho cuando le dije que las heridas eran obra de un de un hombrecerdo zombi. Al parecer...

—Espera, ¿qué es un hombrecerdo zombi? —preguntó Charlie.

Los otros dos se lo quedaron mirando un minuto. Entonces Kat dijo:

—Charlie, ¿eres tonto?

Charlie tenía cara de confusión.

—¿Contra qué acabamos de luchar? ¿Quién te ha hecho esas heridas en la pierna y la cabeza?

Charlie se concentró un segundo y entonces su rostro se iluminó.

—¡Ah, ya lo entiendo! ¡Es porque es un zombi, pero parece un cerdo y tiene cuerpo de hombre!

Kat y Stan se miraron.

—Esperemos que sea un efecto secundario de la manzana —dijo Kat con tono desdeñoso—. Bueno, el caso es que estamos aquí y Dorado me dijo que lo primero que hay que hacer en este sitio es buscar un trabajo. Trabajas para alguien y ese alguien te ofrece alojamiento y comida. A veces, cuando se trata de algo especialmente tedioso, te pagan con materiales, que puedes cambiar por otras cosas que necesitas, hasta que un día tienes suficiente para adquirir una casa y abrir tu propio negocio debajo.

Al terminar este monólogo, Stan y Charlie la miraron con las cejas enarcadas.

—¿Cuándo has tenido tiempo de hablar tanto con D?

—¿Y por qué lo has llamado «Dorado»?

Kat puso los ojos en blanco.

—Hablaba con él por las noches, después de entrenar. Es agradable conversar con alguien que sabe algo, para variar. Y ya que lo preguntan, prefiere el nombre de Dorado, pero deja que la gente le llame D porque lo otro es un poco pretencioso. Aunque a mí no me lo parece —añadió al ver que Charlie y Stan se reían entre dientes—. Bueno, vamos a buscar trabajo.

Y con esto, el trío se levantó, se terminó las tres últimas rodajas de sandía y, ya sin nada en los bolsillos, salieron del callejón.

La ciudad era sobrecogedora. Las calles de roca estaban repletas de gente. Sobre sus cabezas, un sistema de transporte por monorraíles comunicaba las casas. Y había edificios por todas partes. Los negocios y tiendas estaban en el primer piso y las viviendas encima. Por encima de la metrópolis asomaban varios rascacielos. Era evidente que la zona en la que se encontraban era el barrio mercante, pero la ciudad tenía otras zonas y una de ellas estaba llena de edificios gigantescos. Los más altos eran tres torres unidas por puentes en distintos puntos. La del centro estaba coronada por una esbelta aguja. Sin embargo, el edificio más imponente de la ciudad era sin ningún género de dudas el castillo.

Esta estructura, considerablemente más alta que los rascacielos, se elevaba hacia las nubes en su cúspide. Sus torres más altas, las que se veían descollar sobre la muralla desde fuera de la ciudad, debían de estar en contacto con ellas, literalmente. Y también era muy amplio: cubría la mitad de la ciudad. A pesar de la distancia, podían distinguir la bandera que ondeaba sobre el puente. El escudo de armas estaba formado por tres criaturas distintas: un creeper, una vaca y un jugador de piel pálida, pelo rubio y una corona de oro. El rey, supuso Stan.

Kat dejó que los dos muchachos contemplaran embobados la ciudad un rato, pero al cabo de pocos minutos los obligó a ponerse en camino para buscar trabajo. Fueron de puerta en puerta preguntando si había algo que hacer. Stan reparó enseguida en un patrón. Lo primero que les preguntaban siempre era de qué nivel eran. Y en cuanto respondían que Kat de nivel ocho, él de nivel seis y Charlie de nivel cinco, les cerraban la puerta en las narices sin más preguntas.

Al cabo de una docena de rechazos, Kat empezaba a parecer exasperada y Charlie directamente molesto. Stan se disponía a decir que sería mejor que lo dejasen y volvieran al callejón a pasar la noche cuando oyó un ruido detrás de sí.

—¡Psst!

El primer pensamiento que apareció en su cabeza fue: «¡Creeper!». Era lo que pasaba después de haber sido víctima de un ataque de esta criatura tres veces. Se revolvió, listo para golpear con el hacha (cuya desaparición ya había olvidado), pero entonces vio que no se trataba de un creeper. Un jugador los llamaba con gestos desde el otro lado de la calle. Su aspecto era el más extraño que hubieran visto nunca. Parecía llevar un disfraz de cuervo negro, con pico y todo.

—¡Psst! ¡Ustedes tres, vengan aquí! —susurró.

Pero a Stan le daba desconfianza, sobre todo porque las demás tiendas estaban cerrando ya. Aparte de que, ¿por qué quería mantener su visita en secreto? Era un poco sospechoso.

Aun así, lo siguió hasta una tienda situada al otro lado de la calle, cuyas luces se encendieron en cuanto franqueó las puertas. En el interior había estanterías a montones repletas de carne podrida, huesos, cuerda, ojos de araña y otros residuos de los monstruos de Minecraft. Y también se fijó en las armas. Sobre las mesas había espadas de distintos materiales. El techo tenía unos ganchos de los que colgaban hachas. Una pared entera estaba cubierta de arcos. Y había maniquíes con armaduras de cuero, hierro y diamante. Stan estaba impresionado. Tuvo el presentimiento de de que si aquel jugador quería contratarlos sería para un trabajo que le encantaría.

Subieron a la casa del jugador por una escalerilla que había en la parte trasera de la casa. Era muy sencilla. No contenía más que antorchas en las paredes, una cama, dos sillas, un arbolito en un bloque de tierra, unos cofres, una mesa de creación, un horno y un mostrador con una máquina que tenía un botón.

—Siéntense —dijo el jugador.

Mientras Charlie y Kat se sentaban en las sillas y Stan en el suelo, el jugador se acercó a la máquina y oprimió el botón cuatro veces. Otras tantas barras de pan salieron de un agujero situado en la parte delantera de la máquina. Dio tres de ellas a sus invitadas y se quedó la cuarta. Se sentó en la cama.

—¿Me equivoco al pensar que están buscando trabajo? —preguntó.

—En absoluto —respondió Kat—. Somos nuevos aquí y...

—¡Sh, sh, shhh! —dijo el jugador, con expresión nerviosa.

Estaba claro que, por alguna razón, no deseaba que los oyeran.

—¡No tan alto! Me llamo Cuervonegro100 y busco algunos ayudantes para una cacería.

—¿Qué quiere decir con eso? ¿Qué tipo de cacería? —preguntó Charlie.

—Ah, claro. Se me olvidaba que son... jugadores de bajo nivel —susurró con tono despectivo, como si aquello fuese un insulto—. Verán, hay jugadores ricos a los que les gusta salir a cazar zombis y otras criaturas por deporte. Es muy divertido si vas bien preparado y además puedes conseguir un valioso botín. Yo antes lo hacía, pero desde que superé el nivel cincuenta ya no me divierte tanto. Ahora me dedico a vender todo el botín que he obtenido en estos años, con la intención de comprarme un terreno virgen que pueda trabajar.

»Por desgracia, mis reservas han empezado a menguar y necesito que alguien me ayude con las partidas de caza mientras yo me ocupo de la tienda. Necesito jugadores que salgan al bosque, maten a todos los monstruos que puedan y me traigan lo que encuentren. La paga será elevada. Bueno, ¿qué me dicen? Como es lógico, también me encargaré de darles alojamiento y comida.

Los miró con expectación. Stan, Kat y Charlie se miraron. Stan estaba asintiendo y Charlie estaba ocupado conteniendo una sonrisa, así que Kat respondió:

—Suena bien. Gracias por contratarnos. Nadie más quería hacerlo. ¿Y por qué, por cierto? Le estamos muy agradecidos —añadió rápidamente, secundada por los gestos de asentimiento de Stan y Charlie—. Pero aun así me gustaría saberlo.

Cuervonegro cerró los ojos un instante y luego volvió a abrirlos.

—Oh, aquí algunos de los jugadores de alto nivel tienen prejuicios contra cualquiera que no tenga más de... nivel catorce o quince. Es una estupidez. Dicen que ellos llevan más tiempo en el servidor y han tenido que abrirse paso luchando hasta la cima, mientras que los de bajo nivel lo tienen más fácil porque se aprovechan de lo que hicieron ellos.

Kat y Stan se quedaron mudos de asombro, mientras Charlie decía en voz alta:

—¡Es lo más estúpido que he oído en mi vida! ¿Sabe lo que hemos pasado desde que...?

—¡Ssssshhhhhh! —lo interrumpió Cuervonegro—. Aquí no son muy populares los jugadores de alto nivel que tratan bien a los de bajo nivel. Personalmente, opino que es una estupidez, pero esa es una opinión que no puedo permitirme expresar cuando hay tanta gente que lo ve de otro modo.

»Ahora, vamos a la cama —añadió.

Se acercó al cofre, sacó un poco de lana y madera y los llevó a la mesa de creación. En cuestión de cuatro minutos había cuatro camas en el cuarto, alineadas y con un jugador en cada una de ellas.

Allí tendido, Stan se preguntó si sería aquel absurdo perjuicio contra los jugadores de bajo nivel lo que había motivado al griefer que había asesinado a Steve *el Loco* o... al Señor A, el que había tratado de acabar con ellos días atrás. Puede que algún jugador de bajo nivel le hubiese robado sus posesiones y estuviera tratando de recuperarlas. «Sí, eso tendría bastante lógica», pensó mientras se hundía poco a poco en el sueño.

Al día siguiente, Stan, Kat y Charlie, cargados de equipo, partieron de caza en su primer día de trabajo para Cuervonegro100. Cada uno de ellos llevaba un peto y un casco de hierro. Kat iba delante, con una espada de este mismo material al cinturón, además de un arco y un carcaj de flechas a la espalda. *Rex* iba tras ella, seguido por Stan. Este último empuñaba un hacha de hierro que relucía a la luz del sol, además de llevar seis barras de pan. Charlie venía a continuación, con un pico y sus dos objetos más importantes: una brújula y un reloj. La brújula los ayudaría si se perdían y el reloj les permitiría saber la hora en la sombría foresta.

—Vuelvan antes de mediodía —les había dicho Cuervonegro— si no quieren perderse la proclamación del rey. Después pueden volver a salir.

—¿Proclamación? ¿Qué es eso? —había preguntado Stan.

—Oh, de vez en cuando el rey de Element City anuncia que va a haber algún cambio legislativo importante, o algo por el estilo. Ahora que son ciudadanos deben estar allí.

Y con esta información, los tres jugadores y el perro habían cruzado las puertas de la gran ciudad para partir de cacería al bosque.

Era raro. Hasta entonces habían tenido muchos encuentros en aquel mismo bosque, pero esta vez no vieron prácticamente nada. Los únicos monstruos que se encontraron fueron un zombi (abatido por Charlie de un golpe de pico), dos esqueletos (de los que se ocupó Kat desde lejos) y un creeper (que fue víctima del hacha de Stan). Lo del creeper fue bastante impresionante, porque era el primero que mataban ellos. Aun así, cuando al reloj les mostró que era casi mediodía y emprendieron el camino de regreso a la ciudad, lo hicieron muy decepcionados, porque aparte de un trozo de carne podrida, tres huesos, dos hachas y un poco de pólvora del creeper, iban con las manos vacías.

Apenas cruzaron las puertas de la ciudad, Stan se dio cuenta de que algo andaba mal. La gente estaba inusualmente silenciosa en las calles y de vez en cuando les oía cuchichear cosas como «¿Has oído lo de la tienda de ese mercader que han asaltado?» o «Sí, dicen que ofrecía trabajo a los novatos. ¿Puedes creerlo?». Este comentario en concreto avivó su pánico y, momentos después, sintió que empezaba a hiperventilar al ver una columna de humo en la zona donde estaba la tienda de Cuervonegro y oír una serie de gritos de furia procedentes de allí.

Al doblar la esquina, el trío se quedó paralizado. Hasta el perro gimoteó de manera lastimosa al ver la espantosa escena.

La tienda de Cuervonegro estaba ardiendo. Por la ventana de su dormitorio, en el segundo piso, salían llamas y en el primero refulgían los destellos azulados, amarillentos, rojizos y negros del carbón encendido. Había una multitud en el exterior que profería gritos de indignación, pero no por la escena de destrucción. Stan oyó que decían cosas como:

—¿Qué te parece que te echen de tu casa y tu hogar?

O:

—¡Eso te pasa por dar cobijo a unos novatos!

Para su horror, la gente empezó a lanzar ladrillos contra las ventanas del piso de arriba. Stan estaba petrificado. ¡Ellos tres eran los responsables! ¿Y si Cuervonegro seguía allí dentro?

Entonces sucedió lo inimaginable. En medio de una lluvia de chispas, las vigas de la tienda cedieron y toda la estructura se desplomó sobre sí misma sin dejar más que un humeante montón de carbón, llamas y ladrillos ennegrecidos. En la cabeza de Stan solo había sitio para un pensamiento: Cuervonegro100 estaba muerto, no cabía duda.

Al ver que la multitud recibía con vítores el desplome de la tienda, sacó el hacha con ojos centelleantes. La rabia que sentía lo consumía con una intensidad que nunca había sentido. Lo que le había provocado la muerte de Steve *el Loco* no era nada comparado con aquello. Levantó el hacha por encima de su cabeza y, cuando se disponía a atacar a la enfervorecida multitud, algo lo jaló a la altura del cuello y lo hizo caer sobre las posaderas.

Kat, al ver lo que se disponía a hacer, había intervenido. Pero Stan, consumido por la rabia, la empujó hacia atrás y se puso en pie de un salto, decidido a atacar de nuevo. Charlie lo sujetó por delante y le impidió avanzar, lo que dio a Kat la oportunidad de agarrarlo por detrás. Era mucho más fuerte que él, pero aun así Stan siguió debatiéndose con todas sus fuerzas mientras Charlie y ella arrastraban a su rabioso amigo al callejón. Una vez allí, tuvieron que sumar las fuerzas de ambos para inmovilizarlo en el suelo.

—¡Stan! ¡Cálmate! —exclamó Charlie con tono histérico y el rostro surcado de lágrimas.

Y fue el dolor de su voz lo que consiguió finalmente que Stan dejase de luchar con Kat.

—¡Todos estamos furiosos! ¡Pero no es culpa nuestra! —gritó, como si pudiera leerle los pensamientos a Stan—. Hizo lo correcto, ¿entiendes? ¡Lo correcto! Si pudiera, saldría ahí y mataría a toda esa gente yo mismo, pero ¿para qué?

Su voz ya no sonaba histérica, sino temblorosa y sin duda apenada.

—Se volverían contra nosotros. Nos odian, ¿recuerdas? Eso solo provocaría más muertes absurdas. Totalmente absurdas.

Ahora, simplemente sonaba asqueada.

Kat, por su parte, seguía teniendo las mejillas llenas de lágrimas. Se quitó de encima de Stan y sorbió por la nariz.

—Bueno, chicos —dijo con voz aún más temblorosa que Charlie—. Vamos a oír lo de la proclamación esa y luego ya veremos lo que hacemos.

Se puso en pie junto con Charlie. Ambos miraron a Stan, que seguía tendido.

Ya no era presa de la rabia y la tristeza. No sentía otra cosa que repugnancia por la gente que había asesinado a su amigo y ahora, presa de un salvaje éxtasis, no hacía más que alimentar el fuego. Solo quería salir de aquel callejón y alejarse de aquella calle y de la injusticia para no volver jamás.

Se levantó con lentitud.

—Sí —dijo, mirando a sus amigos—. Vamos a oír la proclamación

El sol estaba muy alto y el gentío comenzaba a agolparse delante del castillo. Las puertas mecánicas de la fortaleza se abrieron de par en par y el rey salió al puente. Era en el puente, tendido entre las dos torres frontales de la gigantesca estructura, donde el rey lanzaba todas sus proclamas.

Al aparecer el rey, la multitud prorrumpió en vítores. Era una inmensa muchedumbre, formada por todos los habitantes de la ciudad.

El rey no escatimaba esfuerzos para mantener el área en buenas condiciones para sus invitados. Los jardines estaban bien cuidados y había setos recortados con forma de jugadores y animales. La parte que más gustaba al rey era el foso de lava que rodeaba el castillo. Además de ser una magnífica defensa contra los posibles atacantes, de noche confería al castillo un resplandor majestuoso.

El rey estaba contento con la decisión del Consejo de los Operadores sobre el exceso de jugadores en Element City. Era consciente de que la nueva ley indignaría a los ciudadanos de bajo nivel, pero los de alto nivel, que formaban más de un tercio de los mil habitantes de la ciudad, estarían entusiasmados.

Su hombre de confianza, Caesar, que se encontraba a su derecha y detrás de él, le pasó un micrófono. Abajo, en el recinto, había unos altavoces que transmitirían sus palabras. El rey se aclaró la garganta.

—¡Saludos, habitantes de Element City!

Tenía una voz profunda y atronadora, y los ciudadanos respondieron a su saludo con aplausos y una algarabía salvaje.

—Hoy los han convocado aquí, ante su rey, por una razón —continuó el monarca—. Estoy seguro de que recordarán el último día que convoqué un Día de Proclamación. Aquella vez, por culpa de la influencia cada vez más negativa de un jugador sobre el Consejo de los Operadores, se decidió aprobar una nueva ley, que prohibía volver a entrar en el servidor al morir.

Estas palabras provocaron un murmullo de descontento. A muchos de los ciudadanos no les gustaba aquella ley.

—Soy consciente de que muchos de ustedes se opusieron. Tras una petición de aquellos que lo hacían con más vehemencia llegamos a un acuerdo: yo cedería mis poderes operativos y la ley se mantendría como estaba.

»Soy un hombre honorable y siempre cumplo mi palabra. Desde entonces he cedido mis poderes operativos y soy tan mortal como todos ustedes. Sin embargo, esto no acabó con el descontento. Y se planteó un nuevo problema.

»En los últimos meses ha ido en aumento el número de jugadores que entra en el servidor. Esto ha provocado gran malestar entre los habitantes de nivel alto de Element City, que llevan más tiempo aquí y se han ganado el derecho a habitar la tierra en la que viven ahora. Los ciudadanos de bajo nivel han hecho la vida mucho más difícil a los de alto nivel, porque por su culpa hay escasez de empleos, comida y tierra.

A estas alturas, el estado de la multitud era de frenesí. Los jugadores de alto nivel vitoreaban las palabras del rey, mientras que los de bajo nivel expresaban su indignación a gritos. El rey tuvo que gritar para hacerse oír.

—He aquí la proclamación que han venido a oír: cualquier jugador de menos de nivel quince debe abandonar Element City en el plazo máximo de una semana desde el día de hoy. A partir de entonces, cualquiera de ellos al que se encuentre en la ciudad será ejecutado y su casa...

En ese momento, una flecha alcanzó al rey.

Por suerte para él, el tirador no tenía muy buena puntería, pues la flecha, en lugar de atravesarle el cráneo y matarlo, rebotó en su corona, que salió despedida mientras él caía al suelo.

La multitud, que hasta entonces era un hervidero de vítores y protestas ante la proclamación del rey, había quedado en completo silencio.

El rey se levantó rápidamente y miró desde la barandilla del puente en busca de su asesino. No tardó en localizar una zona despejada, hacia la parte trasera del jardín. Todo el mundo se había apartado de tres jugadores que había allí.

El primero era una chica de pelo rubio, vestida con una camiseta naranja con un corazón y unos pantalones cortos de color rosa. Tenía un perro a su lado. El segundo tenía pinta de nómada del desierto. Los dos parecían absolutamente asombrados.

Pero el tercer jugador, con el aspecto estándar de Minecraft, tenía un arco en las manos, con el que apuntaba al rey. A pesar de la distancia, el monarca pudo ver el odio grabado en cada arruga de su rostro y la roja furia que había en sus ojos.

SEGUNDA PARTE

EL NACIMIENTO
DE LA REBELIÓN

Capítulo 9

El disparo que se oyó por todo el mundo

Hubo un momento de silencio aturdido, mientras el rey, sus hombres, la multitud e incluso los dos jugadores que acompañaban al jugador que había tratado de asesinar al monarca asimilaban la magnitud de lo que había sucedido. Entonces se desató el caos.

El jugador dio media vuelta y echó a correr hacia la puerta, seguido al momento por los otros dos y el perro. El rey seguía demasiado sorprendido para sentir furia, pero también estaba seguro de que los jugadores no escaparían con vida. Sus leales súbditos destruirían al canalla que había tratado de acabar con la vida de su amado líder.

Pero, ay, el rey solo tenía razón a medias. Porque en el mismo instante en que los jugadores se volvían y echaban a correr se abrió un camino entre la multitud para dejarlos escapar. Parecía que, aunque los jugadores de alto nivel querían destruir al trío, los de bajo nivel estaban dispuestos a luchar contra ellos para impedírselo. Había estallado una revuelta.

Superada ya la sorpresa inicial, el rey se vio invadido por una rabia furibunda contra aquel jugador que, además de tratar de asesinarlo, había vuelto a los ciudadanos de bajo nivel contra sus superiores. Gritando como un animal enfurecido, ordenó que cerrasen las puertas y que saliesen de inmediato las fuerzas antidisturbios.

Pero no fueron lo bastante rápidos. Los tres jugadores lograron cruzar las puertas justo antes de que se cerrasen. El rey profirió un rugido de furia y ordenó que se enviaran fuerzas policiales a la ciudad para buscar y asesinar al muchacho, sus amigos, el perro y cualquier cómplice que pudieran tener.

Mientras tanto habían llegado las fuerzas antidisturbios. Se desató una lucha en medio de la multitud y los jugadores, tanto de alto como de bajo nivel, empezaron a caer por todas partes. Los antidisturbios usaron sus flechas contra el gentío, tratando de sofocar solo a los de bajo nivel, pero su jefe tenía otras ideas.

Minotaurus era un jugador que había utilizado mods para ser dos veces más grande que un jugador normal y adquirir la apariencia de un minotauro, con cuernos y todo. Llevaba consigo un hacha de batalla de doble filo, hecha de diamante, que nunca se desgastaba.

Normalmente, el rey no permitía la presencia de jugadores modificados en el servidor, pero Minotaurus poseía una especial predilección por la destrucción. Había demostrado su valía al rey al asesinar a su hermano y sus dos hermanas en el servidor por orden de aquel. Y lo había hecho sin pestañear. Era absolutamente implacable... y al rey le encantaba.

El monarca apreciaba la lealtad y había nombrado a Minotaurus jefe del equipo de antidisturbios. Con su hacha, Minotaurus podía cortar hombres por la mitad como si estuvieran hechos de mantequilla, lo que le permitía sofocar con gran eficacia las revueltas, que eran muy habituales en la ciudad. De hecho, una hora antes de la proclamación, el rey había enviado a Minotaurus y a sus hombres contra una multitud que había asesinado a un jugador y prendido fuego a su casa.

El rey no sentía ninguna simpatía por el jugador asesinado, que había tenido la poca decencia de cobijar en su casa a jugadores de bajo nivel. Pero el incendio se había propagado, y por si eso fuera poco, con la colaboración de la multitud. A los sesenta segundos de la llegada de Minotaurus, todos los alborotadores estaban muertos o en fuga.

Minotaurus fue también el que encabezó ahora la carga contra la muchedumbre. No tenía misericordia y, con su gigantesca hacha de batalla, acabó con cualquiera que se interpusiera en su camino. Minutos después, el tumulto había cesado, pero Minotaurus seguía matando. Sus propios hombres tuvieron que lanzarle cinco pociones de lentitud para contenerlo.

El rey sonrió. Seguía con vida y mientras contase con Minotaurus y las fuerzas antidisturbios, no habría más revueltas importantes. Pero tenía que hacer algo con respecto al asesino. Lo último que necesitaba ahora era un levantamiento y si alguien podía conseguir que se produjese era precisamente el asesino. Pero ¿de dónde sacaría los hombres? Él se aseguraría de vigilar de cerca a los jugadores de bajo nivel para que no pensasen en rebelarse, pero seguro que el asesino lo había previsto. Y solo existía otro sitio con el número suficiente de jugadores de bajo nivel...

Comprendió lo que tenía que hacer. Decidió bajar en persona a las dependencias de los antidisturbios. Minotaurus lo esperaba allí, pues le habían informado de la llegada del rey.

—Tengo un trabajo para ti —le dijo.

—¿Qué clase de trabajo? —preguntó Minotaurus con su voz de barítono.

El rey vio cómo se le abrían los ojos con placer. Ese tipo de cosas eran las que más le gustaba hacer.

—Llévate a la mitad de tus hombres —dijo—. Deja a la otra mitad aquí por si los ciudadanos vuelven a levantarse. Destrúyelo todo. Sin dejar supervivientes. Asegúrate de que la civilización ya no puede continuar allí. Toma lo que te haga falta de la armería. Te sugiero fuego y dinamita. Hazme sentir orgulloso, Minotaurus.

El gigantesco hombretoro se cuadró.

—Sí, señor. No lo decepcionaremos, señor.

Entonces, radiantes de entusiasmo, Minotaurus y la mitad de sus hombres salieron corriendo hacia la armería.

Stan corría. Charlie, Kat y *Rex* lo hacían tras él. No redujeron el paso ni un momento. No hicieron descansos. Siguieron corriendo hasta encontrarse fuera del recinto del castillo, de Element City y del bosque, más allá del cráter y camino abajo. Y solo pararon al llegar a la aldea Adoriana.

Stan estaba asombrado consigo mismo. Acababa de tratar de asesinar al jugador más poderoso de Elementia y luego había corrido sin parar la enorme distancia que lo separaba de la aldea Adoriana. Sin embargo, en su mente solo había cabida para el asombro por su increíble puntería. No podía pensar más que en el hecho de que Archie lo había dado por perdido con el arco y solo había logrado alcanzar un objetivo. Aunque esta vez había tenido tiempo de apuntar, eso también era cierto.

Vio que Sally y Jayden corrían hacia ellos. Al principio parecían contentos de verlos, pero sus sonrisas se esfumaron en cuanto vieron la expresión de sus caras.

—¿Qué sucede, chicos? —preguntó Jayden—. Parece que hubieran...

Pero Charlie lo interrumpió balbuciendo, aún sin aliento:

—Stan... La proclamación... Una flecha... El rey... Revuelta...

—¿De qué estás hablando? —preguntó Sally con tono de perplejidad.

—Stan ha tratado de asesinar al rey con una flecha —respondió Kat con gravedad.

Sally, Jayden y Adoria, que acababa de llegar y había oído el anuncio de Kat, respondieron solo con un silencio aturdido.

—¿Que has hecho qué? —exclamó finalmente la alcaldesa con una mirada de terror en la cara.

—Pero ¿por qué has hecho semejante cosa? —chilló Jayden con los ojos casi fuera de las órbitas.

Sally parecía muerta en vida.

—Es una buena pregunta, Stan —dijo Charlie, temblando de miedo—. ¿Por qué?

—Verás... Es que... —dijo Stan, y balbuceó durante un minuto entero, mientras la rabia se iba acumulando de nuevo en su interior.

Sentía una furia indescriptible por la manera en que los habían tratado en la ciudad, por la muerte de Cuervonegro y por la proclamación. Después de un minuto de balbuceos y de preguntas de los demás, estalló:

—¡Se lo merecía!

Les contó todo lo que había pasado después de que Kat, Charlie y él partiesen de la aldea Adoriana. Lo que más los sorprendió fue la noticia sobre la nueva proclamación.

—¿El rey quiere exiliar a todos los jugadores de bajo nivel de Element City? —dijo Sally, incrédula.

—¿Cómo es posible? ¡Si deben de ser dos terceras partes de la población, a estas alturas! —dijo Adoria.

Charlie les explicó lo de la escasez.

—¡Pues que consiga más tierras! —gritó Jayden—. Que ordene que talen más árboles. Así habrá más tierras y más trabajo. Es el rey. ¡Tiene autoridad sobre la ciudad entera! ¡Puede hacer lo que quiera!

—Oh, no es tan sencillo —replicó Adoria—. Cree que los trabajos que realizaron en su día los jugadores de alto nivel les facilitan la vida a los de bajo nivel, y aquellos están resentidos por eso. Cuando piensas que el consejo de la ciudad lo forman solo jugadores de alto nivel, no es tan raro que aprueben una ley tan egoísta.

—Eso está muy bien, pero el hecho sigue siendo —dijo

Kat, que se había mantenido en silencio después de contarles lo que había hecho Stan, pero ahora hablaba con tono de furia— que Stan ha tratado de asesinar al rey de este servidor y si piensan que eso va a quedar sin castigo...

Y entonces la interrumpió una flecha flamígera, al clavarse en un costado del edificio que había junto a ella. «Demasiado tarde», pensó Stan mientras sentía que se le abría un agujero en la boca del estómago.

Como cabía esperar, más flechas salieron volando de los bosques como un enjambre de abejorros. Los seis jugadores corrieron a refugiarse al mismo tiempo que los edificios empezaban a arder. Entonces, un nutrido grupo de hombres de uniforme blanco —los miembros del equipo antidisturbios— penetró en la aldea.

Los seis jugadores se ocultaron un momento detrás del ayuntamiento de ladrillo. Adoria se volvió hacia Stan.

—Tienen que irse. Los tres.

—¿Qué? —dijo Stan. Esperaba que Adoria le dijese muchas cosas, pero esta no era una de ellas—. ¿Por qué? ¡Queremos ayudarlos a luchar! —Charlie y Kat asintieron—. ¡Yo los he metido en este lío y quiero ayudarlos a salir de él!

—¡No! Eso solo empeorará las cosas —respondió Adoria rápidamente. Se les agotaba el tiempo—. Puede que si ven que no están aquí, no destruyan la aldea. Voy a ir a hablar con ellos. ¡Ustedes salgan de aquí, rápido!

Y antes de que nadie pudiera contradecirla, salió al claro y comenzó a hablar:

—Me llamo Adoria y soy la alcaldesa de esta aldea. Sé por qué están aquí. Han venido a buscar y destruir al que ha intentado asesinar al rey de Elementia. Debo decirles que no está aquí y no le daremos cobijo. Si no me creen, no pondré ningún impedimento a que registren la aldea. Cooperaremos sin oponer resistencia.

Un momento de silencio fue la respuesta a sus palabras. Entonces, un hacha de diamante de doble filo atravesó el aire en dirección a ella.

Se hundió en su cabeza y Adoria cayó al suelo, muerta.

Stan, Kat, Charlie, Jayden y Sally estaban demasiado aturdidos como para hablar, moverse o, en el caso de Stan, incluso pensar. Un jugador dos veces más grande que cualquiera de ellos, disfrazado de toro, se acercó al cadáver desfigurado de Adoria y le arrancó el hacha arrojando el cadáver a un lado.

Este acto atroz sacó a Jayden y Sally de sus casillas. Salieron al claro gritando como espartanos y con expresiones de horror en el rostro. Jayden esgrimía su hacha de diamante y Sally dos espadas de hierro, una en cada mano. Entonces, sin dejar de gritar, se abalanzaron sobre el gigante.

Stan, cuyo cerebro seguía incapaz de procesar lo que acababa de ver, no era capaz de sentir ninguna tristeza por la pérdida de Adoria. Se limitó a seguir a Kat, Charlie y *Rex* hacia el bosque siguiendo las órdenes de su cerebro.

Al llegar al lindero, se volvió hacia la aldea Adoriana. Era como la casa de Cuervonegro, solo que mil veces peor. Había fuego por todas partes. Las casas ardían con infernal violencia y la mayoría estaba empezando a desmoronarse. Dirigió la mirada hacia el edificio de ladrillo del ayuntamiento y vio que explotaba desde dentro. Una lluvia de ladrillos cayó por toda la ciudad. Pero lo peor eran los juga-dores. Por todas partes salían jugadores nuevos de las casas en llamas, con espadas de madera y de piedra en alto, pero la mayoría de ellos caían abatidos al instante por las flechas de fuego de los hombres de antidisturbios.

Stan dirigió la mirada hacia una calle y vio que una chi-ca de blusa rosa, falda azul y calcetines blancos mataba por la espalda a un jugador de antidisturbios con su espada de madera, pero entonces el gigantesco hombre minotauro se abalanzó sobre ella con el hacha en alto. Apartó la mirada al oír el siseo de la hoja de diamante y el crujido de los huesos.

Lo que estaba ocurriendo le repugnaba más que nada que hubiera visto hasta entonces. Lo entristecía. Y lo enfu-recía. Pero sobre todo lo repugnaba. ¿Por qué habían tenido que quemar la aldea, incluso después de que Adoria hubie-ra tratado de razonar con ellos? Y todos esos jugadores de bajo nivel, muertos...

Se retorció sobre sí mismo, vomitó en el suelo y se echó a llorar.

El rey no estaba contento.

El jefe de policía había registrado la ciudad entera y no había encontrado ni rastro del asesino o de sus dos amigos. Lo que sí habían encontrado eran los registros de los jugadores en las puertas de acceso al servidor. Se llamaban Stan2012, KitKat783 y KingCharles_XIV. Todos ellos estaban por debajo de nivel quince. Debían de venir de la aldea Adoriana para que el muchacho tuviese tan buena puntería. Era un alivio, pensó, que Minotaurus estuviera destruyendo por fin aquel horrible lugar.

Sonó el timbre y el rey oprimió un botón para abrir la puerta. Caesar y su socio, Charlemagne, entraron y se inclinaron. El rey les hizo un gesto ausente con la espada y se levantaron.

—¿Qué sucede, majestad? —preguntó Charlemagne.

—¿Han capturado a los asesinos, señor? —dijo Caesar.

El rey miró a sus dos principales lugartenientes y respondió lentamente:

—No. No, de hecho no los han capturado. No están en la ciudad. Por eso los he hecho llamar. Necesito su consejo.

—Pero ¿por qué solo nosotros, señor? —preguntó Charlemagne.

—Porque esto es algo que no se debe someter a votación. Quiero hablarlo con mis dos hombres de confianza y luego decidiré personalmente lo que haremos. Voy a suspender el Consejo debido a la actual situación de emergencia. Solo confío en ustedes dos.

—¿Qué estado de emergencia, señor? —preguntó Caesar—. Sé que alguien ha tratado de matarlo, lo cual es algo horrible y una traición, pero el servidor entero está buscándolos así que estarán muertos antes de que termine la semana, ¿no?

El rey volvió lentamente la cabeza hacia Caesar.

—Esa es precisamente la cuestión, Caesar. No todo el mundo los querrá muertos. Puedo aceptar que los ciudadanos de bajo nivel me odien. Es la consecuencia inevitable de mantener el estilo de vida de la clase alta, que tan querida me es, pero hasta ahora, la clase baja no había tenido el valor de hacer nada al respecto.

»Ahora, uno de ellos ha roto esa barrera. Ha tratado de asesinarme delante de mi pueblo. ¿Qué impide a otros pensar que pueden hacer lo mismo? Y si piensan así, podría producirse una revuelta. Por eso es tan delicada la situación. Nuestra principal prioridad debe ser encontrar y matar a ese jugador, para que los demás de bajo nivel sepan lo que sucede a cualquiera que traicione a su rey.

Caesar y Charlemagne se miraron de reojo. Disfrutaban mucho de su condición de ciudadanos de alto nivel y no tenían el menor deseo de ver su forma de vida destruida por una revuelta de la chusma.

—Sí, señor, tiene mucha razón —dijo Charlemagne.

—Yo sugeriría —añadió Caesar— que además de poner al servidor entero a buscarlos, enviemos nuestras fuerzas a buscarlos por todas partes. Si lo que querían era provocar una rebelión, actuarán lejos de Element City o la aldea Adoriana.

El rey asintió.

—Tienes razón. Pero se me ha ocurrido una idea y si los he hecho llamar ha sido sobre todo para que me digan lo que les parece. Había pensado en mandar a RAT1 a buscarlos.

Los lugartenientes del rey quedaron desconcertados por esta idea tan radical.

—Señor —dijo Charlemagne lentamente—, ¿está seguro de que... ese equipo es lo bastante competente como para enfrentarse a una tarea de esta envergadura?

—Señor, ¿recuerda lo que pasó la última vez que les encargó una misión? —añadió Caesar con escepticismo—. Es decir, encontraron al objetivo, sí, pero...

—¡Lo recuerdo, lo recuerdo! —dijo el rey con irritación, mientras se sacaba el desagradable incidente de la cabeza—. Sin embargo, es el grupo de asesinos más eficiente que tengo, por mucho. La última vez fracasaron miserablemente, pero nunca lo habían hecho. Y, a fin de cuentas, un segundo fracaso me daría la excusa perfecta para ejecutarlos.

Caesar y Charlemagne lo pensaron un minuto. Entonces Charlemagne dijo:

—Sí, sí, mi señor. Visto así es una gran idea. Cuenta con mi apoyo.

Caesar asintió.

—Y con el mío. Y además, tengo una sugerencia. ¿Por qué no reunimos algunas fuerzas y peinamos el reino en busca de conspiradores? Podríamos organizar... cómo decirlo... algunos juicios rápidos.

Una sonrisa maléfica afloró al rostro de Caesar.

—Eso bajaría la moral de los jugadores de bajo nivel.

El rey asintió.

—Sí, es una idea muy sensata, Caesar. Les daré veinte soldados a cada uno para que peinen el territorio entero. Partirán mañana. Pueden retirarse.

Cuando Charlemagne y Caesar salieron de la habitación, el rey sonrió. «Puede que esto no salga tan mal, después de todo», pensó mientras hacía llamar a los RAT1.

Stan no sabía cuánto tiempo llevaba llorando en el charco de su propio vómito. Lo único que sabía era que en algún momento, había oído que la voz ronca de Kat le decía que tenían que escapar, que las fuerzas antidisturbios estaban a punto de entrar en los bosques. A Stan le daba igual. Solo quería quedarse allí eternamente, pero a pesar de ello, con movimientos robóticos, se adentró en el bosque detrás de la camiseta naranja fosforescente de Kat.

Estaba como muerto. Su cerebro había quedado totalmente aturdido por toda la destrucción y la muerte que acababa de presenciar. Casi ni se dio cuenta de que caminaban durante horas o de que, poco a poco, el denso bosque iba clareando hasta convertirse en una llanura, que luego daba paso a una tupida jungla.

Apenas fue consciente de que Charlie y Kat trataban de decidir lo que debían hacer a continuación y finalmente tomaban la decisión de trepar a un árbol de más de treinta metros de altura. Escalaron por las enredaderas que crecían por su costado hasta llegar a una rama.

Seguía asqueado por la absurda exhibición de matanza y destrucción que había presenciado en la aldea Adoriana y no podía sino preguntarse por qué habría atacado el gobierno un asentamiento como aquel, prácticamente desarmado. Ahora comprendía que, de una manera irracional, despreciaban a los jugadores de bajo nivel, pero ¿tan corrompido estaba el gobierno como para atacar a civiles inocentes por una cuestión de prejuicios? A pesar de la mala opinión que le merecían el rey y el gobierno de Elementia, le costaba creer que pudieran llegar a asesinar a ciudadanos de bajo nivel por puro desprecio.

Levantó la mirada hacia Kat y Charlie. Ninguno de ellos tenía buen aspecto. Charlie estaba acurrucado, con las rodillas a la altura del pecho y el rostro contraído por la compasión. Kat contemplaba el cielo estrellado mientras acariciaba con gesto ausente las orejas del perro, que se había reunido con ellos en la rama del árbol. (A estas alturas, Stan ya se había percatado de que *Rex* poseía una especie de increíble poder de teletransporte.)

De repente comprendió lo que tenía que hacer. Miró a sus amigos y, por primera vez desde la muerte de Adoria, rompió su silencio:

—Bueno, ¿qué les parecería ayudarme a derrocar al rey?

Kat y Charlie volvieron la cabeza y se le quedaron mirando. Charlie tenía cara de confusión, como si pensara que había entendido mal a Stan. Kat parecía incrédula. Stan, en cambio, lucía una sonrisa perturbadoramente alegre.

—Estás de broma, ¿no? —dijo Kat.

—No —respondió Stan.

Los dos jugadores se miraron fijamente durante mucho rato, hasta que Kat se dio cuenta de que Stan no bromeaba. Y entonces fue como si intentara mirar más allá de los ojos de Stan y asomarse al interior de su cabeza, para ver qué tornillo exactamente le faltaba.

—¿Te has... vuelto... loco? —preguntó al fin.

—No —dijo Stan, sin dejar de sonreír de esa manera inquietante.

Puede que se hubiera vuelto loco, se dijo. Se sentía antinaturalmente emocionado y no tenía razón alguna para sonreír. De hecho, lo que estaba diciendo era una completa locura, pero es que quería derrocar al rey.

—No estoy bromeando —dijo al ver que Kat abría la boca otra vez.

Su rostro se tornó serio.

—El rey acaba de quemar la aldea Adoriana hasta los cimientos sin razón alguna. Por culpa del gobierno, Steve *el Loco*, Cuervonegro y Adoria están muertos. ¿De verdad quieres quedarte en este servidor bajo a autoridad de un rey así? Nos hace falta un nuevo gobierno.

—Estoy de acuerdo —dijo Charlie.

Tanto Kat como Stan lo miraron. No había pronunciado palabra desde que tomaran la decisión de subir al árbol y no apartó la mirada del suelo mientras hablaba. Kat no podía creer que estuviera respaldando la absurda idea de Stan, y lo cierto es que al propio Stan le costaba creer que Charlie estuviera de acuerdo con él.

—¿En serio? —preguntó con muda incredulidad.

—Sí. El gobierno actúa movido por prejuicios y su líder es un tirano. Hay que derrocarlo.

—Ah, qué pensamientos más nobles —dijo una voz sarcástica desde detrás de ellos.

Stan la reconoció. La última vez que la había oído, un lobo había estado a punto de arrancarle la garganta. Se revolvió instintivamente y, de un veloz movimiento, sacó el hacha para detener la espada de diamante del Señor A. El griefer tenía mucho mejor aspecto que la última vez. Ya no parecía herido, sino lleno de energía y listo para matar. La espada de diamante que esgrimía no era nueva, sino todo lo contrario, y Stan estaba seguro de que se había cobrado muchas vidas.

Los otros también se pusieron en pie. Charlie tenía una expresión decidida pero asustada y sujetaba el pico de hierro con mano temblorosa. Kat estaba justo detrás, con la espada lista para golpear en cualquier momento. A *Rex* se le había erizado el pelaje, y gruñía mientras miraba con ojos rojos al griefer, que había entablado batalla con Stan. Parecía que el perro no había olvidado su último encuentro con el Señor A.

Se enzarzaron en una lucha encarnizada. No cabía duda de que los dos jugadores eran increíblemente hábiles con sus respectivas armas. Kat y Charlie estaban listos para intervenir si era necesario, pero se mantuvieron a una prudente distancia para no terminar mutilados por el hacha o empalados por la espada. El arma del Señor A se movía como un rayo y bloqueaba sin esfuerzo los golpes de Stan. Daba la impresión de que solo estaba jugando con él.

—Por cierto —dijo el Señor A con voz fría entre golpe y golpe, sin que se le alterara siquiera la respiración por el esfuerzo—, ¿te han gustado mis regalos, Stan? Ya sabes, el creeper que se les metió en el dormitorio o el casco defectuoso de Charlie durante su pelea. ¿Hicieron que te acordaras de mí?

Un intenso torrente de odio se levantó en el interior de Stan y, sin pensar, lanzó un hachazo con excesiva violencia. El Señor A esquivó fácilmente el ataque, pero antes de que Stan pudiera reaccionar, la espada del griefer lo alcanzó en la cabeza. De no haber sido por el casco habría recibido una herida en la frente. La fuerza del impacto lo empujó hacia atrás. Su casco salió despedido y cayó sobre la jungla, pero Charlie agarró a Stan antes de que sufriera un destino similar. Charlie apretó los dientes y usó todas sus fuerzas para ayudar a su amigo a subir a la rama. Stan no estaba herido, solo un poco aturdido, y mientras los dos muchachos recobraban el aliento, Kat acometió al Señor A.

Tenía un gran talento con la espada, pero el de él era aún

mayor. Lucharon durante casi un minuto, pero finalmente Kat resultó desarmada y su espada salió volando por la rama. La chica cayó al suelo. El Señor A se disponía a asestar el golpe de gracia cuando *Rex* saltó sobre su dueña y lo empujó contra el grueso tronco. La espada de diamante salió volando y cayó dando vueltas sobre la jungla, mientras el perro, gruñendo, pegaba las fauces a la cara aturdida del griefer.

Stan no quería matarlo, pero se levantó de un salto con el hacha en alto, listo para golpear si el Señor A intentaba algo. Tras él, Charlie tenía el pico listo y Kat no tardó en reunirse con ellos después de recoger su espada de la rama.

Los tres jugadores miraron a su enemigo. Parecía furioso, sin embargo había algo más en su mirada. Stan no estaba seguro, pero tuvo la sensación de que todo aquello lo divertía.

—¿De verdad creen que van a derrocar al rey?

Stan enarcó las cejas. Lanzó un vistazo rápido a los otros, que parecían ligeramente alarmados por la pregunta del Señor A.

—Los detesto a los tres, pero no saben de qué están hablando. Odio al rey más que nadie en este servidor, pero los ciudadanos, tanto los de bajo como los de alto nivel, son tan malos como él. No olviden mis palabras: si intentan cualquier cosa, lo lamentarán. Están advertidos.

Y sin más palabras, sacó algo de su inventario: una pequeña esfera negra, moteada de naranja. La tiró al suelo. Hubo una breve explosión y Stan salió despedido hacia atrás. Charlie, Kat y *Rex* cayeron sobre la rama, tras él. Al levantar la mirada, vio una nube de humo gris. Aprestó el hacha, listo para defenderse, pero cuando se despejó el humo, el Señor A había desaparecido.

Stan se alisó la ropa y miró a su alrededor. No había ni rastro del griefer por ninguna parte.

—Una bola de fuego —dijo Kat tosiendo, en medio del grisáceo humo—. Genial para poner pies en polvorosa —añadió mientras apagaba con las manos el pequeño incendio provocado por la bola de fuego en la rama.

—¿Qué habrá querido decir con eso de que los ciudadanos son tan malos como el rey? —preguntó Stan, mientras pensaba en las palabras del Señor A.

—Solo quería fastidiarte —dijo Kat—. Pero te diré una cosa: si él cree que derrocar al rey es mala idea, es que es buena. Cuenta conmigo.

Stan sonrió a sus dos amigos, feliz de saber que estarían a su lado pasara lo que pasara. Entonces se dio cuenta de que *Rex* estaba masticando algo.

—Oye, Kat, ¿qué tiene tu perro? —preguntó.

Kat le sacó a *Rex* el objeto de la boca y vio que se trataba de un pescado crudo. Los dientes del perro le habían desgarrado la cola.

—¿Cómo habrá llegado esto aquí? —preguntó.

—Se le habrá caído al Señor A —dijo Charlie.

Miraba el pescado con expresión meditabunda, como si estuviera tratando de decidir algo.

—Déjame ver eso, Kat. Quiero probar una cosa que he leído.

Después de que Kat le entregara el pescado, silbó dos notas, una aguda y otra grave.

Hubo un crujido de hojas sobre ellos. Instintivamente, Kat y Stan sacaron las armas, listos para atacar, pero Charlie se apresuró a gritar:

—¡Quietos! ¡Esperen un momento! ¡Y no hagan movimientos bruscos!

Segundos después, un animal de color amarillo se dejó caer desde la rama de arriba y levantó la mirada hacia Charlie.

Parecía una especie de gato salvaje, de cuerpo esbelto, color dorado, manchas negras y ojos de un intenso color verde. Dirigió una mirada interrogante a Charlie y luego otra al pescado que tenía en la mano.

—¿Qué es eso? —preguntó Kat con asombro.

—Un ocelote —respondió Charlie sin apartar los ojos del felino—. No hagan movimientos bruscos —añadió— o lo espantarán.

Kat y Stan observaron con asombro cómo se acercaba lentamente el animal a Charlie y luego, con una mirada cautelosa, comenzaba a comer el pescado de su mano. Al instante, su pelaje empezó a cambiar. Las manchas negras se esfumaron, reemplazadas por unas rayas anaranjadas ligeramente más oscuras que su pelo dorado. El ocelote había trocado su aspecto por el de un gato atigrado.

—¿Dónde has aprendido a hacer eso? —preguntó Kat.

—Deberían leer ese libro más a menudo —respondió Charlie mientras acariciaba al felino detrás de las orejas—. A partir de ahora nos seguirá, como *Rex*, y espantará a los creepers.

—¡Qué bien! —dijo Kat.

Entonces vaciló un instante.

—Pero espera, no se peleará con *Rex*, ¿verdad?

—No debería —dijo Charlie.

Y como si los hubiera oído, el felino se acercó a *Rex*, que estaba sentado, y se acurrucó junto a él. *Rex* se puso a lamerle las orejas.

—Ay, qué bonito —dijo Stan—. ¿Cómo vas a llamarlo, Charlie?

—*Limón* —dijo Charlie, como si llevara toda la vida pensándolo—. Y ahora, creo que será mejor que durmamos un poco. Al menos, si vamos a iniciar una revolución mañana.

Stan pensó que sonaba raro, dicho así. Se tumbó, con un manojo de hojas a modo de almohada, y con *Limón* y *Rex* como guardianes, los tres jugadores abandonaron por fin aquel día tan horrible para sumirse en un sueño sin sueños.

Un grito despertó a Stan. De hecho, más que un grito, era un sonido agudo, ominoso y sobrenatural, comparable al que habría emitido un ave de pequeño tamaño al congelarse hasta morir en el Ártico, que transmitía una sensación inquietante.

Stan abrió los ojos y se encontró mirando el sol. Sus ojos tardaron un instante en acostumbrarse a la luz, pero entonces pudo ver el impresionante contorno de los árboles de la jungla, recortado contra la luz del día. De repente el chillido volvió a alzarse y esta vez lo siguió hasta encontrarse con una figura posada en el más alto de los árboles.

Era una figura alta, de cuerpo esbelto y brazos y piernas finos y alargados. Llevaba algo en las manos: un bloque, aunque Stan fue incapaz de identificarlo. La criatura tenía unas ranuras moradas y resplandecientes a modo de ojos, que parecían clavadas en el jugador.

Stan apartó la mirada un instante y cuando se volvió de nuevo hacia el árbol, la figura había desaparecido.

Tras un momento de inquietud, decidió que se trataba de una alucinación inducida por la fatiga. Sin embargo, mientras los demás despertaban, levantaban el campamento y comenzaban a descender por las enredaderas, Stan seguía afectado por la sensación de intranquilidad que le había provocado el pavoroso grito en la columna vertebral.

Al llegar al suelo hicieron inventario.

—Dos cascos de hierro, tres petos de hierro, una espada de hierro, un hacha de hierro, un pico de hierro, una brújula, un reloj, un libro, un arco y doce flechas —contó Kat mientras dejaban sus objetos sobre el suelo, delante de ellos—. Y vamos a derrocar al rey.

Stan se dio cuenta de que tenían muy poca cosa, eran solo tres y no contaban con provisiones. Les esperaba mucho trabajo.

—Bueno, habrá que empezar por lo básico —dijo—. Lo primero es lo primero: vamos a construir una casa aquí. Esta jungla está repleta de recursos, así que hoy vamos a dedicarnos a recoger cosas y esta noche hablaremos de lo que vamos a hacer.

Kat asintió y Charlie dijo:

—Buena idea, Stan. Ve al bosque a cortar algo de madera con el hacha. He visto una mina no muy lejos. Tomaré mi pico e iré a ver qué se puede encontrar. Kat, tú ve por comida y a ver si puedes construir una casa que nos sirva hasta que levantemos una base permanente.

—De acuerdo —dijo Kat—. La haré bajo tierra, para que, si vienen los hombres del rey, podamos esconderla.

—Bien pensado. Muy bien, chicos, separémonos —ordenó Stan.

Y con estas palabras, volvieron a ponerse las armaduras y Charlie y *Limón* se alejaron en la misma dirección desde la que habían llegado el día antes. Kat desenvainó la espada y echó a correr hacia unas gallinas, seguida por *Rex*, mientras Stan sacaba el hacha y se dirigía al bosque rodeando el lago.

Mientras caminaba junto a la orilla del agua, Stan se fijó en una planta que nunca había visto, salvo desde lejos, en la granja de Steve *el Loco*. Era como una caña y solo crecía en la arena y la tierra contiguas a la orilla del lago. Impulsado por la curiosidad, la cortó a la altura de la base y varios tallos cayeron al suelo. Los recogió y se los guardó en el inventario. Repitió la operación y, cuando se disponía a hacerlo de nuevo, oyó una especie de chirrido procedente de atrás, seguido por un chasquido y un sonido silbante.

Stan conocía muy bien aquel sonido desde su primera noche en Minecraft. Se revolvió, volteó la espada frente a sí y logró interceptar la flecha justo cuando iba a clavarse en su pecho. Tras esquivar una segunda, levantó la mirada en busca del esqueleto que, tenía la certeza, estaría disparándole desde la jungla. Pero lo que había en la maleza, tensando de nuevo el arco, era otro jugador. Entre la vegetación, la túnica y el gorro de cuero que llevaba apenas se le veía, pero aun así Stan comprobó que tenía una barba pulcramente recortada de color blanco.

Corrió hacia él con el hacha en alto y desvió dos flechas más mientras se acercaba. El viejo intentó sacar la espada de piedra que llevaba al cinturón para luchar contra Stan, pero este fue demasiado rápido. Su espada de hierro golpeó e hizo pedazos la de piedra del otro antes de que terminara de desenvainarla. Además, y por precaución, Stan cortó la cuerda del arco de un nuevo tajo. A continuación, de un puntapié, derribó al otro jugador, que llevaba también pantalones y calzado de cuero. Luego se plantó sobre él, con el hacha en alto.

El anciano, sin el menor titubeo, se arrancó la túnica de cuero. Debajo llevaba dos fajas de color negro a la altura del pecho, con frascos llenos de líquidos de distintos colores. Antes de que Stan supiera lo que estaba pasando, agarró uno de color verde y se lo lanzó. El frasco se hizo trizas contra el peto de Stan y el líquido de color verde jade que contenía despidió un gas verde de olor nauseabundo que lo envolvió por completo. El hedor era tan fuerte que Stan perdió el sentido y se desplomó delante del anciano.

Al volver en sí, se encontró en una habitación hecha de roca gris. Había antorchas en las paredes y vio que estaba rodeado por doce máquinas, seis a cada lado. Cada una de ellas tenía un bloque de anchura y un agujero delante.

—No te muevas —dijo una voz y Stan se dio cuenta de que el viejo jugador se encontraba junto a la pared, lejos de las máquinas. Su mano estaba sobre un botón—. Si cooperas, no te pasará nada. Si intentas huir, matarme o incluso moverte, apretaré este botón y las flechas de mis máquinas te harán papilla. ¿Por qué estabas destruyendo esas plantas?

—No lo sé.

Era la primera respuesta que le había venido a la mente y tan pronto la dijo tuvo la sensación de que se había equivocado.

El viejo jugador sonrió.

—Llevo ya un año lejos de Element City —respondió con una voz ya anciana pero aun así llena de fuerza—. Me exiliaron, así que solo buscaba un poco de paz por aquí. No necesito para nada que un delincuente juvenil como tú se dedique a destruir de ese modo mi preciosa plantación de caña de azúcar.

Tras un momento de confusión, Stan lo entendió.

—Ah, ¿esas plantas eran suyas? —preguntó mientras sacaba la caña de azúcar de su inventario—. Lo siento, señor, no lo sabía. Aquí tiene.

Le lanzó los tallos de caña de azúcar, que aterrizaron a sus pies. El anciano se inclinó y los recogió sin quitarle los ojos de encima a Stan.

—¿Cómo sé que no eres uno de los espías del rey Kev? —preguntó el anciano mientras se guardaba la caña en el inventario—. He cumplido mi parte del acuerdo. Me he mantenido fuera de la ciudad, sin hacer nada que tuviera que ver con pociones.

—Espere, ¿es usted fugitivo del rey? —preguntó Stan.

—¿Cómo? ¿Es que no sabes quién soy? —preguntó el anciano con incredulidad—. ¡Cualquiera que lleve en este servidor unas pocas semanas sabe quién soy!

—Señor, solo soy de nivel nueve —dijo Stan al mismo tiempo que, con horror, se daba cuenta de que le había quitado la armadura y las armas.

Menos mal que Charlie tenía el reloj y la brújula, pensó.

—Solo llevo algo más de una semana jugando a Minecraft.

—¿Qué? ¿En serio? Pues se te da bien el hacha. Pensé que tenías bastante experiencia con ella —respondió el viejo jugador, con cara de estar genuinamente impresionado.

—Un momento. ¿Me está diciendo que no sabe quién soy? —preguntó Stan.

Creía que a esas alturas el rey habría colgado carteles de «SE BUSCA» con su cara por todo el reino.

—¿Debería? —preguntó el anciano.

Las palabras «¡Soy el que ha tratado de asesinar al rey!» escaparon solas de la boca de Stan, pero un instante más tarde lo lamentó. ¿Y si el anciano era cómplice del rey? ¡En tal caso, acababa de firmar una sentencia de muerte por flechazos! Pero en lugar de oprimir el botón, el anciano lo miró con cara de asombro.

—¿Tú? ¿Eres el que ha tratado de asesinar al rey? ¿En nivel nueve? Santo cielo, hijo, o eres muy valiente, o eres muy estúpido, o eres un mentiroso. Muy bien, de momento puedes salir de ahí, pero no cuentes con recuperar el hacha hasta que esté seguro al cien por cien de que no eres uno de los sicarios del rey Kev.

Stan se puso fuera del alcance de las máquinas con paso aprensivo y, obedeciendo un gesto del anciano, se encaminó a la puerta de salida de la habitación de roca. Vio que el otro llevaba su hacha colgada al costado, junto a una espada de hierro y un arco. Tragó saliva, sin saber muy bien lo que iba a encontrarse en la sala siguiente.

Lo que encontró no se parecía a nada que hubiera visto antes. Había varias hileras de mesas hechas de tablones de madera, cubiertas de mostradores que contenían botellas con líquidos burbujeantes de diversos colores. Junto a las paredes descansaban varios cofres. En una esquina había una mesa negra con un mantel de terciopelo azul tachonado de diamantes, sobre el que levitaba un libro. Alrededor de la mesa había varias estanterías con libros de todas las formas y colores. En otra esquina se encontraba una mesa, y junto a ella un horno, una mesa de creación y dos sillas. El jugador anciano se había sentado en una de ellas e indicó a Stan que hiciese lo propio en la otra. Tras echar un rápido vistazo a las ventanas de cristal, Stan confirmó que era ya tarde y que seguía en la jungla.

—Siento haber tenido que dejarte inconsciente antes. Verás, desde que el rey Kev me expulsó de Element City hace un año, me he visto obligado a vigilar con cuidado quién entra y quién sale de la jungla. Ha enviado a sus sicarios varias veces, griefers para que me hiciesen la vida imposible o espías para saber lo que estoy haciendo. Pero estoy convencido de que ninguno de ellos se atrevería a bromear siquiera con la idea de asesinar a su señor.

»Bueno, es hora de que me presente. Me llamo Boticario1.

Le tendió la mano a Stan y este se la estrechó.

—Yo me llamo Stan2012, pero puede llamarme Stan. Tengo una pregunta. ¿El rey Kev y el rey de Elementia son el mismo jugador?

El Boticario se echó a reír.

—¡Jo, jo, había olvidado lo poco que sabes! Sí, son el mismo. El mismo diablo tiránico y artero. Estás de acuerdo, ¿no? —preguntó rápidamente.

—¿Lo dice en serio? —respondió Stan con rabia—. ¡Asesinó a tres amigos míos sin razón alguna y he tratado de matarlo! No creo que vayamos a hacernos amigos en un futuro próximo.

—Ah, sí, dices que has intentado quitarle la vida al rey. No sé si doy crédito a esa historia, aunque me gustaría. También ha asesinado a varios amigos míos, además de exiliar a algunos más.

Fue entonces cuando Stan recordó algo, de repente.

—¡Mis amigos! ¡Me estarán esperando!

—¿Cómo? —preguntó el Boticario.

—Mis amigos Charlie y Kat. Ya es casi de noche. Estarán esperando que regrese en cualquier momento. Estamos construyendo una base cerca del lago en el que me encontró.

Esto avivó las sospechas del Boticario al instante.

—¿Qué quieres decir? ¿Ha venido más gente contigo? ¿Cuántos?

—Solo dos —respondió Stan—. Tengo que volver con ellos.

—¿Y cómo sé que no forman parte del ejército del rey, Stan? Si es que realmente te llamas así... ¿Cómo sé que no están vigilando la casa ahora mismo?

Se había puesto en pie y tenía la mano sobre la espada de hierro de su costado.

Stan decidió arriesgarse. Si se equivocaba, le costaría la

vida. Si no, convencería al viejo jugador de que estaban en el mismo bando.

—Porque estamos pensando en derrocar al rey.

El viejo jugador se lo quedó mirando. Basándose en lo que le había dicho, Stan sabía que hasta el mero hecho de hablar sobre derrocar al rey era alta traición. Pero entonces, poco a poco, empezó a aparecer otra cosa en los ojos del Boticario. Respeto.

—¿Hablas en serio, mi joven amigo? —preguntó.

—Totalmente —respondió Stan—. Si quiere, le explicaré todo lo que me ha sucedido hasta ahora en el juego y cómo decidimos que había que derrocarlo. La única condición es que me deje ir a buscar a mis amigos.

El Boticario asintió y devolvió a Stan su hacha. También le dio una brújula para que pudiese encontrar el camino de regreso al lago. Al llegar, Stan se encontró con un agujero en el suelo del que salía luz, rodeado por varias calabazas. Al examinarlo descubrió que había una escalerilla en un costado. Bajó por ella y se encontró con una sala subterránea.

El techo era de tierra, el suelo de piedra y las paredes de una combinación de ambas. En una esquina había un horno, un cofre y una mesa de creación. Había también dos camas junto a la pared, mientras que Charlie estaba haciendo una tercera en la mesa de creación. Kat estaba sentada en la más cercana, con una pala de piedra en la mano y cara de agotamiento. *Limón* y *Rex* se encontraban junto a ella, sentados. Todos levantaron la mirada al entrar Stan.

—Eh, dime que has traído un montón de madera, porque necesitamos herramientas desesperadamente —dijo Charlie.

—¡Chicos, ha ocurrido algo increíble!

Entonces les contó su encuentro con el Boticario. Kat y Charlie escucharon su historia con ojos cada vez más abiertos. Cuando terminó, Charlie, tras un momento de silencio, preguntó:

—¿O sea, que no has traído madera?

—Y, lo que es más importante —dijo Kat con tono de voz cada vez más alto—, ¿le has contado nuestros planes a un completo desconocido?

—¿Es que no me han oído? —preguntó Stan, exasperado—. No era un completo desconocido. ¡Es un jugador experto que lleva mucho tiempo en el servidor y odia al rey! Sabe cómo funcionan las cosas aquí. Si queremos derrocar al rey, tenemos que empezar por algún sitio. ¿Y por qué no con el Boticario?

—¿Se llama así, el Boticario? —preguntó Charlie mientras se ponía en pie—. ¿Eso no es como un farmacéutico o un curandero?

—Exacto —dijo Stan—. Puede que sepa algo sobre curación. ¿Alguno de ustedes conoce a un médico que pueda ayudarnos en nuestra lucha contra el rey? ¡Y si sabe medicina, puede enseñársela a otros!

—¡Puede que tengas razón! —dijo Charlie mientras asentía con entusiasmo.

—Pero ¿ustedes se están oyendo? —gritó Kat—. ¡Stan, le contaste a ese hombre información secreta después de que te disparara y te gaseara! ¡Y ahora...!

—¡Pues el gas del sueño funcionó al instante! ¿Tú sabes fabricar gas del sueño, Kat?

Esto la dejó sin argumentos. Cerró los ojos un segundo. Entonces, poco a poco, una sonrisa afloró a su rostro mientras imaginaba el efecto que podía tener una nube de gas del sueño sobre un grupo de enemigos. Volvió a abrirlos.

—Muy bien, vamos a verlo. Pero antes fabriquemos nuevas armas. Así, si nos traiciona y nos roba las cosas tendremos repuestos.

Stan puso los ojos en blanco, pero Charlie asintió.

Charlie no había encontrado mena de hierro en la mina, solo un poco de carbón y casi dos montones de roca. Se le había roto el pico y tuvo que fabricar otro con la poca madera que pudo conseguir. Kat había fabricado una pala y un pico de piedra para acelerar la construcción de la casa. La madera que les quedaba la habían usado para hacer antorchas con el carbón.

Con su hacha, Stan tardó muy poco en conseguir una cantidad respetable de madera, que luego convirtió en tablones. A continuación hicieron palos, que, junto con los bloques de roca, se convirtieron en una espada de madera, un hacha de piedra y un pico de este mismo material. Por si las moscas, Kat usó el cuero de unas vacas que había matado para confeccionarse un gorro y una túnica de cuero, que se puso sobre la armadura de hierro del pecho. También le hizo un nuevo gorro a Stan. Luego guardaron las armas y todos los materiales sobrantes en el cofre y Stan usó la brújula para encontrar el camino de regreso a la casa del Boticario.

Al final resultó que la preocupación de Kat por la seguridad de sus herramientas era infundada. El Boticario ni siquiera les pidió las armas cuando entraron en su casa. Stan vio que había puesto dos sillas más para acomodar a los nuevos invitados. El joven jugador estaba entusiasmado. Parecía que el Boticario se había anticipado a su llegada. Tras las presentaciones, todos tomaron asiento.

—Bueno, ahora que ya estamos todos, cuéntenme: ¿Por qué odian tanto al rey y por qué quieren derrocarlo? —preguntó el Boticario.

Con la ayuda de Kat y Charlie, Stan le contó todo lo que les había pasado desde su llegada a Elementia. No omitieron detalle alguno, a pesar de que había determinadas cosas que Kat habría preferido guardarse, como la parte en la que estuvo a punto de matar a Stan y Charlie. Y en cuanto a Stan, a medida que rememoraba cada injusticia, cada momento de prejuicios, cada asesinato absurdo, sus sentimientos de aversión por Kev y el abrumador deseo de convencer al viejo jugador que se sentaba frente a ellos de que se uniese a su causa iban en aumento.

El Boticario no dijo nada hasta que Stan terminó de contar cómo Charlie había conseguido a *Limón* (que seguía fuera, sentado junto a *Rex*, protegiéndolos de los monstruos y los hombres del rey). Pero entonces dijo:

—Bueno, puedo entender perfectamente por qué tienen tantas ganas de ver muerto a mi viejo amigo el rey Kev —dijo el Boticario con tono serio.

—¿Qué quiere decir con «mi viejo amigo»? —preguntó Kat al instante.

Stan vio que su mano se deslizaba hacia la espada que llevaba al cinturón.

—Oh, no te preocupes, ya no somos amigos —dijo el Boticario, y la mano de Kat se relajó alrededor de la espada, aunque no se separó de ella—. Créanme, ese malvado dictador es el responsable de que tenga que vivir aquí, como un ermitaño. De no ser por él, reabriría la cadena de boticas que tenía en la ciudad.

—Espere. ¿Quiere decir que es el propietario de todas las boticas que vimos en Element City? —preguntó Kat.

Stan lo recordaba. Había al menos una en cada manzana, pero todas ellas estaban cerradas y abandonadas. Y todas tenían carteles en los que ponía BOTICARIO sobre los vacíos escaparates.

—Así es. Me han contado su historia. ¿Querrían oír la mía?

Stan y Charlie asintieron con entusiasmo, e incluso Kat dijo:

—Sí, señor, por favor.

El anciano se rio entre dientes.

—Muy bien, pues procuren no quedarse dormidos. Veamos, por dónde empiezo... Me uní a este servidor en sus primeros tiempos. Elementia fue uno de los servidores de Minecraft que primero tuvo éxito y yo entré en él a la semana de su fundación. El rey Kev, su operador, utilizó sus poderes para levantar Element City en ese prado. Por aquel entonces éramos buenos amigos. No solo él y yo, sino muchos otros. Sin embargo, yo siempre me sentí insatisfecho, como si algo me dijese que en Minecraft se podía hacer algo más, aparte de construir.

»Entonces descubrimos la existencia de las dimensiones alternativas. Poco después, el rey abrió el primer portal entre Elementia y el Inframundo.

—Perdone, señor —lo interrumpió Charlie—, pero ¿le importaría explicarme qué es exactamente el Inframundo? He oído a mucha gente hablar sobre él, pero sigo sin saber lo que es.

—Claro —dijo el Boticario—. El Inframundo es una dimensión a la que se puede llegar construyendo un portal. Es un reino demoniaco de lava y fuego, poblado por criaturas mucho más aterradoras que las del mundo real, que es donde vivimos ahora. Cuando se abrió por primera vez, la mayoría de los jugadores se mantuvieron lejos de él, temiendo sus peligros. Pero a mí me atraía de una manera irresistible. Exploré cada aspecto del Inframundo, pero aun así no pude encontrar lo que estaba buscando.

»Un día, tras una actualización, aparecieron las fortalezas del Inframundo. Eran aún más peligrosas que el resto del reino, pero contenían dos tesoros muy valiosos: verrugas infernales y varas de blaze. Las varas se usaban para fabricar soportes para pociones, mientras que las verrugas eran el ingrediente básico de las pociones.

»Había encontrado mi vocación. La creación de pociones es un talento innato que poseo. Me gustaba tanto que abrí una cadena de boticas por toda la ciudad e incluso me cambié el nombre por el de Boticario1. Fue una buena época.

»Pero entonces, precisamente por el éxito del servidor, se

incrementó el número de jugadores que entraban. Es algo que aun hoy sigue sucediendo. Todos ellos querían vivir como la clase alta. Como es natural, el rey trató de repartir la riqueza, pero el problema era que había demasiados jugadores nuevos. Por aquel entonces yo pertenecía al Consejo de los Operadores. Uno de sus miembros, llamado Avery007, era el mejor amigo del rey. Se erigió en defensor de los nuevos jugadores. Quería eliminar las diferencias de clase. Tenía cada vez más seguidores. Era un extraordinario orador.

»Sin embargo, la paranoia del rey, el temor a perder su poder absoluto, empezó a crecer. Algún tiempo antes, había otorgado a Avery poderes operativos y empezó a pensar que iba a utilizarlos para derrocarlo. Esto lo llevó a promulgar la ley de muerte única y cambiar el modo del servidor a JcJ extremo, lo que significa que no se puede volver a Elementia tras morir. Usando sus poderes operativos para volar, Avery y él se enfrentaron sobre la ciudad. Les aseguro que fue todo un espectáculo: una batalla entre operadores es una de las cosas más increíbles que se pueden ver. Pero al final, Avery salió derrotado. Murió y fue expulsado del servidor. Antes de que terminase el día siguiente, el rey había asesinado a otros tres jugadores que tenían numerosos seguidores en el servidor. Tras la desaparición de Avery, era el único operador que quedaba.

—Es una historia muy interesante, señor —dijo Stan, y lo decía sinceramente—, pero ¿dónde entra usted en todo eso?

—Oh. Bueno, verán, yo aún conservaba el favor del rey,

a pesar de que estaba muy enfadado con él por haber asesinado y desterrado a esos jugadores, que eran muy buenos amigos míos. Pero a esas alturas la paranoia había retorcido su mente. Corrían rumores sobre una revuelta que se estaba fraguando, así que cualquier supuesto líder de la supuesta conspiración era asesinado. Por eso, ningún jugador que trabajase para el rey se atrevería a bromear con eso.

»Mis problemas comenzaron cuando corrió el rumor de que las boticas de Element City estaban surtiendo de pociones a los rebeldes. Tuve suerte. Cuatro amigos míos fueron acusados de traición el mismo día que yo: el jefe de experimentos con redstone, Meca11 y los tres directores de exploración, Bill33, Bob33 y Ben33. En aquel momento cundía el descontento en el reino por la gran cantidad de gente que había ejecutado el rey, así que se comprometió a no volver a matar a nadie si no se demostraba su culpabilidad. En lugar de ejecutarnos, el rey Kev nos exilió de la ciudad, aunque no sin advertirnos que si volvíamos a tener tratos con algún funcionario del gobierno, afrontaríamos las consecuencias. Abrí mi propio portal del Inframundo aquí, en la jungla, y empecé a fabricar pociones. No sé lo que fue de Mecanist, ni de Bill, Bob y Ben.

»Así que, como pueden imaginar —continuó el viejo jugador, y Stan tuvo la sensación de que iba a decir algo importante—, si de verdad quieren derrocar al rey, será para mí un placer utilizar todo lo que sé sobre el funcionamiento de Elementia, así como todas las pociones que he acumulado, para ayudarles a conseguirlo.

—¡Gracias!

Charlie se arrojó sobre el Boticario y le estrechó vigorosamente la mano.

—¡Gracias, gracias, gracias!

—Sí, agradecemos mucho su ayuda, señor —dijo Kat, y Stan se dio cuenta de que finalmente confiaba en él.

—Pues en ese caso tengo una pregunta, señor —dijo Stan.

Era algo en lo que llevaba pensando desde la mañana.

—¿Cuánta gente cree que necesitaremos para lanzar un asalto contra el castillo del rey en Element City? Creo que, si tomamos el castillo, podremos tener el control de la ciudad.

El viejo jugador, tras pensarlo un momento, respondió:

—Bueno, calculo que el rey contará con unos doscientos hombres. Verán, el rey Kev posee la capacidad de ordenar a sus ciudadanos que hagan lo que él desee en cualquier momento. Aunque normalmente ordena a los jugadores de bajo nivel que se ocupen de los trabajos en Element City, los doscientos jugadores que forman sus fuerzas militares son los mejores luchadores de Elementia... Son jugadores de alto nivel, sobre todo. Así que, aun en el caso de que los miembros de bajo nivel del ejército desertaran cuando ataquen el castillo, aún tendrían que enfrentarse a unos ciento treinta hombres.

Stan estaba consternado. Miró a Charlie y a Kat.

—¿Y de dónde podemos sacar tanta gente?

Kat se disponía a responder, pero el Boticario se le adelantó:

—¿Qué te parece la aldea Adoriana?

Hubo un momento de silencio. Y entonces Kat dijo:

—Eh... Señor, ¿no ha estado escuchando? Las fuerzas antidisturbios del rey han destruido la aldea Adoriana. Todos sus habitantes están muertos.

—Oh, no estaría yo tan seguro —dijo el Boticario con una sonrisa—. Cada día entran nuevos jugadores en Elementia. La mayoría de ellos seguirá yendo a la aldea Adoriana. Además, no está tan claro que todos sus habitantes hayan muerto.

—¿Cómo pueden haber sobrevivido? —preguntó Charlie con incredulidad—. ¡Volaron las casas de piedra e incendiaron las de madera!

—Bueno —respondió el Boticario—, una cosa que no he mencionado en mi relato es que tradicionalmente el rey ha ignorado la existencia de la aldea Adoriana, lo mismo que la mayoría del Consejo de los Operadores. Avery y yo éramos los únicos consejeros que ayudaron a la joven Adoria cuando era una jugadora nueva que quería crear una aldea para otros como ella. La ayudamos a diseñar el lugar y las casas que contenía.

»Cada pocos días, se organiza un simulacro en la aldea. Supongo que no lo han visto porque han pasado poco tiempo allí. Se preparan para un ataque de griefers a gran escala, que, en esencia, es lo mismo que me han descrito. Cada una de esas casas cuenta con un refugio subterráneo en el que pueden sobrevivir cuatro personas durante un mes. Las entradas están camufladas. Solo los soldados más observadores las encontrarían. Y también pueden ocultarse en una mina. Me sorprendería que más de una tercera parte de los habitantes de la aldea Adoriana hubieran caído en el ataque.

Stan sintió nuevos ánimos al pensar que el ataque contra la aldea podía haber sido menos definitivo de lo que había creído en un primer momento.

—Y seguro que los supervivientes están furiosos con el rey ahora mismo —añadió Charlie—. Apuesto a que Jayden, Sally y los demás siguen entrenándolos y no saben lo que van a hacer ahora.

—Pues entonces está decidido —dijo Kat—. Los supervivientes de la aldea Adoriana serán nuestras tropas cuando ataquemos el castillo del rey. Uno de nosotros debería ir allí y contarles el plan. Los demás podemos dedicarnos a acumular materiales, como diamantes, filetes y manzanas doradas. Necesitamos provisiones suficientes para un ejército de unos... cien hombres.

Miró al Boticario.

—¿Sabe dónde podríamos encontrar todo esto? Porque Charlie y yo hemos estado hablando sobre ello toda la tarde, sin sacar nada en claro.

—Puede que sí —respondió el Boticario.

Esto tomó a Stan por sorpresa. Esperaba que el viejo jugador rechazase todas sus ideas, no que se ofreciese a ayudarlos en los preparativos de la batalla.

—Eh, no se emocionen. No lo sé con certeza. Lo que sí sé es que cuando formaba parte del Consejo de los Operadores, llegó a mis oídos el rumor de que el rey tenía un depósito secreto de armaduras, armas, provisiones... Todo lo necesario para volver a poner un ejército en pie de guerra si alguna vez lo desalojaban del poder. También corrían rumores sobre la ubicación de ese depósito. El más insistente aseguraba que estaba bajo tierra, en el centro del desierto de Ender. No puedo asegurar que esté allí, pero sí que existe y se hablaba demasiado de ese sitio como para que no haya algo.

Stan se levantó de un salto.

—¡Charlie! —exclamó.

Todos lo miraron:

—¿Sí? —respondió Charlie con expresión preocupada.

—Charlie, posees un instinto innato de minero. ¡Hasta el propio D lo dijo! Si hay alguien que puede encontrar ese depósito subterráneo, eres tú.

El Boticario se levantó y dio un puñetazo sobre la mesa.

—¡Decidido! Yo mismo iré a la aldea Adoriana y ayudaré a los pupilos de Adoria a entrenar a los nuevos jugadores para enfrentarse a las fuerzas del rey. Ustedes tres irán al desierto de Ender en busca de ese depósito. Les aseguro que si no está allí, habrá algo, y tal vez les sirva de ayuda.

El viejo jugador se acercó a un cofre y guardó en él la armadura de cuero. Con sorpresa, Stan se percató por primera vez de que el Boticario tenía un aspecto asombrosamente similar al de Steve *el Loco*, con la única diferencia de la barba blanca y las fajas de las pociones. El Boticario metió las manos en el cofre y sacó un peto de diamante. Se le quedó mirando un momento.

—Este lugar me ha dado mucho y luego me lo ha quitado —dijo el viejo jugador frente a su reflejo—. Ya es hora de convertir el servidor en un sitio que las futuras generaciones puedan llamar hogar.

Se puso el peto por la cabeza y, mientras Stan lo miraba con sobrecogimiento, sacó una armadura de diamante entera, con botas y grebas incluidas, y se la puso. Y luego sus dos armas predilectas: dos picos de diamante, que refulgieron a la luz de las antorchas. Se volvió hacia los demás.

—Charlie, ven aquí, por favor —dijo.

Charlie, intrigado, lo hizo.

—Quiero que te quedes con esto —dijo el Boticario mientras le ofrecía un pico de diamante.

—¿Cómo? Espere —dijo Charlie, con los ojos muy abiertos de incredulidad—. ¿Está hablando en serio?

—Totalmente —dijo el viejo jugador mientras Charlie agarraba el pico—. Un buen pico es la mejor herramienta que se puede llevar bajo tierra. Este me ha servido muy bien. Lo he llevado conmigo en varias expediciones por el interior del mundo real y siempre que he visitado el Inframundo. Además, tengo dos, así que quiero que te quedes con este.

Charlie dio varias vueltas al pico entre sus manos y tocó la punta de diamante.

—Gracias —dijo con voz sobrecogida y la mirada clavada en el arma.

—Muy bien, tengo algunas cosas para los demás. Pero antes quiero preguntarles algo: ¿Alguno de ustedes es de nivel... digamos, once o más?

Stan se disponía a responder que no cuando Kat se puso en pie de un salto y respondió.

—¡Yo! ¡Esta mañana he matado un puñado de animales y he subido a nivel quince!

El Boticario sonrió.

—Bien, bien. Ahora, ¿te gustaría cambiar tus niveles por mejoras para tu equipo?

—¡Por supuesto! —exclamó Kat—. ¿Cómo se hace?

—Con eso —dijo el Boticario, señalando la mesa negra de los diamantes y el terciopelo rojo.

El libro seguía levitando sobre ella. Se aproximaron.

—Es una mesa de encantamientos —añadió—. Si tiene experiencia suficiente, esta pequeña maravilla les permite usarla para encantar su equipo. ¿Tienes armas o alguna armadura que quieras encantar, Kat?

—Sí. Tengo una espada, un casco y un peto de hierro en la base —respondió ella—. Y este arco.

Lo levantó.

—¿Y dice que podría usar esa mesa para darle a mi espada poderes especiales? —preguntó emocionada.

—Sí.

El Boticario sonrió.

—Cuando termine de darles las cosas que van a necesitar para sacar esta revolución adelante, puedes volver y usarla —dijo.

A continuación se acercó a su cofre y sacó otro más pequeño. Este era negro y parecía cerrado con una especie de orbe verde.

—Esto es un cofre de Ender —les explicó mientras se lo pasaba a Stan—. Podrán acceder a cualquier objeto que guarden en él desde otro cofre de Ender, esté donde esté, aunque sea en otra dimensión, como el Inframundo. El rey nunca utiliza cofres de Ender. Es muy desconfiado. Cuando llegue a la aldea Adoriana, colocaré allí un segundo cofre de Ender que tengo y que, hasta donde yo sé, es el único que hay en el servidor, aparte de este.

»Y ahora, una breve explicación sobre los cofres de Ender: son increíblemente complicados de fabricar y una vez que los has puesto en el suelo, si vuelves a levantarlos dejan de funcionar. Así que no lo dejen en el suelo hasta que hayan localizado el depósito secreto. Cuando pongan algo dentro, la cerradura verde del mío me avisará emitiendo unas partículas moradas y yo sacaré los materiales para dárselos a los guerreros de la aldea Adoriana. Es el único modo viable de transportar gran cantidad de materiales entre el depósito secreto y la aldea Adoriana.

»¿Entendido, Stan? —preguntó.

Stan asintió. Era un modo muy ingenioso de llevar materiales de un lado a otro del servidor en un instante y sin levantar sospechas.

El Boticario se acercó al soporte para pociones que había sobre su mesa. Agarró doce pociones: nueve rojas y tres anaranjadas.

—Estas pociones los ayudarán en la búsqueda del depósito. Tengo cuatro para cada uno. Podría darles más, pero ocupan mucho espacio en su inventario. Las rojas son pociones de curación. Con un solo traguito en mitad de una pelea recuperarán parte de la vida perdida. Y si se caen en un bloque de lava o se encuentran con él al excavar, las naranjas, que son pociones de resistencia al fuego, los protegerán.

Dio tres pociones de curación y una de resistencia al fuego a cada uno de ellos. Se las colgaron del cinturón, para poder darles un traguito con rapidez cuando lo necesitaran.

—Y ahora, Kat, ¿quieres que encantemos tu espada? —preguntó el Boticario.

Kat, que había estado retorciéndose de impaciencia como un niño a punto de hacerse pipí, exclamó:

—¿Está de broma? ¡Vamos!

Sacó la espada de piedra, corrió hacia la puerta, la abrió de par en par y entonces se detuvo bruscamente.

—¿Qué pasa, Kat? —preguntó Charlie mientras sacaba su nuevo pico de diamante y Stan hacía lo propio con su hacha de piedra.

Kat estaba mirando algo desde el umbral. La intensa luz que entraba desde el exterior permitió a Stan ver que había aflorado una expresión de terror a su rostro. Era extraño que hubiera tanta luz, comprendió con un estremecimiento, porque estaban en plena noche.

El bosque estaba ardiendo. El incendio se encontraba más o menos a un kilómetro de distancia, pero aun así la luz era de gran intensidad. Stan se dio cuenta de que, en cuestión de minutos, toda la zona que rodeaba su casa sería pasto de las llamas.

—Los hombres del rey deben de habernos seguido hasta aquí de algún modo —dijo—. ¿Cree que habrán encontrado nuestras cosas?

—Sí —respondió el Boticario, mientras sacaba unas chuletas de cerdo cocinadas del inventario—. Lo más probable es que, al dar con ellas, hayan deducido que siguen aquí y hayan incendiado la jungla para obligarlos a salir. El fuego se apagará antes de llegar, pero aun así los hombres del rey encontrarán la casa. Tienen que marcharse cuanto antes.

—Pero ¿no lo encontrarán a usted? —preguntó Charlie con tono de ansiedad.

—Me ocultaré en el subsuelo —respondió el Boticario—. Y antes de que lleguen, colocaré unas trampas que activarán los dispensadores de flechas. Cuando encuentren la casa creerán que está abandonada y tratarán de saquearla, pero las trampas los disuadirán. No me pasará nada. Tengo mucha experiencia escondiéndome. Pero si los encuentran a ustedes, los ejecutarán de inmediato.

—Pero ¿y mi espada? —preguntó Kat mientras el Boticario daba un poco de pan a Stan.

—Lo siento, Kat, pero tendrás que encantar otra cosa. ¿Qué tal la espada de piedra?

—No, se desgasta demasiado deprisa... ¡Ya sé!

Sacó el arco.

—¿Qué hago ahora?

—Siéntate, pon el arma sobre la mesa y mira el libro fijamente —respondió el Boticario—. El arco recibirá al instante el encantamiento adecuado.

Kat se acercó a la mesa y se arrodilló frente a ella. Dejó el arco encima y el libro se abrió. La jugadora se le quedó mirando y sus ojos cuadrados comenzaron a brillar, al igual que el arco y el libro. Segundos después hubo un fogonazo y la chica cayó al suelo.

—¿Estás bien? —preguntó Stan mientras la ayudaba a levantarse.

—Sí, perfectamente —respondió ella.

Se incorporó y recogió el arco, envuelto ahora en un fulgor morado que evidenciaba su nuevo poder.

—Caray —dijo con asombro—. Un encantamiento de infinidad.

—Excelente —dijo el Boticario mientras se guardaba

varias pociones en el cinturón—. A partir de ahora, cualquier flecha que dispares desde el arco reaparecerá en tu carcaj. No volverás a quedarte sin proyectiles. Parece ser que la mesa sabía que te espera un largo viaje.

—¡Pues entonces más vale que nos pongamos en camino! ¡El incendio se está acercando! —exclamó Charlie.

—En efecto —dijo Stan—. Señor, muchas gracias por todo lo que ha hecho por nosotros. Volveremos a vernos en la aldea Adoriana cuando encontremos el depósito.

—Exacto. Buena suerte —dijo el Boticario mientras colocaba un cable-trampa en el suelo.

Los tres jugadores, acompañados por el perro y el gato, salieron por la puerta de atrás.

Atravesaron el bosque a la carrera, con las armas desenvainadas. Tuvieron que enfrentarse a algunos monstruos, pero les fue imposible recoger lo que soltaban al morir. Corrieron sin parar hasta llegar al desierto, e incluso una vez allí, aun siguieron corriendo un buen rato.

Entonces se volvieron hacia la jungla. Stan vio que llovía de nuevo. Suspiró de alivio. Aquello extinguiría el incendio. Aunque suponía que en el desierto no llovía.

Al levantar la mirada, se encontró cara a cara con el sol. Se habían pasado toda la noche corriendo. Y se dio cuenta de que tenía un hambre de lobo. No había comido desde el día anterior. Devoró dos de las barras de pan que le había dado el Boticario y les dio las otras dos a Charlie y Kat. Mientras comían, dirigió la mirada hacia el desierto para ver lo que le esperaba allí y entonces el corazón le dio un vuelco.

Era la misma figura alta y espigada que había visto la noche anterior en los árboles de la jungla. A plena luz del día parecía más amenazante. A Stan, aquellos brazos y piernas antinaturalmente largos y delgados le resultaban muy perturbadores.

—¡Charlie, Kat, miren!

Ambos se volvieron y lo vieron también.

—¿Qué es eso? —preguntó Charlie—. ¿Y por qué tiembla?

Pues la figura, en efecto, tiritaba como si tuviera frío. Sus fauces estaban abiertas y dejaban ver unos colmillos aterradores. Miraba fijamente a Charlie. Entonces, de improviso, desapareció en medio de una nube de humo morado. Los tres jugadores se miraron entre sí, asustados y sin saber lo que estaba pasando.

Entonces, sin previo aviso, hubo un ensordecedor estruendo metálico. Stan se volvió sobre sí mismo y vio que la figura había reaparecido detrás de Charlie y lo había sujetado con las dos manos a la altura de la caja torácica. Bajo la mirada horrorizada de Stan, la criatura levantó a Charlie, cuyo rostro estaba contraído por un dolor inefable, y lo arrojó, con todas sus fuerzas y la cabeza por delante, contra el suelo. Charlie quedó totalmente inmóvil.

Entonces el monstruo profirió un chillido. Un líquido morado manaba de la herida que le había infligido la espada de Kat en el costado. La jugadora sacó el arma y acometió de nuevo al demonio, pero en el preciso momento en que la punta iba a atravesar su espalda, volvió a desaparecer en medio de una nube humo morado. Stan, impelido por un sexto sentido, se revolvió sobre sí mismo y vio que, en efecto, la criatura se había teletransportado diez bloques más allá, a su espalda, y se abalanzaba sobre él a la velocidad del rayo. Levantó el hacha y se la lanzó con todas sus fuerzas. La hoja se hundió en el pecho del monstruo, que volvió a teletransportarse con un nuevo chillido.

Segundos después reapareció entre Kat y Stan, con el hacha aún alojada en el pecho. Sin embargo, esta vez, antes de hacer nada, el monstruo levantó los ojos hacia el sol naciente y, con una mirada de odio dirigida a Stan, se teletransportó de nuevo. Stan permaneció listo, esperando a que reapareciese, pero no lo hizo. El jugador suspiró. Y entonces se acordó de lo que había pasado.

—¡Charlie!

Corrió hacia su amigo. Kat le había dado la vuelta. Charlie tenía la cara colorada y no respiraba.

Stan se negaba a considerar lo peor. Al examinar el cuerpo de su amigo, vio que los brazos del monstruo habían abollado el peto, que constreñía el costado de Charlie y le impedía respirar.

—¡Kat, dame tu espada, deprisa!

Kat se la entregó sin perder un instante y Stan, de dos rápidos golpes, cortó la armadura en los costados y se la quitó. Charlie inhaló profundamente. Stan vio que también el casco había quedado inutilizado. Se lo quitó y lo arrojó a un lado. Charlie exhaló un suspiro de alivio.

Kat tomó una de las pociones de color rojo del cinturón de Charlie, la descorchó y le introdujo el contenido en la boca. Charlie se lo tragó y luego se incorporó.

—¡Charlie!

Kat lo abrazó mientras Stan exclamaba:

—¡A Dios gracias que estás vivo, hombre! Caray lo que cobras, ¿eh?

Charlie esbozó una débil sonrisa mientras Kat lo soltaba.

—Eh —dijo con un hilo de voz—, no es la primera vez que me dejan para el arrastre y creo que todos sabemos que no será la última.

Se echaron a reír.

—Recuerdo haber leído algo sobre esa criatura en el libro. Es un enderman. Posee ataques físicos realmente potentes y la capacidad de teletransportarse. Y cuando lo miras, lo provocas.

—Bueno, pues era poderoso —dijo Kat—. Te ha hecho perder la armadura y una de tus pociones de curación. Y a ti el hacha, Stan.

En la emoción por la recuperación de Charlie, Stan se había olvidado momentáneamente del hacha. Suspiró con decepción.

—¿Cómo es que te cuesta tanto conservar las armas? —preguntó Kat—. ¿Qué es, la tercera seguida que pierdes?

Stan contó con los dedos.

—La que destruyó el hombrecerdo zombi, la que dejé en la casa, esta... Sí, es la tercera. ¿Y cómo se supone que voy a conseguir un arma en medio de un desierto?

Y como respuesta a sus palabras, en aquel momento sonó un gruñido dolorido tras ellos. Se volvieron y vieron que un solitario zombi ardía hasta consumirse bajo la luz del sol. Al desaparecer, dejó la carne podrida de costumbre, pero Stan vio también otra cosa, algo brillante. Se acercaron al cadáver y vieron que el zombi había dejado caer una pala de hierro, que debía de llevar en el inventario. Stan le dio la carne a *Rex* y recogió la pala.

—Pues no es un hacha pero tendrá que servir —dijo mientras la empuñaba como si fuese un *bat* de beisbol.

—Bueno, si no recuerdo mal, el centro del desierto se encuentra hacia el sudeste —dijo Charlie mientras sacaba la brújula—. Vamos.

Y emprendió el camino hacia el interior del desierto, seguido por los demás.

Fue una caminata larga y aburrida. El desierto era sorprendentemente llano y no contenía nada más que cactus y alguna que otra charca de vez en cuando. Por allí merodeaban algunos creepers, que hicieron ademán de acercarse a ellos, pero en cuanto *Limón* les bufaba se alejaban. Al parecer, las explosivas criaturas les tenían pánico a los gatos.

Cuando los tres jugadores llegaron a lo que, según los cálculos de Charlie, debía de ser el centro aproximado del desierto, se encontraron con la boca de una pequeña cueva en la ladera de una colina de arenisca. Charlie sacó el pico de diamante y, con una última mirada al sol, Stan y Kat se adentraron tras él en las desconocidas profundidades de la mina.

Geno bajó la mirada con satisfacción al percibir la reverberación de las explosiones en la tierra. Geno era su nombre completo, no solo su mote. Llevaba unos pantalones de camuflaje, una chaqueta de ciclista cubierta de dibujos y un parche sobre el ojo izquierdo. En la chamarra llevaba también una placa con el nombre de su equipo, RAT1, escrito en letras negras. Miraba con expresión sonriente un pequeño agujero que había en el suelo. Si quedaba algo vivo allí dentro, ahora habría desaparecido.

Las explosiones cesaron y unos momentos después salió del suelo una cabeza de pelo negro y piel aceitunada, coronada por un casco de hierro.

—¿Has encontrado algo, Becca? —preguntó Geno con voz cruel.

—No, ahí abajo no hay nada —respondió la aludida mientras salía del agujero.

. Llevaba una armadura de hierro completa.

—No he visto nada esparcido por ahí. Debían de saber que íbamos.

—¿No habrá sido el fuego que encendiste en los árboles, tontita? —le espetó Geno.

—No me llames tontita, idiota —gruñó Becca.

—¡Ah, anda, vamos a resolver esto! —gritó Geno, con la vena de la sien hinchada, mientras desenvainaba una espada de diamante.

—¡Me parece bien! —gritó Becca, al tiempo que hacía lo propio con la espada de hierro que llevaba al cinturón.

Se abalanzaron el uno sobre el otro y estaban a punto de empezar a pelear cuando dos flechas los pararon en seco al rebotar en sus armaduras.

—¡Eh! Niños, no hace falta pelearse, ¿entendido? Tenemos un trabajo que hacer —exclamó el arquero, un jugador de color negro con una armadura de samurai cubierta por una túnica de cuero—. Y para que quede constancia, Geno, fui yo el que provocó el incendio de anoche, ¿entendido? Fue un accidente. Usé el arco de fuego en lugar del de potencia por error. Así que cierra el pico si no quieres que te meta una flecha en la cabeza.

Geno y Becca bajaron las armas. Sabían, tan seguro como que podían luchar a espada, que Leonidas podía matarlos en un abrir y cerrar de ojos si así lo decidía. Nunca le habían visto fallar con el arco.

—Como quieras, Leo —dijo Geno mientras envainaba la espada—. Pero dile a la señorita Bombardera que no destruya al instante absolutamente todo lo que vea que no sea un bloque.

—Oh, vamos, con lo divertido que es —protestó Becca.

Decía la verdad. Era la experta en demoliciones de RAT1 y se tomaba su trabajo muy en serio.

—¡Eh! —gritó Leonidas con tal fuerza que los otros dos cerraron el pico de inmediato—. Por si no lo recuerdan, así es exactamente como empezó la última misión, ¡con ustedes dos haciendo tonterías como novatos! Como fracasemos otra vez, el rey nos va a colgar de la pared. ¡Así que vamos! Si no hay nada en esa casa, vamos para la jungla a buscarlos.

Y con estas palabras, puso una nueva flecha en el arco y disparó contra algo que había vislumbrado entre los árboles. Al acercarse al cadáver, vio que no era nada importante, solo un vulgar ocelote con varios objetos. Se adentró en la jungla y Geno y Becca fueron tras él, espada en mano.

Mientras examinaban los árboles en busca de pistas, Becca rezongó entre dientes:

—¿Dónde te escondes, Stan2012?

«Extraño mi hacha», pensó Stan mientras excavaba la tierra con la pala. Hasta el momento había tenido que enfrentarse a varios monstruos en la oscuridad y se sentía torpe e incómodo matando arañas a golpe de pala. Habría preferido mil veces la elegante decapitación del hacha.

Tras romper un nuevo bloque de tierra, se detuvo. Tenía delante la pared de un acantilado. Había llegado al costado de un barranco subterráneo. Kat se puso a la cabeza. Un poco antes había encontrado una casa subterránea abandonada, sin nada dentro más que un cofre con un montón de antorchas. Las fue colocando en la pared para iluminar el camino mientras con la otra mano sujetaba el arco con fuerza. En un par de ocasiones, algún zombi se acercó a ella arrastrando los pies junto a la pared del acantilado, y un esqueleto que había al otro lado del barranco le lanzó unas flechas. En todos los casos, el monstruo terminó silenciado por su infinito suministro de flechas. Al llegar al final del abismo, Kat colocó la última de las antorchas y Charlie sacó la brújula.

—Ya debemos de estar cerca del centro del desierto —dijo con tono emocionado—. Si hay un depósito secreto, tiene que estar por aquí.

Dicho lo cual, sacó el pico de diamante y empezó a perforar la pared. Al cabo de tres bloques, su pico se encontró con algo de madera.

—Pero ¿qué...? —exclamó mientras lo sacaba y comprobaba que había golpeado una plancha de este material—. ¿Qué hace un bloque fabricado por el hombre a tanta profundidad?

—¡Puede que sea la entrada a la sala del depósito! —exclamó Stan con tono emocionado.

—Puede... —dijo Kat—. Pero lo lógico sería pensar que el rey, para guardar sus más preciadas posesiones, usase algo más difícil de atravesar.

—Bueno, sea lo que sea, algo es —respondió Charlie mientras empezaba a golpear la madera con el puño.

«Iría mucho más rápido con el hacha», pensó Stan con desánimo al verlo.

Una luz se abrió paso a través del agujero. A medida que Charlie ensanchaba la abertura rompiendo otras planchas de madera, Stan empezó a ver que se trataba de una red de túneles que parecía sustentada con postes de valla. Unos rieles discurrían a lo largo del suelo, aunque no estaban completos. Había antorchas en las paredes y unos cofres pegados a la de su derecha.

Charlie pasó al otro lado del agujero de un salto y examinó los postes de sustentación. Stan lo siguió y se inclinó sobre los rieles. Se preguntó si podría fabricar una vagoneta para utilizarlos. Entonces oyó que Kat gritaba:

—¡Eh, chicos, vengan a ver esto!

Mientras se acercaban a ella, empezó a sacar cosas del cofre que acababa de abrir.

—¡Qué maravilla! —exclamó al tiempo que levantaba dos lingotes de hierro—. ¡Puedo usarlos para forjar una nueva espada! ¡Esto está lleno de cosas!

Extrajo un puñado de semillas blancas.

—Parecen semillas de calabaza. Puede que nos sean útiles en algún momento. ¿Y esto que es? —dijo, refiriéndose a un puñado de piedras azules de aspecto calcáreo.

—Creo que es lapislázuli —dijo, Charlie—. Se usa para hacer tinte azul.

—No parece muy útil, que digamos —dijo Kat, pero se las guardó igualmente.

Siguió sacando cosas del cobre.

—También hay tres trozos de pan... un cubo... ¿Qué clase de semillas son estas?

Sacó el pan y unas semillas de color negro.

—Semillas de melón —dijo Charlie.

—¿Cómo sabes todo eso? —preguntó Kat, impresionada.

—Leía el libro todas las noches, antes de que se quemara en el bosque. Aprendí muchas cosas en él. Por ejemplo, ahora mismo estamos en el pozo de una mina abandonada. Nadie lo excavó. Estaba aquí antes que los jugadores. Bueno, ¿hay algo más de interés en los cofres?

—Solo esto —dijo ella mientras sacaba un puñado de polvo rojo—. Es polvo de redstone, ¿no?

—Sí... Eh, déjame ver esos lingotes de oro.

Kat se los pasó. Charlie rompió cuatro planchas de madera de la pared y las utilizó para construir una mesa de creación en un abrir y cerrar de ojos. Puso los lingotes de oro y la redstone sobre la mesa y un momento más tarde tenía un nuevo reloj. Las manecillas indicaban que en el exterior era casi mediodía.

—Bueno, pues supongo que deberíamos registrar la mina —dijo Charlie mientras se guardaba el reloj en el bolsillo.

—Buena idea —respondió Kat sacando la espada—. Puede que haya más cofres abajo.

—O puede —dijo Charlie— que el rey decidiese esconder su depósito secreto en otro sitio. Por lo que tengo entendido, esas cosas no son fáciles de encontrar.

—Eh... ¿chicos?

Kat y Charlie, con el entusiasmo del hallazgo del cofre, se habían olvidado de Stan. Este había seguido los rieles por el pasillo y ahora se encontraba a la entrada de otra galería que se bifurcaba en ángulo recto, mirando lo que había más allá.

—Tienen que venir a ver esto —dijo lentamente.

Kat se acercó a él, seguida por Charlie y los animales. El pasillo en cuestión estaba totalmente cubierto de gruesas telarañas, desde el suelo hasta el techo. Y hasta donde se podía ver, continuaban también hacia el interior.

—¿Qué te parece esto, Charlie? —preguntó Stan mientras dirigía una mirada insegura a Charlie en busca de respuesta.

Charlie sacudió la cabeza, al parecer confundido. Kat, en cambio, dio un paso al frente y cortó las telarañas con la espada.

—¡Kat! —gritó Stan mientras la jalaba hacia atrás.

—¿Qué pasa? Tiene que haber algo por ahí, ¿no? —replicó.

Se zafó de Stan y siguió cortando las telarañas.

—Pero ¿y si se trata de una trampa? Podría haber cualquier cosa en esa galería. La vista apenas alcanza tres bloques —dijo Charlie.

Era cierto. Entre las telarañas y la falta de antorchas, la visibilidad era muy limitada.

—¿Tengo pinta de que me importe? —respondió Kat sin dejar de cortar telarañas.

Seguida por *Rex*, siguió avanzando hasta llegar a un punto en el que los chicos apenas la veían y solo podían oír su voz.

—Estoy harta de esconderme del rey. Quiero encontrar su escondrijo. Y si me meto en una pelea, pues bueno. Prefiero más un combate cara a cara que este... ¡Aaaaaugh!

Su grito de angustia reverberó en las paredes de la mina, lo que amplificó considerablemente su volumen. Stan corrió hacia su amiga en la oscuridad, sorteando las telarañas por el camino que había abierto Kat. Al acercarse al sitio donde, según sus cálculos, debía de estar su amiga, empezó a oír un gimoteo dolorido. Sacó la pala y, esgrimiéndola como si fuese un *bat* de beisbol, golpeó una araña que estaba clavando los colmillos sobre el cuerpo inconsciente de Kat, que yacía en el suelo junto a un inmóvil *Rex*.

Una vez muerta la araña, Stan vio en la penumbra que era más pequeña de lo normal, casi una tercera parte menor que las arañas que habían visto hasta entonces. Tenía también los ojos rojos, pero su cuerpo era de color azul. Pero solo tuvo un instante para ver todo esto, porque entonces salió otra de la oscuridad y se abalanzó sobre él. Por el rabillo del ojo, vio que Charlie se arrodillaba a su lado para ocuparse de Kat, así que se concentró en golpear la araña con la pala, como había hecho con la anterior. Esta cayó de pie y tuvo que golpearla varias veces antes de matarla.

Entonces aparecieron más arañas. De hecho, su número aumentaba sin cesar. Stan se preguntó lo que estaría sucediendo. Las criaturas hostiles no atacaban de aquel modo. Eran muy distintas y no aparecían con tal frecuencia ni siquiera cuando había tan poca luz.

Entonces, mientras seguía matando arañas, ya con la ayuda de Charlie, vio una débil luz en la distancia. Esquivó una araña y se aproximó. Lo que había allí era una jaula de color negro, de un bloque de anchura. Cada poco tiempo aparecía un pequeño destello en el interior de la jaula. Había una araña allí, azul como las que los estaban atacando, pero más pequeña. E inmediatamente después de cada fogonazo aparecía otra araña.

Stan comprendió que aquella cosa estaba creando enjambres de arañas y si no se daba prisa en destruirla, tendrían un serio problema entre manos. Entonces vio la espada de piedra de Kat en el suelo y supo lo que tenía que hacer. Sin pensarlo un momento, recogió la espada del suelo y, tras matar a dos de las arañas, hundió la espada en la jaula con todas sus fuerzas y ensartó la araña en miniatura de su interior.

Hubo un destello de luz. La jaula escupió una llamarada y se produjo un chillido ensordecedor, como si miles de arañas estuvieran expirando al mismo tiempo. Entonces la jaula quedó en silencio. El fuego de su interior se había apagado y no salían más monstruos. Stan recogió el pico, tiró lo que quedaba de la espada, que se había roto en mil pedazos, y se volvió hacia Charlie, que en aquel momento estaba atravesando el cuerpo de la última araña con el pico de diamante.

—Bien pensado —dijo su amigo con la respiración entrecortada, mientras se limpiaba el sudor de la frente.

—Gracias —respondió Stan.

Bajó la mirada hacia Kat, que tiritaba en medio de un charco de su propio vómito.

—¿Se recuperará?

—Sí, pero tardará un tiempo —dijo Charlie con gravedad—. Esas criaturas eran arañas de cueva. No le han hecho mucho daño, gracias a ti, pero la han envenenado. El veneno le hará vomitar todo lo que haya ingerido. He cometido la estupidez de darle una de sus pociones, pero acaba de vomitarla. Su organismo se librará del veneno más tarde o más temprano. Solo necesita tiempo. Cuando vuelva en sí estará muy débil y hambrienta.

—Cuánto me alegro de que hayas leído ese libro —dijo Stan con una risilla.

Entonces tuvo una idea

—Ay, Dios. No te habrán envenenado también a ti, ¿verdad?

—Lo dudo —respondió Charlie—. Las arañas ni me han tocado. ¿Y a ti?

—Creo que no —dijo Stan con alivio—. Es un alivio. Incluso con el pan que hemos sacado de ese cofre solo nos quedan seis barras y creo que Kat va a necesitar al menos dos al despertar.

Y en efecto, al cabo de un rato despertó la inconsciente Kat y las primeras palabras que salieron de sus labios fueron unos incoherentes gruñidos para pedir comida. Charlie le dio dos barras de pan y una de las dos pociones de curación que le quedaban. Pero incluso después, Kat seguía muy débil y le costaba caminar. Y estaba furiosa.

—¿Cómo que he perdido la espada? —le gritó a Stan cuando este le explicó lo que había pasado después de que perdiese el sentido.

—Ya te lo he dicho —respondió él—. La he usado para destruir el generador de arañas.

—¿Y no has podido salvarla, o algo? —repuso Kat, disgustada—. Eres un inútil, ¿sabes? Un completo inútil.

—¡Cállate! Si no te hubieras ido de ese modo, las arañas no te habrían tendido una emboscada. No es culpa de nadie que te hayas quedado sin espada. Deja de echármela a mí.

—Sobre eso... —intervino Charlie, que acababa de curar a *Rex* con un poco de carne podrida—, aún tengo el pico de piedra. Puedes usarlo hasta que consigas una nueva espada, Kat.

Sacó la herramienta y se la dio. La jugadora la miró con desprecio.

—Necesito un arma —dijo mientras le daba vueltas entre las manos.

—Bienvenida al club —suspiró Stan, con la pala aún en las manos—. Al menos tú tienes un arco.

Continuaron adentrándose en la mina, por nuevas galerías laterales, tratando de encontrar una salida o, mejor aún, una entrada a la cámara secreta. No tardaron mucho en estar irremisiblemente perdidos en el laberinto. Stan se disponía a decir que sería mejor que cavasen un túnel hasta la superficie, cuando algo llamó su atención.

Al final del pasillo, a su derecha, había una puerta. Estaba hecha de metal y tenía sendas antorchas a cada lado, además de un botón. Por la ventanita que tenía en la parte alta salía mucha luz, pero lo que más le chocó fue el cartel que había sobre ella.

Decía BASE SUBTERRÁNEA DE AVERY007.

CAPÍTULO 14

LA HISTORIA DE AVERY

¿Avery007? —preguntó Charlie cuando Stan señaló el cartel para que Kat y él lo vieran. ¿El chico de la historia del Boticario? ¿Eso quiere decir que vive aquí abajo?

—Ya no —dijo Kat, mirando el cartel—. ¿Recuerdan lo que dijo el Boticario? El rey lo asesinó. Lo expulsó del servidor para siempre. Supongo que debió de vivir en este sitio en algún momento.

—¿No tenía poderes operativos? —recordó Stan.

—Sí... —dijo Charlie, pensando—. ¡Y en ese caso, seguramente tuviera cosas increíbles!

—Pues entonces vamos a entrar —dijo Stan con la pala lista—. Pero esta vez vamos con cuidado. No sabemos lo que puede haber ahí dentro.

Charlie asintió y levantó el pico de diamante, preparado para defenderse. Kat hizo lo propio con su pala. Stan apretó el botón de la pared y la puerta de hierro se abrió lentamente.

Entró en la sala, pero al primer paso su pie tropezó con

un cable que había sobre el suelo. Una flecha salida de la nada le arrancó el casco de cuero de la cabeza. Una segunda rebotó un instante después en su peto de hierro.

—¡Al suelo todos! —gritó, y se lanzó de bruces mientras pasaban nuevas flechas por encima de su cabeza.

Tras él, Charlie y Kat hicieron lo mismo. Al levantar la mirada comprobó que las flechas las disparaba una máquina muy similar a la que había usado el Boticario cuando se conocieron. Se dio cuenta de que había tropezado con un cable trampa, que había activado la máquina. Con un movimiento rápido, usó la pala para destruir el cable. La lluvia de flechas se interrumpió al instante.

Se levantó y miró en derredor. Se encontraban en una sala muy bien iluminada, hecha de piedra. Algunas secciones de las paredes las habían cubierto de ladrillo. Había varios hornos y mesas de fabricación por la sala, así como cofres. En un rincón descansaba una cama.

—Pues qué decepción —dijo Kat mientras examinaba un cuadro con una puesta de sol, colgado de la pared.

—Sí —convino Charlie al tiempo que sacaba unas grebas de hierro de un cofre—. ¿Esta es la guarida de Avery007?

—Parece un poco básica... —dijo Stan.

Pero entonces reparó en algo. Sobre una de las mesas de creación había un libro parecido al que habían visto Charlie y él su primer día en Minecraft. El título del que habían encontrado en la colina Generación era *Bienvenido a Minecraft*, y su autor, Encuadernador55. Pero este se titulaba *Mi historia*, y lo firmaba un tal Adam711. Lo agarró.

—¿Qué es eso? —preguntó Charlie mientras se le acercaba, seguido por Kat.

—Es un libro, escrito por alguien llamado Adam711 —respondió Stan mientras lo examinaba—. ¿Qué creen que hace aquí?

—No sé —dijo Kat—. ¿Por qué iba a importarle a Avery007 lo que tuviera que decir el tal Adam711?

—Vamos a averiguarlo —dijo Stan, y lo abrió por la primera página y empezó a leer.

MI HISTORIA

La tragedia de la gloria y caída de Avery007

0 TAE

La primera anotación de mi diario está escrita el día que añadieron la escritura a Minecraft, y de ahí su numeración y nomenclatura: 0 Tras Añadir la Escritura. Voy a dejar este testimonio sobre mi vida para quienquiera que lo encuentre, con la esperanza de que la sabiduría que contiene ayude a otros a impulsar mi causa en el caso de que yo fracase. Comenzaré por decir que, aunque me llamo Adam711, cuando entré por primera vez en Minecraft lo hice con el nombre de Avery007. Al menos para mí, este será siempre el nombre que define quién soy: el grande y poderoso Avery007, que trató de cambiar el mundo en una valiente lucha por la igualdad de sus súbditos pero resultó destruido en el proceso.

Comenzaré contando mi historia. Me uní al servidor de Elementia cuando era nuevo. Su creador, el rey Kev, era mi mejor amigo. Me concedió poderes operativos y trabajó conmigo para levantar la majestuosa Element City, que seguramente siga existiendo cuando alguien lea este relato, sea dentro de tres días o trescientos años. Yo pertenecía al organismo que lo gobernaba, el Consejo de los Operadores, y desde su seno traté de promulgar leyes en beneficio de los ciudadanos de bajo nivel, que representaban el futuro de Minecraft.

A medida que crecía el servidor, lo hizo también el temor de mi amigo el rey Kev a que las generaciones jóvenes suplantaran a los jugadores de la edad de oro, que es como llamaba a quienes estaban en Elementia desde el principio. Yo creía que se equivocaba y así lo expresé en numerosas ocasiones, además de impedir que se aprobaran leyes que otorgasen poderes ilimitados a la clase alta.

Mis acciones llevaron al rey a promulgar la ley de muerte única, que expulsa para siempre de Elementia a los jugadores muertos. La ley me parecía abominable, sobre todo para los jugadores de bajo nivel, que por su inexperiencia eran los más vulnerables. Nunca pensé que la utilizarían para librar a Elementia de mi presencia.

Me rebelé contra el rey, pero fracasé y me expulsaron para siempre del servidor. Avery007 dejó de existir. Sin embargo, con mi nueva identidad, Adam711, sigo decidido a liderar a los elementos de bajo nivel de Elementia en su lucha contra el rey. He vuelto a jugar el juego desde el principio y he reunido recursos suficientes para encabezar una nueva rebelión contra el rey. Cuando formaba parte del Consejo de los Operadores, descubrí que, en una catacumba secreta bajo el desierto de Ender, esconde un depósito secreto con suministros suficientes para un ejército entero. Parto hacia allí ahora, decidido a encontrarlos y utilizarlos para reclutar fuerzas y destruirlo.

Stan hizo una pausa y levantó la mirada.

—¿Conque Adam711 era Avery007 en una vida anterior?

—Eso parece —dijo Charlie—. ¡Pero lo más importante es que hay un depósito secreto en alguna parte, cerca de aquí! ¡Lo sabía!

—Un momento —dijo Kat—. Avery también lo estaba buscando. ¿Y si lo encontró y ahora ya no está?

—Supongo que solo hay una forma de averiguarlo —respondió Stan, y siguió leyendo.

2 TAE

He llegado a las catacumbas secretas, pero no he encontrado ningún tesoro. Sin embargo, tras explorarlas a fondo, he encontrado un escrito del propio rey en el que dice que lo trasladó a una misteriosa dimensión alternativa conocida como el Fin, donde estará mucho más a salvo y mejor protegido. Y también me he enterado de que ha cedido sus poderes operativos. Lo cual es bueno, porque de este modo, cuando reclute mi ejército, me será mucho más fácil vencerlo.

5 TAE

Me he reunido con un grupo de jugadores de bajo nivel que viven en el bioma de tundra del sur. Sigo buscando la entrada del Fin, pero los ojos de Ender sugieren que está por aquí cerca. Confío en poder convencerlos de que me ayuden a derrocar al rey.

Stan pasó la página. No había nada más.

—Acaba ahí —dijo mientras lo tiraba sobre la mesa de creación.

—O sea, que el depósito secreto se encuentra en un sitio llamado el Fin —dijo Kat con cara de confusión—. ¿Sabes dónde está, Charlie?

—Ni idea —respondió este con la mirada gacha—. La única dimensión alternativa que conozco es el Inframundo.

—Olvídense del depósito secreto por un momento —dijo Stan lentamente—. Aquí hay algo que no cuadra. ¿Por qué termina así el libro?

Preguntó a los otros dos lo que pensaban.

—No sé —dijo Kat, encogiéndose de hombros—. Puede que se aburriese de escribir en su pequeño diario.

—O puede que lo matasen —sugirió Charlie.

Stan se disponía a decir lo que pensaba cuando sonó una cruel carcajada tras ellos. Se volvió al mismo tiempo que Kat y Charlie. Y allí, embutido en una armadura de diamante completa, con una espada de diamante en la mano, se encontraba el Señor A. Sus lentes de sol negros refulgían peligrosamente a la luz de las antorchas y una sonrisa maliciosa estaba aflorando a sus facciones.

Stan se preparó para luchar con la pala. ¡Ay, si hubiera tenido su hacha! Charlie sacó el pico y Kat el arco y los dos se aprestaron para la batalla. Los tres estaban intranquilos. Sabían que con unas armaduras tan limitadas y un armamento que distaba mucho de ser el ideal necesitarían mucha suerte para salir de una pieza.

El Señor A se echó a reír.

—No teman. No voy a matarlos... aún —dijo mientras dejaba la espada y sonreía—. Creo que sería una pena que, después de haber hecho un camino tan largo, se queden sin saber el final de la historia de Avery007, ¿verdad que sí?

Esto tomó desprevenido a Stan. Bajó la pala un momento.

—¿De qué hablas? ¿Cómo es que conoces la historia de Avery007?

—Porque lo conocí a él —respondió el Señor A en voz baja—. Era como un hermano para mí.

Hubo un silencio preñado de sorpresa. Charlie se quedó mirando al Señor A, convencido de que había perdido la cabeza. Su rostro adoptó la apariencia de alguien que estuviera intentando asimilar una revelación increíble. Kat, en cambio, se limitó a soltar una carcajada y a decir:

—¡Ja! Buen intento, amigo. Aunque creyese por un solo segundo que eso es remotamente posible, por lo que sé, Avery era amigo de los jugadores de bajo nivel. Mientras que tú, si no recuerdo mal, has tratado de matarnos varias veces. Algo me dice que no se habrían llevado muy bien.

El rostro del Señor A se contrajo de furia y volvió a sacar el arma.

—¡Muy bien! ¡No me crean! ¡Pero dejen que les cuente lo sucedido! Fue justo después de que conociese a los gusanos de los que acaba de hablarles ese libro, con los que Adam quería reclutar un ejército para luchar contra el rey. Cuando les contó su plan, lo tomaron por un loco peligroso y lo golpearon hasta la muerte con sus herramientas de piedra. ¡Así, tal cual, Adam711 desapareció del servidor, como lo había hecho Avery007!

»Y por eso, ahora dedico todos mis esfuerzos a acabar con toda la chusma de bajo nivel de este servidor: los mismos a los que mi amigo intentaba ayudar y le dieron la espalda cuando más los necesitaba. ¡Los mismos que son el azote de Minecraft!

Las últimas palabras las dijo a gritos, con la vena de la cabeza hinchada.

—¡Y ahora —añadió con un grito furibundo— van a morir ustedes!

Y se abalanzó sobre Charlie, espada en alto.

Los cuatro guerreros atacaron a la vez. El Señor A lanzó una estocada dirigida al corazón de Charlie. Este golpeó con el pico en dirección a la cabeza del Señor A. Stan intentó alcanzarlo en el estómago con la pala. Kat disparó una flecha contra una pequeña mella que tenía la armadura en el peto. La flecha no alcanzó su objetivo, pero desvió la espada hacia un lado e hizo que golpeara el peto de hierro de Stan, que se partió en mil pedazos. El pico falló y se clavó en la pared y la pala salió volando hacia arriba y le arrancó el casco al Señor A.

Stan y Charlie corrieron a recuperar sus armas. Stan vio que el golpe en la cabeza había dejado aturdido al Señor A, mientras que él, a causa del golpe recibido, se sentía como si fuese a vomitar. Aun así, recogió la pala y se abalanzó sobre el Señor A, pero paró en seco al ver que su enemigo era el blanco de un bombardeo de flechas de Kat. El inagotable suministro de proyectiles que disparaba su arco a la velocidad del rayo, aunque no lograba perforar la armadura de diamante del Señor A, estaba empujándolo contra la pared.

—¡Chicos! ¡Creo que tenemos un problema! —oyó gritar a Charlie.

Al volverse, vio que su pico de diamante había oprimido un botón que había junto a una estantería. Al momento se oyó un ruido atronador procedente de arriba. Segundos después se hundió el techo y empezaron a caer bloques de arena, que sepultaron el subterráneo entero en un vórtice de oscuridad y tierra áspera y granulosa.

Stan se encontró sepultado. Era incapaz de orientarse y no podía respirar dentro de los toscos bloques. Al cabo de unos instantes se dio cuenta de que aún tenía la pala en la mano. Tras salir del estado de aturdimiento en el que se encontraba, volvió a orientarse. Empezó a cavar hacia arriba con todas sus fuerzas y cuando ya pensaba que no iba a poder aguantar la respiración un segundo más, logró abrirse paso hasta el aire libre.

La tarde había caído y Stan, con una gratitud que jamás
habría creído posible, contemplaba las nubes geomé-
tricas frente al cielo azul. Aspiró el aire fresco a grandes bocanadas, sorprendido de seguir con vida después de
todo lo que les había pasado bajo tierra durante el último
día.

Entonces se acordó de sus amigos. No los veía por ninguna parte. Estaba a punto de sucumbir al pánico cuando
oyó un ladrido detrás de sí. Se volvió y vio que *Rex* corretea-
ba por la arena, a poca distancia. Se quedó asombrado.
¿Cómo había logrado salir el perro? Entonces recordó que
el animal poseía la capacidad de teletransportarse allí donde
estuviera Kat. Así que si estaba bajo tierra, quería decir
que...

Y en efecto, en ese mismo momento oyó que un puño
se abría paso a través de la arena y vio que Kat, respirando
entrecortadamente, asomaba la cabeza. La jugadora miró a
Stan.

—¡No quiero oír que vuelves a quejarte de esa pala! —resolló mientras, a cuatro patas, trataba de recobrar el aliento—. ¡Es mucho mejor para cavar que este maldito trasto!

Levantó el pico de piedra.

Stan se disponía a responder cuando apareció *Limón* frente a él, seguido a los pocos segundos por el pico de diamante de Charlie, en el suelo.

Sin embargo, a diferencia de Kat, Charlie no respiraba con dificultad.

—Buen trabajo, Charlie —le espetó Kat—. Sinceramente, de todos los sitios que podías haber golpeado, ¿tenías que darle justamente al botón de autodestrucción?

—Yo también me alegro de verte —suspiró Charlie mientras se quitaba el exceso de arena de la ropa—. Y deberías darme las gracias. Para empezar, porque seguramente haya dejado al Señor A atrapado ahí abajo. No creo que pueda salir de esta con vida. El golpe de Stan con la pala ya lo había dañado. ¡Y además, he conseguido esto!

Sacó un libro del inventario. Se titulaba *El Inframundo y el Fin: Cómo llegar.*

Kat se quedó literalmente boquiabierta y Stan preguntó, lleno de asombro:

—¡Charlie! ¿De dónde has sacado eso?

—Oh, lo vi en la estantería, junto al botón, y pensé que podía sernos útil —dijo el otro con tono de suficiencia.

Se levantó.

—Ahora podemos decidir cuál será nuestro próximo paso.

Acordaron encontrar algún sitio donde guarecerse del abrasador sol del desierto para trazar sus planes. Al mirar a su alrededor se dieron cuenta de que se encontraban en una especie de sumidero, que debía de haberse formado al sepultar la arena de la base de Avery. Se acercaron al borde, en una zona que les ofrecía cobijo frente al sol, y se sentaron allí. Charlie abrió el libro por el capítulo titulado "Entrar en el Fin" y empezó a leer en voz alta.

—Antes que nada, para entrar en el Fin se requieren doce ojos de Ender.

Miró a sus amigos

—¿Alguien sabe lo que son?

No lo sabían. Charlie encontró al final del libro un glosario de objetos del Inframundo y el Fin y buscó los ojos de Ender. El dibujo mostraba un orbe de un color entre verde y gris, parecido al ojo de un gato. La receta para fabricarlo incluía una perla de enderman y polvo de blaze. Tampoco sabían lo que era esto, así que Charlie buscó primero la perla de enderman.

—El modo más directo de conseguir una perla de enderman es matar a un enderman —dijo.

—Un momento —dijo Kat—. ¿El enderman no es esa criatura que casi acaba con nosotros esta mañana?

Charlie suspiró.

—Sí, en efecto. Y parece que vamos a tener que matar a doce de ellos para llegar al Fin.

Stan tragó saliva. Recordaba perfectamente el abrumador poder del enderman y no se moría de ganas de enfrentarse a otro de nuevo.

—¿Y el polvo de blaze? —preguntó rápidamente—. ¿Cómo lo conseguimos?

Charlie volvió la página y localizó lo que estaba buscando.

—El polvo de blaze es una sustancia que se fabrica a partir de una vara de blaze. Esta solo puede obtenerse matando a un blaze, una criatura nativa del... Inframundo —dijo Charlie, con un nudo en el estómago.

Después de todo lo que había oído sobre el Inframundo, no tenía demasiadas ganas de visitarlo.

—Así que si queremos llegar al Fin —dijo Stan juntando todas las piezas— ¿tenemos que matar a un puñado de endermen y además ir al Inframundo a buscar a esos blazes?

—¡Sí! —exclamó Kat, agitando en el puño en el aire—. ¡Rumbo al Inframundo!

—Espera —se apresuró a decir Charlie—. No tan rápido. ¿Quién dice que tenemos que ir primero al Inframundo?

—Bueno, ¿quieres luchar de nuevo contra el enderman? —preguntó Kat—. Haya lo que haya en el Inframundo, no puede ser peor que algo capaz de teletransportarse y que intenta matarte en cuanto lo miras.

—Por no mencionar —añadió Stan— que las fuerzas del rey siguen persiguiéndonos y van a peinar todo el mundo real antes de empezar a buscar en otras dimensiones.

Charlie trató de encontrar algún otro argumento contra la idea de ir al Inframundo, pero no fue capaz. A su pesar, estaba de acuerdo con lo que habían dicho sus dos compañeros.

—Muy bien —dijo con resignación—. Pues supongo que nuestro próximo destino es el Inframundo.

Mientras él buscaba en el libro el modo de entrar en esta dimensión, Kat seguía agitando los puños en el aire y dando saltos como un cachorrito hiperactivo. Saltaba a la vista que estaba entusiasmada con la idea de explorarlo. Stan estaba nervioso, pero también se sentía embargado por una euforia creciente. Empezaba a experimentar una intensa curiosidad por lo que pudiera albergar la nueva dimensión.

—Bueno, al parecer, para llegar al Inframundo vamos a tener que construir un portal —dijo Charlie, citando el libro—. Debe tener cinco bloques de altura, cuatro de anchura y estar hueco en el centro, además de estar hecho de obsidiana. Por lo que sé, la obsidiana se crea al juntar agua corriente y lava. Es casi indestructible y solo se puede extraer con un pico de diamante.

—Pasamos por un lago entero de lava de camino aquí, ¿recuerdan? —dijo Stan.

—¡Ah, sí, lo recuerdo! —asintió Kat.

—Bueno, pues lava ya tenemos —dijo Charlie—. Pero ¿cómo llevamos agua hasta allí?

—¿Es que eres tonto, Charlie? —dijo Kat con una carcajada—. ¡Encontré un cubo de agua en la mina!

—Ah, sí —dijo Charlie, un poco avergonzado.

—¡Muy bien! —dijo Stan, dando una palmada—. ¡Vamos a acampar esta noche aquí y mañana partiremos hacia el lago de lava para construir un portal al Inframundo!

Y es justamente lo que hicieron. Kat se acercó a un estanque rodeado de hierba que había en un oasis cercano y llenó su cubo de agua, mientras Charlie y Stan usaban la arena y la tierra de los inventarios de los tres para levantar una nada llamativa casita de arena junto a la pared. Rápidamente fabricaron una mesa de fabricación, un horno y tres camas con la lana de los hilos de las arañas de cueva.

También hicieron los preparativos de su inminente viaje. Charlie fabricó unas antorchas con el carbón y la madera que había encontrado mientras extraía minerales y usó el carbón restante para fundir la mena de hierro en el horno. Luego, con los lingotes de hierro resultantes, fabricó un peto de hierro para Stan y otro para sí mismo. Kat aún tenía un gorro y una armadura de cuero.

Después de fabricar los petos aún les quedaban tres lingotes de hierro. Stan quería un hacha nueva, pero Charlie le dijo que necesitaba uno de ellos para combinarlo con el pedernal que había encontrado bajo tierra. Había leído en el libro que el modo de activar el portal al Inframundo era encender fuego en su interior y para ello necesitaba un mechero. Una vez que lo tuvo, usaron los dos últimos lingotes de hierro para hacerle una espada de hierro a Kat.

Aún les quedaba algo de cuerda y de madera. Charlie los usó para fabricar un arco nuevo, que dio a Stan junto con veinte flechas que había conseguido al acabar con los esqueletos de la mina. En el cofre quedaron todos los objetos que el grupo no se llevaría al Inframundo: algo de tierra, un montón de roca, el libro, todas las cosas que habían encontrado en el pozo menos el cubo y el cofre de Ender. Una vez con todos los objetos indispensables en su poder y el resto guardado en el cofre, los tres jugadores, el gato y el perro pudieron al fin irse satisfechos a la cama.

Mientras la colcha de lana de la cama se adaptaba al contorno de su cuerpo, Stan pensó por primera vez en el griefer al que seguramente hubiera matado bajo el desierto. Era una sensación increíblemente conflictiva. Aunque se alegraba de haberse quitado a un peligroso enemigo de encima y sabía que no se podía salir ileso de todas las luchas, se sentía retorcer de culpa por dentro al recordar la agonía que había sentido al verse sepultado por la arena. Asfixiarse en aquella sala subterránea habría sido una manera horripilante de morir. Aun asumiendo que la historia del Señor A sobre Avery007 fuese una completa falsedad, seguía creyendo que tenía algún motivo para odiar a los jugadores de bajo nivel. Y ahora que había muerto nunca sabría cuál era.

Pero por intensa que fuese su culpa, estaba demasiado cansado por todo lo que habían pasado como para pensar mucho tiempo en ella. Al poco tiempo había sucumbido al sueño.

Stan se sentía como si llevara una eternidad sin dormir una noche a pierna suelta, pero esta vez lo hizo y por la mañana, al despertar por culpa del cacareo de una gallina, se sentía descansado y listo para enfrentarse a lo que quisiera depararle el Inframundo.

Partieron sin perder tiempo. Se colgaron del cinturón las pociones que les quedaban, junto con las armas y las flechas. Stan y Kat se cargaron los arcos al hombro. Kat y Charlie ordenaron a sus mascotas que se ocultasen, pues Charlie había leído que *Rex* y *Limón* no podrían entrar en el Inframundo.

Antes de que el reloj marcara siquiera el final del día, el trío estaba volviendo al lago de lava. De camino allí se cruzaron con algunas criaturas cubiertas de llamas, pero estaban demasiado ocupados para pararse a recoger los materiales. Llegaron a la lava antes de que el sol hubiera ascendido mucho en el cielo.

Stan estaba asombrado. Al pasar, la superficie de lava fundida les había parecido un lago, pero ahora podía ver que se extendía kilómetros y kilómetros, formando lo que solo se podía definir como un mar de lava. Kat estaba igualmente maravillada. Charlie, por su parte, sin perder un minuto, dejó el agua del cubo junto a la orilla de la lava. Al principio, Stan se sorprendió al comprobar que el agua del cubo permanecía confinada en un bloque. ¿No se suponía que fluía? Sin embargo, al cabo de un momento, el agua empezó a fluir y a transformar una parte en bloques de negra obsidiana. Haciendo caso omiso de la mena de carbón y la piedra que rodeaba el lago, Charlie volvió a recoger el bloque de agua con el cubo. Y una vez que el bloque inicial hubo desaparecido, el agua no tardó en hacerlo. Sin perder tiempo, el jugador empezó a extraer la obsidiana con el pico de diamante.

Fue un trabajo muy duro. El sol seguía ascendiendo y el calor de la lava no facilitaba la tarea de picar la roca negra, que parecía resistirse a todos sus esfuerzos. Finalmente, al cabo de diez minutos, el bloque de obsidiana se partió y

Charlie lo recogió antes de que pudiera caerse a la lava. Feliz de tener su primer bloque de obsidiana, apretó los dientes y se puso manos a la obra con el segundo.

Mientras tanto, Kat y Stan estaban a su espalda, con los arcos en alto, listos para disparar a cualquier enemigo que se acercase. Era muy aburrido, pero tanto Stan como Kat mantuvieron en la cabeza la idea de que era el único modo de entrar en el Inframundo.

Charlie estaba recogiendo el nuevo bloque de obsidiana cuando, sin previo aviso, el suelo estalló delante de Stan. La fuerza de la detonación empujó hacia atrás al jugador, que resbaló a lo largo de la superficie de obsidiana creada por Charlie hasta el borde del mar de lava.

Kat apuntó con el arco hacia la nube de polvo que se había levantado y se dispuso a atacar a la primera criatura que apareciese, pero en ese momento una figura salió como un cohete del agujero del suelo. Antes de que Kat pudiera reaccionar, la figura lanzó una serie de cargas de fuego al suelo, que además de producir más humo, provocaron un incendio. Kat trató de ver a través del humo para saber quién los atacaba, pero entonces una flecha salió del humo en dirección a ella.

El proyectil era demasiado rápido para esquivarlo, pero Kat logró agachar la cabeza en el último momento y la flecha pasó rozando el gorro. La armadura resultó dañada, pero la jugadora quedó ilesa. Disparó una flecha en dirección al humo y, cuando estaba preparando una segunda, apareció otra figura. Era la primera cuyas facciones se veían con claridad. Tenía el cabello rubio cortado al ras y llevaba unos pantalones de camuflaje y una camiseta de tirantes negra, además de un parche sobre el ojo. Empuñaba una espada de diamante y se abalanzó en línea recta hacia Kat.

Stan, que se había levantado, interrumpió su ataque golpeándolo en los pies. Mientras el jugador caía, Stan se volvió hacia Charlie, que se disponía a acudir en su auxilio, y le gritó:

—¡Nosotros nos encargamos, Charlie! ¡Termina el portal para que podamos salir de aquí!

Al mismo tiempo, se percató de que había algo a su derecha y al volverse sus ojos se cruzaron con los de Kat.

—¡Stan, ten! ¡Necesitas esto más que yo! —gritó su amiga a la vez que esquivaba una flecha y le lanzaba la espada.

—¡Gracias! —gritó él y agarró la espada mientras el chico del parche negro volvía a ponerse en pie.

Disparó el arco un par de veces, pero el jugador desvió sus flechas con facilidad y Stan, al ver que era perder el tiempo, lo atacó con la espada

Kat, mientras tanto, podía ver al fin al jugador con el que estaba entablando un duelo a flechazos. Era de tez oscura y cabello negro, y llevaba una túnica de cuerpo por encima de una armadura de samurái. El arco que usaba brillaba como el de ella, lo que quería decir que estaba encantado, pero algo le decía que el encantamiento de un arco de alguien que los había atacado sin provocación alguna sería más peligroso que el suyo de infinitud.

Charlie vio que Stan perdía la espada en la batalla con el señor camiseta de tirantes y de que la túnica de Kat comenzaba a parecer un alfiletero en su batalla con el samurái.

Tenía que darse prisa en terminar el portal. Colocó apresuradamente los tres últimos bloques de obsidiana en lo alto del obelisco negro y entonces bajó de un salto y sacó mechero de pedernal. Se disponía a encender el portal cuando una figura surgió del suelo, a su lado. Se revolvió, pico en mano, listo para combatir.

El jugador llevaba una armadura de hierro completa que también resplandecía. Es decir, encantada. La coleta negra que se extendía hasta su cintura indicaba que era una chica. No atacó a Charlie. Ni siquiera reparó en su presencia. En su lugar, sacó algo de su inventario: un puñado de polvo de redstone y una antorcha que despedía descargas eléctricas de color rojizo. Charlie, sorprendido, vio que dejaba un reguero de polvo en el suelo y luego lo tocaba con el extremo de su antorcha. Al instante, el polvillo se iluminó y empezó a echar chispas rojas.

—¡Contacto en cinco segundos! —gritó la jugadora mientras sacaba la espalda de hierro y adoptaba una postura defensiva.

Kat, que se había inclinado para recoger su espada de hierro, se detuvo preguntándose qué querría decir. Stan parecía igualmente confuso, pero el efecto sobre los otros tres fue inmediato. Tanto el chico del parche como el samurái sacaron una pala y la usaron para cavar sendos agujeros. Horrorizado, Charlie comprendió lo que iba a pasar. Se agachó detrás de uno de los pilares de obsidiana del portal y gritó.

—¡Al suelo! ¡Que va a...!

Una terrible explosión lo interrumpió en seco.

Stan salió despedido veinte bloques mientras la arena, debajo de él, se transformaba en un remolino de tierra y roca. Sintió que se mareaba y entonces se dio cuenta de que estaba dando vueltas.

Al aterrizar, todavía aturdido, contempló la nube de polvo que se levantaba donde antes estaba el campo de batalla. Confundido y paralizado por el miedo y las heridas, no pudo hacer otra cosa que sacar una de sus pociones de curación y bebérsela. El brebaje hizo efecto al instante. Volvió a sentirse alerta y en plena forma y sus pensamientos se centraron de nuevo en la seguridad de sus compañeros.

Entonces lo vio. Volando por el aire, con una estela de humo dejado por su armadura de cuero, con la espada de hierro milagrosamente aún en la mano, el cuerpo de su valiente amiga, impulsado por la tremebunda fuerza de la explosión, atravesó el cielo como un grácil papalote y se hundió en las ardientes profundidades del mar de lava.

La visión se le puso blanca. Dejó de oír. Dejó de sentir el arco en la mano. Fue como si todos sus sentidos se apagaran de pronto mientras intentaba asimilar esta realidad imposible. Su cuerpo parecía negarse a aceptar lo que sabía que era un hecho. Porque Kat no podía estar muerta, tenía que haber algún modo de evitarlo...

Los pensamientos de Stan se negaban a actuar, así que sus instintos se hicieron con las riendas. Agarró la pala de hierro del suelo y corrió hacia el arquero samurái, que apuntaba a la cabeza de Charlie con el arco. Charlie estaba pálido y boquiabierto, y miraba con ojos muy abiertos el sitio en el que Kat se había hundido en la roca fundida, sin darse cuenta de que su propia destrucción era inminente. Pero Stan levantó la pala y golpeó con ella al arquero en la cabeza antes de que pudiese disparar.

El arquero se desplomó, con la cabeza doblada en un ángulo imposible. Stan no podía saber si estaba muerto, pero si no lo estaba, como mínimo había quedado inconsciente. Al mismo tiempo que reparaba en que el grito de furia que oía era suyo, se revolvió hacia los otros dos. Vio que el jugador del pelo corto corría hacia él, con la espada de diamante en alto, seguida de cerca por la chica. Los dos estaban fuera de sí, con las venas hinchadas, listos para vengar a su caído camarada. Pero la furia por la muerte de Kat había multiplicado la capacidad de lucha de Stan, incluso con una simple pala. La rabia lo desbordaba como el contenido de una olla hirviendo, y estaba convencido de que podía fácilmente con los dos asesinos. Se disponía a dispararles una flecha cuando algo tras él llamó su atención.

Una perturbación recorrió la superficie del mar de lava. Una onda, o más bien un burbujeo, había aparecido junto a la costa. Lo que sucedió entonces fue tan increíble que, de no haber estado allí, Stan nunca lo hubiera creído, por muchos testigos que se lo hubieran relatado.

De la lava salió despedida una jugadora, rodeada por un aura resplandeciente y una espada al rojo vivo, como si el hierro hubiera absorbido el calor. Kat aterrizó sobre la arena y, sin perder un instante, le clavó la espada en la espalda a la chica de la armadura de hierro. El calor de la espada fundió el hierro y el arma penetró con facilidad, y atravesó el peto y a la chica de un lado a otro.

La expresión de rabia de su rostro se transformó en sorpresa al sentir el golpe. Kat, que parecía la encarnación de un demonio, levantó a la chica por encima de su cabeza con fuerza sobrehumana y la lanzó utilizando su espada como si fuese una catapulta. El cuerpo embutido en hierro candente atravesó el aire y cayó en la lava, cerca de la costa.

Stan no se permitió ni un instante de duda para pensar por qué no se había quemado su amiga o para alegrarse. Lo único que sabía era que su último enemigo, el del pelo rapado, estaba a punto de caer sobre él y parecía lívido de rabia por lo sucedido a sus dos compañeros. Corrió hacia el marco de obsidiana, donde aún seguía Charlie, estupefacto.

—¡Enciende el portal! —gritó Stan, mientras Kat corría justo detrás de él, desviando con la espada las flechas del otro jugador.

Charlie sacó el mechero y golpeó el lingote de hierro contra el pedernal. La colisión hizo saltar unas chispas, que cayeron sobre la base de obsidiana y se volvieron moradas mientras ascendían. Al llegar al centro del portal crecieron y crecieron hasta que el interior entero quedó teñido de morado. El portal al Inframundo estaba abierto.

Charlie saltó sobre el resplandor y desapareció, haciendo volar chispas a través del portal. Stan se olvidó de todas las dudas que había albergado sobre la entrada en la nueva dimensión y se abalanzó sobre la barrera morada. De repente volvió a sentirse como si estuviera enterrado en la arena, sobre la base de Avery, aprisionado por todos los lados. La espantosa sensación duró unos tres segundos, y entonces cayó rodando sobre una superficie que parecía tierra pulverizada. E inhaló para llenar los pulmones, que se le habían quedado vacíos a causa de la presión, de un aire cálido y seco.

Al otro lado del portal, Geno estaba sacando el cuerpo de Becca de la lava. Extrajo dos pociones ilegales de su inventario y las vació en su boca. Las llamas que estaban devorando su armadura y su piel remitieron al instante y la jugadora tosió débilmente. Aliviado, Geno se volvió e hizo lo mismo con una tercera poción en la boca de Leonidas. Con un leve chasquido, la cabeza de este volvió a su posición natural.

Geno levantó la mirada hacia el portal. Al otro lado, los tres jugadores estaban golpeando el bloque inferior del portal de obsidiana. Al comprender lo que querían hacer, se abalanzó desesperadamente sobre él, tratando de alcanzarlo antes de que se cerrara. Pero cuando estaba a punto de cruzarlo hubo un crujido y el marco de obsidiana dejó de existir. Con un destello morado, la entrada al Inframundo desapareció.

Geno patinó hasta frenar antes de que la inercia pudiera llevarlo a través del marco de obsidiana y al mar de lava. Maldijo de rabia y miró a sus compañeros. Leonidas estaba sentado, tocándose el cuello. Geno sabía que se pondría bien. Becca, por otro lado, seguía tendida en el suelo, respirando entrecortadamente. Estaba preocupado por ella, pero sabía que había al menos un médico en la legión del rey que aguardaba las instrucciones de RAT1.

Todo saldría bien, decidió mientras Leonidas, lentamente, volvía a ponerse en pie. Se juró que, con la ayuda de sus camaradas, se encargarían de que Stan y sus amigos, perdidos ahora en el Inframundo, no volvieran con vida al mundo real.

S tan tenía los nudillos doloridos de tanto golpear la obsidiana. Pero no pensaba en el dolor. Su cerebro entero estaba procesando dos emociones simultáneamente. Por un lado, sentía asombro y alivio por haber logrado escapar de aquellos matones en el mundo real.

Pero también estaba asombrado y maravillado por Kat, que aún despedía un intenso color rojizo por la lava fundida. Entonces, al acercarse, se dio cuenta de que el brillo no procedía del calor residual de la lava. Kat parecía rodeada de la cabeza a los pies de un aura roja. Estaba sentada en el suelo, junto a Charlie, con la respiración entrecortada pero, por lo demás, completamente ilesa.

—Bueno, dime, Kat —dijo Stan. Era la primera vez que hablaban desde su llegada al Inframundo—. ¿Cómo has logrado sobrevivir a la lava?

Kat lo miró. Levantó una botella vacía.

—Una poción de resistencia al fuego —replicó ella mientras arrojaba la botella a un lado—. Y otra para las quemaduras.

Tiró al suelo una segunda, que se hizo añicos junto a la otra sobre una roca cubierta de puntos rojos y negros. La visión de estos extraños bloques impulsó a Stan a mirar en derredor.

Más allá de los once bloques de obsidiana que le restaban al portal roto, se veían las paredes de la caverna en la que habían aparecido. Toda ella estaba hecha de la misma roca moteada de negro y rojo. Stan dedujo que sería un bloque muy común en la nueva dimensión. La caverna era muy amplia y tenía luz en un lado. El aire estaba seco y caliente. Stan supuso que no habría agua.

Charlie miró de reojo el portal roto. El bloque de obsidiana que habían tenido que romper estaba partido en tres. Era imposible reparar el portal con lo que les quedaba.

—Si queremos arreglar el portal, vamos a tener que encontrar más obsidiana —dijo con un suspiro, mientras arrojaba los trozos de obsidiana inútiles a un lado—. Y será mejor que no lo hagamos aún. Apuesto a que quienquiera que nos atacara está con el rey. Y seguro que es cuestión de tiempo que entren en esta dimensión y encuentren nuestro rastro. Hay que encontrar esas varas de blaze lo antes posible. Y una vez que las tengamos, cuando averigüemos cómo reparar el portal no debemos hacerlo hasta el último momento, para que no puedan seguirnos.

Kat y Charlie asintieron y Stan sugirió que salieran de la cueva. Recogieron sus cosas y dejaron el portal roto tras de sí. Caminaron hasta la boca de la cueva y al llegar, los tres se quedaron boquiabiertos.

El mundo entero parecía una cueva colosal, hecha enteramente de piedra moteada de rojo y negro. El fondo de la cueva estaba cubierto por un mar de lava, al lado del cual el que habían dejado en el mundo real parecía minúsculo. Había unas cuantas islas de piedra oscura en medio de la lava. El techo, situado a gran altura, tenía unas estalactitas de cristal brillante y se veían varias cascadas gigantescas de lava que fluían de agujeros en el cielo y caían sobre la cuenca fundida. La imagen poseía una belleza ardiente, pero al mismo tiempo era aterradora. Los tres jugadores empezaron al mismo tiempo a imaginarse los ignotos peligros que contendría aquella quemada tierra.

Sin embargo, su primera visión del Inframundo quedó oculta enseguida. Unos diez segundos después de haber empezado a contemplar el paisaje, una forma blanca gigantesca ascendió frente a ellos. Stan retrocedió estupefacto. La criatura parecía una especie de medusa voladora. Su cuerpo era cúbico y de su parte baja colgaba una masa de tentáculos. Tenía los ojos cerrados, y también la boca. Stan estaba asombrado. Era, con mucha diferencia, la criatura más grande que hubiera visto hasta entonces en Minecraft.

De repente, el monstruo abrió la boca y los ojos y profirió un chillido. Era un sonido agudo, similar al llanto de un bebé, más agudo aún que el del enderman, que contrastaba de manera extraña con la llameante bola de fuego que salió expelida de su boca.

—¡Abajo! —gritó Kat mientras se dejaba caer al suelo.

Charlie y Stan imitaron su ejemplo sin que tuviera que repetírselo. Los ojos de Stan siguieron la trayectoria de la bola de fuego hasta el fondo de la caverna, donde estalló. Fue una explosión distinta a la de la dinamita o los creepers. La detonación de un creeper era más fuerte, pero esta emitió una onda calorífica que le chamuscó a Stan las cejas desde lejos. Los bloques que no habían sido destruidos empezaron a arder.

Otra bola de fuego voló hacia ellos y los jugadores se arrojaron a un lado justo a tiempo de evitarla, pero el suelo donde habían estado hasta entonces reventó en mil pedazos. Stan se volvió hacia el agujero que había aparecido en el suelo y vio que se encontraban sobre un saliente. Un paso en falso y caerían sobre la lava.

Sacó el arco y las flechas e intentó destruir la siguiente bola de fuego en el aire. Falló, pero su flecha alcanzó al monstruo volador en la frente. Los ojos de la criatura se abrieron de par en par mientras profería un aullido animal de dolor. La criatura ascendió en el aire y escupió tres bolas de fuego más, que impactaron en el techo de la caverna. Este reventó por completo y los dejó a merced de una auténtica lluvia de bolas de fuego de la malvada criatura.

—¡Tenemos que separarnos! —gritó Charlie mientras rodaba hacia un lado para esquivar una nueva bola de fuego—. ¡No puede dispararnos a todos a la vez!

—¡Pero no tenemos adonde ir! —gritó Kat desesperadamente.

Y era cierto. A un lado tenían una pared de roca y las bolas de fuego habían destrozado el saliente, salvo en la zona donde se encontraban los tres jugadores. La medusa abrió la boca y la bola de fuego que los lanzaría al mar de fuego salió despedida hacia ellos. Stan levantó la pala delante de su cara y se preparó para morir en una explosión.

Pero justo antes de que la bola de fuego los alcanzara, una figura salió de la pared, detrás de Stan, y se interpuso en su trayectoria. Era un jugador de piel aceitunada y pelo rubio, vestido con un overol de color escarlata. Llevaba una espada de diamante en la mano, que esgrimió velozmente delante de su cara hasta golpear la bola de fuego. El proyectil cambió de curso y volvió en línea recta hacia el monstruo que lo había disparado. La bola de fuego le estalló en la cara y la criatura retrocedió gritando.

—¡Pónganse detrás de mí! —gritó el jugador mientras el monstruo, una vez recuperado, les arrojaba otra bola de fuego.

Stan, Kat y Charlie hicieron lo que les decía y el jugador desvió el nuevo ataque, pero esta vez la bola no alcanzó al monstruo sino que se perdió en las profundidades de la caverna. Entonces, otro jugador atravesó el agujero de la pared.

Vestía igual que el primero, pero tenía el pelo rojo, la piel pálida y una caña de pescar en la mano. Ante la mirada estupefacta de Stan, echó la caña hacia atrás y lanzó el corcho hacia la medusa. El anzuelo se introdujo en la cabeza del monstruo, que volvió a chillar de dolor. Trató de huir volando, pero el jugador pelirrojo, con movimientos diestros, fue recogiendo hilo para atraerlo. Y todo ello mientras el monstruo seguía disparando bolas de fuego y el espada-chín las desviaba.

—¡Bien lanzado, Bill! —gritó este al mismo tiempo que mandaba otra bola de fuego a un lado.

—¡Gracias, Ben! —respondió el pelirrojo, jalando la caña para que el monstruo no escapara—. ¡El ghast está en posición óptima! ¡Estamos listos, Bob!

En ese instante un tercer jugador con el mismo atuendo, pero pálido y rubio, salió de la pared. Llevaba un arco bri-llante, que usó para disparar una flecha contra el monstruo en mitad de salto. Al tocar el suelo, se volvió hacia Stan, Kat y Charlie.

—¡Si alguno de ustedes es arquero, este es el momento! ¡Apunten a los ojos! —exclamó, sonriendo como un loco.

Al principio, la sonrisa del arquero rubio inquietó un poco a Stan, pero entonces se dio cuenta de que tanto el jugador de la caña, Bill, como el espadachín, Ben, tenían la misma. No solo estaban luchando contra aquel... ghast, lo había llamado uno de ellos. ¡Es que lo estaban disfrutando enormemente!

Stan y Kat sacaron los arcos y empezaron a disparar también. El ghast tenía los ojos cosidos a flechazos y sus bolas de fuego empezaban a volar siguiendo patrones errá-ticos. Una de ellas se dirigió hacia Kat, pero la jugadora sacó la espada y la desvió, como había visto hacer a Ben.

—¡Bueno, ustedes tres, déjenlo! —gritó Bill mientras jalaba con fuerza la caña.

Bob bajó el arco y se pegó a la pared, pero Kat y Stan miraron a Bill, confundidos.

—¡Pero si sigue vivo! —exclamó Stan.

—Sí, ¿por qué vamos a dejarlo? —preguntó Kat.

—¡Porque a Ben le encanta esta parte! —bramó Bill riéndose como un maniaco, mientras jalaba con todo su peso la caña.

El malherido ghast se vio lanzado hacia el saliente con una sacudida, hasta quedar muy cerca de ellos. Stan se encogió al sentir el calor de una nueva bola de fuego, lanzada por la desesperada criatura.

Con un centelleo en los ojos, Ben desvió la bola antes de echar a correr hacia el ghast, que se encontraba casi a la altura del saliente. Dio un gigantesco salto hacia él, con la espada en la mano derecha, y se la hundió en la frente. La criatura emitió un chillido de angustia mientras Ben, agarrado a su cabeza con la mano izquierda, la golpeaba repetidamente con la espada. El enorme monstruo dejó de lanzarles bolas de fuego, mientras su cuerpo caía a pedazos.

Entonces, Ben se apartó de su cara de un salto, llevando un objeto blanco en la mano. Su espada descendió describiendo una espiral hasta aterrizar sobre el saliente. El jugador cayó a su lado y se guardó el objeto blanco en el bolsillo. Sus compañeros se acercaron y contemplaron con satisfacción cómo caía en la lava el cuerpo destrozado del ghast. Bob se volvió.

—Y así, damas y caballeros, es como la gente que sabe caza a un ghast.

Y con esto, los tres luchadores chocaron las palmas en el aire mientras gritaban al unísono:

—¡Sí!

—Bueno, ha sido impresionante —señaló Kat, aún sudorosa por la batalla contra el ghast.

—Bueno, tenemos mucha práctica —dijo Bob mientras se colgaba el arco del hombro—. Tienen que ser más cuidadosos, chicos. Luchar contra un ghast puede ser muy desagradable si uno no sabe lo que se hace. En este sitio es muy fácil acabar convertido en mil pedazos.

—Pues ustedes parecen tener mucha experiencia aquí —dijo Charlie—. ¿Cuántas veces han estado en el Inframundo?

—¿Estás de broma? ¡Vivimos aquí! —dijo Bill con una carcajada—. Y no es una exageración. Vivimos aquí desde que esa alimaña traicionera del rey Kev nos desterró.

—Y por cierto —añadió Ben al ver que Stan abría la boca con sorpresa—, nos da igual lo que piensen sobre el rey. Si tienen algún problema con nuestra opinión, será un placer dirimir nuestras diferencias a golpes.

Bill y Bob asintieron.

—Oh, pueden creerme —dijo Kat con una sonrisa—, yo habría usado un término mucho más insultante para describir al rey.

—Sí —dijo Charlie—. Estoy de acuerdo y seguro que Stan también. A fin de cuentas, fue él quien intentó asesinar a esa rata del rey.

—Espera, ¿qué? —Bob lo miró como si no diera crédito a lo que había oído—. ¿Has tratado de asesinar al rey? ¡Caray, tienes agallas, novato!

—¿Y cómo es que siguen vivos? —preguntó Bill, asombrado.

—¿Han venido al Inframundo a esconderse de las fuerzas del rey? Porque en el mundo real sería imposible que siguieran vivos —comentó Ben.

Stan levantó la mirada.

—No. De hecho, estamos intentando derrocar...

Pero Kat lo interrumpió dándole un puñetazo en el brazo.

—¡Calla, idiota! —siseó—. No se lo cuen...

—¿Quieren derrocar al rey? —dijo Bob en voz baja y lleno de asombro.

Hubo un momento de silencio. La expresión de Kat y Charlie confirmó que las palabras de Stan eran ciertas. Kat se tapó la cara con la mano, convencida de que los tres jugadores iban a revelarle que en realidad eran agentes del rey. Pero entonces...

—¡Estuvo increíble! —exclamó Bill—. ¡Ya iba siendo hora de que alguien hiciera frente a ese montón de caca de cerdo!

—Si no nos hubieran exiliado a esta dimensión, sin forma de salir de aquí —dijo Ben—, lo habríamos intentado antes o después.

—Un momento... ¿Tienen un portal para salir de aquí? —preguntó Bob.

Los otros se volvieron también hacia ellos.

—¡Sí! Sería genial poder salir al fin de esta horrible dimensión. Llevamos aquí quién sabe cuánto...

—Ya... Puede que el Boticario siga con vi...

—Esperen, ¿conocen al Boticario? —dijo Stan—. ¡Nos conocimos en la jungla! Va a ayudarnos a organizar una revuelta con la gente de la aldea Adoriana. ¿Qué relación tienen con él?

—Trabajábamos con él en el Consejo de Operadores de Element City —dijo Ben—. Éramos los directores de exploración antes de que el rey nos acusara de participar en una supuesta rebelión y nos desterrara a este sitio.

—¡Sí! ¡Los mencionó! —dijo Charlie, recordando su larga conversación con el viejo jugador—. Deben de ser Bill33, Bob33 y Ben33.

—Presentes —dijo Bill mientras levantaba y volvía a bajar la caña de pescar—. Aunque en la actualidad nos hacemos llamar los chicos del Inframundo.

—Bueno, qué, ¿tienen un portal para salir de aquí? —preguntó Bob—. Llevamos una eternidad varados en este yermo infernal. ¡Daría lo que fuese por volver a ver un árbol o una cabra!

—Pues... tenemos un portal —dijo Kat—. Pero está roto. Necesitamos un bloque de obsidiana para repararlo. Tenemos los medios necesarios para hacerlo... Yo tengo un cubo de agua y Charlie tiene el pico de diamante. —Charlie lo levantó para confirmarlo—. Pero no podemos irnos hasta haber conseguido unas varas de blaze. Si queremos que la rebelión salga adelante, vamos a necesitar acceso al depósito secreto que tiene el rey en el Fin y para llegar allí nos hacen falta las varas.

—Además —añadió Charlie—, no podemos reparar el portal hasta que estemos listos para partir, porque de lo contrario las fuerzas del rey podrán seguirnos y acabarán con nosotros.

—Bueno, eso tampoco importa, me temo —dijo Bill—. Ahora están en el Inframundo. El agua se evaporaría al salir del cubo, así que es imposible fabricar obsidiana.

Stan sintió que le daba un vuelco el corazón. ¿Cómo iban a salir entonces?

—Aun así, creo que podemos ayudarlos. Resulta que tenemos un bloque de obsidiana en nuestra casa —dijo Ben—. Vamos a hacer un trato. Les damos el bloque para que puedan reparar el portal. Ustedes nos dejan que lo usemos para salir del Inframundo y, a cambio, les ayudamos a conseguir varias varas de blaze.

—Suena bien —dijo Stan, y miró a Charlie y Kat en busca de confirmación.

Ambos asintieron con una sonrisa, y Kat añadió:

—Trato hecho.

—¿Y dónde se supone que vamos a encontrar a esos... blazes? —dijo Charlie.

Según recordaba, las varas de blaze las dejaban caer unas criaturas llamadas así.

—Hablaremos sobre sus varas de blaze cuando estemos en casa —dijo Ben.

Entró en el agujero que habían abierto en la pared y los otros cinco jugadores lo siguieron. Daba a un túnel muy largo y al salir por el otro lado se encontraron a la misma altura que el mar de lava. Echaron a andar por la llanura de piedra de motas rojas y negras, que se llamaba infiedra, según le explicó Bob a Stan. En un extremo había una pequeña loma y antes de que la cruzaran, Bill levantó la mano.

—Alto. Tenemos que comprobar si hay monstruos al

borde de esa loma. Bob, Stan, vayan ustedes. Disparen a cualquier criatura hostil que vean. Luego seguiremos. La casa está al otro lado de esta llanura.

Stan sacó el arco y acompañó a Bob hasta arriba. Bob asomó la cabeza y dirigió la mirada hacia la llanura. Sus ojos se abrieron de par en par.

—¡Pero bueno! Va a ser divertido, ¿eh, Stan? —dijo el arquero rubio.

Stan asomó la cabeza sobre el borde para ver a qué se refería. Al verlo sintió que se le revolvían las tripas.

No era la primera vez que veía a aquellas criaturas. Un día de tormenta, de camino a Element City, habían librado una gran batalla contra una de ellas. ¿De verdad eran iguales a la que había luchado entonces contra sus amigos y él? Pero la carne rosa y putrefacta, el taparrabos marrón y la espada dorada eran inconfundibles...

Aquella criatura había logrado acabar con Charlie, Kat y *Rex*, y si Stan había conseguido derrotarla había sido solo gracias a que había un creeper cargado de electricidad. Y solo era una.

Pero ahora estaba contemplando una llanura, una amplia extensión de tierra llana con lava a ambos lados, por la que merodeaba un grupo entero, formado por unos cincuenta hombrecerdos zombi armados con espadas.

Stan tensó el arco sin pensar. Lo único que sabía era que quería acabar cuanto antes con la gigantesca batalla que se avecinaba y, si era posible, sin usar la espada. Disparó la flecha al mismo tiempo que Bob exclamaba:

—¡Stan, no!

La flecha atravesó la vacía cuenca ocular de un hombrecerdo zombi, que se desplomó. Los demás se volvieron, miraron a su caído camarada y entonces, todos al unísono, dirigieron los ojos hacia Stan. El grupo entero comenzó a avanzar hacia Stan y Bob.

—¡Esas criaturas son neutrales! —gritó Bob mientras abatía a otro de un flechazo—. ¡Si no los atacas ellos no te atacan a ti!

—¿Qué quieres decir? —preguntó Stan mientras sacaba la pala y devolvía de un golpe a la llanura a uno que casi había conseguido alcanzar la cima—. ¡En el mundo real me atacaron!

—¡Pues no sé por qué sería, pero el caso es que ahora tenemos un serio problema entre manos!

Golpeó con el arco a un hombrecerdo, que salió despedido hacia atrás y aterrizó en medio del grupo, en la ladera.

—¡Retrocede, retrocede! —añadió Bob mientras él mismo lo hacía disparando flechas.

Echaron a correr hacia los demás.

—¡Hombrecerdos zombi! —gritó Bob. Y al ver que sus dos compañeros lo miraban, confusos, añadió—: ¡Stan ha disparado a uno de ellos!

Kat y Charlie miraron a Stan con horror.

—¡Son unos cincuenta! —gritó este, acordándose de su pelea en el mundo real—. ¡Prepárense, va a ser una lucha muy larga!

Los primeros hombrecerdos zombis aparecieron en lo alto de la ladera. Stan, Kat, Charlie y Ben corrieron para hacerles frente. Bill y Bob permanecieron atrás y empezaron a combatir con sus respectivas armas.

Fue una batalla encarnizada. Ben estaba acostumbrado a desarmar a los guerreros putrefactos antes de hacerlos pedazos y se le daba de maravilla. Kat, en cambio, tenía muchas más dificultades, porque no estaba familiarizada con aquellas técnicas de lucha. Charlie había adoptado una estrategia única. Usando su pico, había abierto un agujero en la frágil infiedra del suelo, y cuando los hombrecerdos zombi se metían en él tratando de alcanzarlo, acababa con ellos con su pico. Mientras tanto Stan utilizaba la siempre fiable técnica de hacerlos papilla a golpes de pala.

Con mucha diferencia, los que más daño hacían eran

Bill y Bob. Las flechas de Bob abatían un cerdo tras otro y Bill había adoptado una estrategia inusual, consistente en atrapar a un hombrecerdo desde lejos y arrojarlo al mar de lava. No se quemaban, pero perdían todo interés en la lucha y se dedicaban únicamente a nadar en la lava sin un destino concreto.

Tardaron un rato, pero al fin, el aparentemente inagotable suministro de hombrecerdos zombi comenzó a remitir hasta agotarse. Después de que Kat decapitara al último, Bob fue a comprobar que no hubiera moros en la costa. Así era, de modo que siguieron su camino por la llanura hasta llegar a la casa de los chicos del Inframundo, en la base de una empinada colina de infiedra. Estaba totalmente revestida de este material, así que se confundía con el entorno de un modo que impedía encontrarla. El interior estaba totalmente hecho de roca, algo que, al menos para Stan, fue una imagen tranquilizadora. Era la primera vez que veía un bloque familiar desde su llegada a aquel reino de pesadilla.

En el interior había una mesa de creación, un horno y varios cofres. Aparte de eso, la casa estaba totalmente vacía. Stan preguntó por qué tendrían tan pocas cosas con el tiempo que llevaban allí.

—Nos exiliaron aquí, ¿no te acuerdas, chico? —dijo Bill mientras se colgaba la caña de la espalda—. Además, en el Inframundo, si intentas dormir en una cama, explota.

—Ya veo.

Stan ni siquiera se molestó en preguntar por ello. Ya estaba acostumbrado a las innumerables contradicciones con las leyes de la física que ocultaba el maravilloso y peligroso mundo de Minecraft.

—Bueno, para conseguir las varas de blaze —dijo Bob mientras se sentaba en el suelo de roca y apoyaba la espalda en la pared— vamos a necesitar el generador de blazes de la fortaleza del Inframundo.

—Sí, el Boticario mencionó algo sobre esas fortalezas —dijo Kat mientras se entretenía grabando sus iniciales en la pared de roca con la punta de la espada—. ¿Qué son exactamente?

—Son laberintos hechos de ladrillos rojos, increíblemente peligrosos —respondió Ben—. Por suerte, vivimos cerca de la más próxima y, sobre todo, ya la hemos explorado un poco, así que no tardaremos mucho en encontrar el generador de blazes. Pero más vale que estemos preparados. Una vez que entremos en esa sala nos enfrentaremos a un inagotable enjambre de blazes y matar a esas criaturas es una pesadilla.

—¿Y por qué son tan difíciles de matar? —preguntó Charlie.

—Pues para empezar, porque vuelan —dijo Bill—. Y porque tienen la fastidiosa costumbre de lanzarte bolas de fuego. La primera vez que estuvimos en la sala del generador de blazes por poco no lo contamos. Fue muy divertido, pero aquella vez ni siquiera intentamos luchar con ellos.

—Ojo —intervino Bill—, desde entonces hemos acumulado mucha experiencia luchando contra los ghasts y es muy posible que se nos ocurra una buena estrategia para destruir blazes, pero aun así debemos ser cuidadosos.

—La fortaleza del Inframundo está muy cerca de aquí —dijo Ben—. De hecho, decidimos construir aquí nuestra casa por si queríamos seguir explorándola. Y lo hemos hecho algunas veces. Es un laberinto gigantesco y es increíble. Bueno, el caso es que está en lo alto de esta colina.

Salió de la casa y empezó a subir la ladera, seguido por los otros cinco. Era muy empinada, casi una pared de roca, más bien. En un momento dado, otro ghast intentó destruirlos, pero Ben logró destruirlo con sus propias bolas de fuego y siguieron trepando.

—Ay, ¿cómo es que hace este calor en el Inframundo? —dijo Kat, apretando los dientes mientras se secaba el sudor de la frente.

Charlie la seguía de cerca, y Stan venía poco más atrás.

—Bueno... Supongo que... entre las bolas de fuego... y la lava igual... se explica —jadeó Stan, arrastrando la pala tras de sí—. ¿Y tú de qué... te quejas? Llevas... pantalones cortos... ¡y una camiseta!

—Y no... llevas... uno de estos... petos de hierro del demonio... ¡que pesan como un muerto! —añadió Charlie.

Kat bajó los ojos hacia sus pantalones fluorescentes y luego los levantó hacia la liviana túnica que llevaba sobre la camiseta. Se puso colorada y no volvió a decir palabra durante el ascenso.

En lo alto de la pared de infiedra había un monstruo que intentó atacarlo. Era un gran slime magmático de distintas tonalidades rojizas, con unos ojos amarillentos que se abrieron bruscamente al abalanzarse sobre Ben. Este, sin perder la calma un instante, les dijo que era un slime magmático mientras lo cortaba en dos con la espada. Para asombro de Stan, la criatura se transformó entonces en dos slimes magmáticos de menor tamaño. Uno de ellos, aprovechando su sorpresa, se abalanzó sobre él, y lo habría arrojado pared abajo de no ser porque Bill lo agarró de una correa del peto usando la caña. Ben siguió atacando a los slimes magmáticos, y los trozos de estos siguieron volviendo a la vida, pero no eran difíciles de matar y finalmente acabó con todos ellos sin dejar más que una sustancia pastosa y anaranjada en el suelo, que Bob se guardó en el bolsillo para usarla luego.

—Crema de magma—dijo—. Se usa para hacer pociones de resistencia al fuego.

Ahora que el slime magmático estaba muerto y bien muerto, los jugadores pudieron dirigir su atención a la estructura que tenían delante. Estaba totalmente compuesta de ladrillos de color carmesí oscuro y tenía unas escaleras que conducían a un túnel hecho de los mismos ladrillos, con antorchas en las paredes. El túnel se adentraba en el costado de otra pared de infiedra. El edificio no tenía ningún rasgo arquitectónico discernible. De hecho, a Stan le sorprendió la sencillez de su exterior.

—Esas antorchas no estaban ahí cuando llegamos —dijo Ben—. Las dejamos nosotros en nuestra última visita. Si las seguimos, nos llevarán hasta la sala del generador de blazes.

Entraron en el pasillo. Stan descubrió con alivio que estaba un poco más fresco que el exterior. Siguió a los chicos del Inframundo recodo tras recodo, por un camino señalado por la presencia de las antorchas. Poco a poco empezó a tomar consciencia de la magnitud del complejo. Había ventanas en las paredes del pasillo, pero en la mayoría de las ocasiones no se veía al otro lado otra cosa que infiedra. Sin embargo, de vez en cuando comprobaba que estaban suspendidos sobre un mar de lava y un par de veces vio unas majestuosas cascadas de piedra fundida que caían desde el techo del Inframundo. Se dio cuenta de que en aquel lugar podía morir en cualquier momento luchando contra los monstruos que lo poblaban, así que decidió aprovechar el camino para regodearse simplemente con la belleza de los paisajes de Minecraft.

Tras recorrer interminables pasillos y atravesar varias salas con escaleras y pequeños espacios donde se cultivaban unas plantas que Stan supuso serían las verrugas del Inframundo de las que les había hablado el Boticario, finalmente llegaron a un pasillo que no estaba iluminado con antorchas. Al final de este, vio que había un bloque con una jaula negra, en cuyo interior se movía una figura amarilla. Era muy similar al bloque que generaba arañas de cueva que habían encontrado en la mina abandonada. Comprendió que habían llegado al generador de blazes.

—¿Y cuál es nuestra estrategia? —preguntó Charlie ansiosamente.

—Propongo que nos quedemos aquí y matemos a esas cosas antes de que tengan tiempo de atacarnos —dijo Kat mientras desenvainaba la espada.

—No tan deprisa, amiga mía —dijo Bill—. Esos generadores pueden producir hasta tres de esas criaturas a la vez. Por muy divertido que suene lo de lanzarse a la carga y acabar con las varas de blaze que generen, creo que será mejor pensárselo un poquito más. ¿Alguien tiene alguna idea?

Hubo un silencio. Entonces, para gran sorpresa de Stan, Charlie intervino para decir:

—¿Qué tal si me bebo mi poción de resistencia al fuego y atraigo sus ataques mientras Bob, Kat y Stan las abaten a flechazos?

—Buena idea, compañero —dijo Bob—. Pero cuidado. Aunque no puedas arder, los blazes también tienen ataques cuerpo a cuerpo y sus bolas de fuego pueden hacerte algún daño.

Charlie le aseguró que tendría cuidado y se prepararon para ejecutar el plan. Charlie le dio todas sus cosas a Kat, y a continuación, Ben y Bill se ocultaron detrás de Bob, Kat y Stan, que tenían los arcos preparados para disparar.

—Esperen, casi no me quedan flechas —dijo Stan—. ¿Tienes más, Bob?

—Claro —respondió este, antes de entregarle la mitad de las suyas.

Una vez que estuvieron preparados, Charlie se bebió la poción y echó a correr hacia la sala del generador de blazes.

La sala estaba excavada en el costado de una montaña de infiedra y sus paredes estaban hechas totalmente de verjas. En cuanto entró Charlie, la jaula negra despidió unas partículas de fuego y la figura amarilla que contenía empezó a girar rápidamente. Antes de que Charlie pudiera estudiarla con detenimiento, un blaze de tamaño natural apareció sobre el generador. Sin poder evitarlo, Charlie se le quedó mirando. Era la cosa más rara que jamás hubiera visto.

Su cabeza era un cubo amarillo salpicado de manchas anaranjadas, con unos pequeños ojos negros que se clavaron en el jugador. Esta cabeza se encontraba sobre una columna de humo, alrededor de la cual orbitaban una serie de varillas amarillas. La criatura entera estaba cubierta de llamas. Charlie estaba aún intentando asimilar lo extraña que era su apariencia cuando el blaze abrió la boca y escupió tres bolas de fuego

Charlie rodó hacia un lado. Las bolas de fuego se estrellaron contra la pared y desaparecieron en otras tantas grandes bocanadas de llama. La cabeza del blaze rotó sobre sí misma, volvió a centrarse en Charlie, se elevó y disparó otras tres bolas de fuego. Charlie las esquivó otra vez y entonces, antes de que el blaze pudiera atacar de nuevo, tras flechas llegaron volando desde el pasillo y le atravesaron la cabeza. El blaze cayó al suelo y desapareció sin dejar más que un palito anaranjado, que Charlie se apresuró a recoger. Pero apenas acababa de hacerlo cuando aparecieron dos blazes más y le lanzaron otras seis bolas de fuego. Uno de los blazes cayó, alcanzado por tres flechas más, pero no soltó ninguna vara. El otro lo hizo un segundo después y esta vez sí dejó una vara. Pero Charlie estaba demasiado ocupado con los cuatro nuevos blazes que habían aparecido para recogerla.

En el pasillo, los arqueros disparaban tan rápido como podían, pero el generador hacía aparecer enemigos más deprisa de lo que ellos podían despacharlos. Bill estaba sentado con aire solemne, apoyado en la pared. Sabía que su caña de pesca no servía de nada en un espacio tan estrecho. Ben, por su parte, se encontraba detrás de los arqueros, espada en mano. Como los otros chicos del Inframundo, era bastante tranquilo, pero si había algo que detestaba era quedarse fuera de una pelea.

—¡Ya debe de tener varas suficientes! ¡Entremos y destruyamos el generador!

Hizo ademán de avanzar, pero Bill lo detuvo.

—No, Ben, aún no —dijo con voz calmada—. Podrás entrar cuando llegue el momento, pero ahora mismo el único que puede sobrevivir es Charlie.

—¿Y cuándo crees que será eso? —preguntó Ben con exasperación.

En efecto, en la sala del generador, Charlie no atisbaba el final de la pelea. Había ocho blazes en la sala y el generador creaba dos más por cada uno que caía. Ya tenía más varas de blaze de las necesarias para crear las doce unidades de polvo de blaze. El único pensamiento que cabía en su cabeza era que ojalá sus amigos se decidieran a disparar contra el generador antes de que se le pasaran los efectos de la poción. Ya le habían alcanzado varias bolas de fuego.

Entonces, un grito procedente del pasillo lo distrajo un momento. Se volvió para ver qué era y, en ese instante, una ola de fuego lo alcanzó en la nuca y lo hizo caer al suelo. Aturdido, estaba preguntándose si la poción seguiría funcionando cuando la figura embutida en carmesí de Ben irrumpió en la sala y, de un golpe lateral, introdujo la hoja entre los barrotes de la jaula. Con un siseo, el pequeño blaze de su interior dejó de existir. Ben esquivó las bolas de fuego de los demás blazes y, mientras Charlie lo miraba con asombro, acabó con tres de ellos de un solo golpe sin dejar que lo alcanzasen. Un momento después, lo arqueros acabaron con el resto de los blazes y, en ese preciso instante, el aura rojiza que rodeaba el cuerpo de Charlie e indicaba que era invulnerable al fuego se evaporó.

—Ha sido muy divertido —dijo con una sonrisa.

Ben agitó el puño en el aire mientras gritaba, con toda la fuerza de sus pulmones:

—¡Síii!

Los seis jugadores se reunieron en el pasillo y se felicitaron por su espectacular éxito contra el generador de blazes. Al volver, sabiendo que por fin iba a poder escapar de la llameante dimensión, Stan estaba mucho más entusiasmado que a la ida.

Habían llegado al último recodo que precedía a la casa de los chicos del Inframundo y se disponían a doblarlo cuando oyeron unas voces procedentes de allí.

Ben, que iba a la cabeza, levantó hacia ellos su mano rectangular y se asomó. Al instante volvió a retirarse y se dejó caer al suelo con los ojos muy abiertos y la respiración entrecortada.

—¿Qué pasa? —preguntó Kat.

—¿Qué hay ahí? —susurró Charlie.

Stan guardó silencio. Lo suponía. Había visto toda clase de cosas terribles en los dos mundos de Minecraft, pero solo una era capaz de provocar tal terror en el rostro de un fugitivo.

Ben cerró los ojos y arrugó el semblante, y Stan supo lo que se disponía a decir antes incluso de que las palabras salieran de sus labios.

—Son las fuerzas del rey —dijo con gravedad—. Nos han encontrado.

eno miró a su camarada, tendida sobre dos bloques de lana en el suelo de infiedra. Geno sabía de buena fuente que dormir en una cama en el Inframundo era mala idea, así que había decidido que se conformarían con los bloques de lana. Obviamente, Becca habría preferido una cama. Sin embargo, el rey Kev había dejado muy claro a RAT1 que debían atrapar a los asesinos a toda costa y Geno había decidido que la inconsciente Becca tendría que descansar así en la nueva dimensión. Mientras pensaba en ello, Becca empezó a despertar.

—Ay, Dios... —gimió.

Poco a poco empezó a incorporarse, con los brazos alrededor del estómago.

—Qué daño.

Entonces reparó en la presencia de Geno, allí sentado. Miró en derredor y terminó de despertar bruscamente al ver las llamas y los hombres de armadura que, arco en mano, patrullaban a su alrededor.

—Geno, ¿qué... qué pasa aquí? ¿Dónde estamos?

—En el Inframundo —fue la respuesta del jugador—. Espera. Ahora te lo explico todo.

Se sentó junto a ella sobre un solitario bloque de infiedra.

—Bueno, ¿qué es lo último que recuerdas? —preguntó a Becca.

—Ah... —murmuró Becca—. Mierda... Bueno, Stan acababa de golpear a Leo con una pala... Fuimos por él... Y entonces... Nada más. Después de eso. Un dolor tremendo durante un segundo y lo siguiente que recuerdo es que he despertado aquí. ¿Cuánto tiempo he pasado dormida?

—Casi un día —dijo Geno—. Oye, ¿cómo es que te acuerdas de sus nombres? Yo he visto sus fotos tantas veces como tú y sé qué aspecto tienen, pero sigo sin saber cómo se llaman.

—Pues yo sigo sin saber cómo es que no lo sabes. Leo y yo lo hacemos —dijo ella con tono de condescendencia—. Bueno, ¿qué es lo que ha pasado?

—Pues nada, resulta que la chica que había caído en la lava...

—Kat —lo interrumpió Becca al instante.

—Quien sea —continuó Geno—. Resulta que llevaba una poción de resistencia al fuego, así que salió de la lava justo detrás de ti. La muy asquerosa te apuñaló por la espalda y te arrojó de nuevo a la lava. Yo te saqué de allí y luego los curé a Leonidas y a ti, y mientras lo hacía, ellos aprovecharon para escapar por el portal e inutilizarlo.

»Después de eso, saqué la cama de tu inventario y Leo se quedó protegiéndote mientras descansabas. Yo corrí a la jungla y traje a las tropas. El médico los trató a Leo y a ti mientras reparábamos el portal. Mandé un par de exploradores al Inframundo para ver dónde estaban. Al volver nos contaron que acababan de entrar en una fortaleza.

»Conque aquí estamos. Que yo sepa, siguen ahí dentro. Treinta hombres están rodeando la fortaleza, listos para acabar con ellos si intentan escapar. No somos tan idiotas como para entrar a buscarlos allí, así que vamos a probar una... táctica distinta.

Una sonrisa maliciosa afloró a sus labios al decir estas últimas palabras.

—Y... —dijo Becca, con un gesto similar al suyo.

Sabía lo que quería decir.

—Vamos a volar la fortaleza entera —dijo Geno como un niño en vísperas de Navidad—. Ahora mismo, Leo y un equipo están colocando dinamita alrededor de la estructura. Cuando terminen destruiremos la estructura. Si siguen allí dentro morirán. Y si intentan escapar, los tiradores acabarán con ellos.

—¡Excelente! —respondió Becca con una risilla.

Le encantaban las explosiones y de no haber sido por lo mucho que le dolía el estómago habría insistido en subir para participar de la tarea.

—¿Cuándo volverán?

Y como en respuesta a su pregunta, Leonidas se dejó caer desde lo alto de la fortaleza, con una antorcha de redstone en la mano.

—Bueno, se acabó —rezongó—. La fortaleza está cubierta de dinamita. En cuanto quieran puedo volar este sitio.

—¿Por qué has tardado tanto? —preguntó Geno con una sonrisilla cruel.

Leonidas y su equipo habían tardado el doble de lo previsto en plantar todos los explosivos.

—¡Dense prisa o se escaparán!

—¡Eh, al menos yo no estoy aquí sin hacer nada más que esperar a que despierte mi novia! —repuso Leonidas.

—Algo de razón no le falta, Geno —dijo Becca—. Te agradezco que te hayas quedado, pero la próxima vez es mejor que vayas a ayudarlos con los explosivos.

Geno refunfuñó y dio la espalda a sus compañeros. «Sinceramente —pensó—, a veces no sé por qué no los mato.»

La figura embutida en hierro terminó de colocar la última mecha de redstone en el suelo y levantó la mirada hacia Leonidas.

—La mecha está lista, señor, y hemos evacuado la zona. Podemos empezar cuando ordene.

Leonidas asintió y el soldado se apartó de la mecha, seguido de cerca por un Geno con cara de pocos amigos, sobre cuyo hombro Becca seguía diciendo que tenía que pensarse mejor las cosas antes de actuar. Leonidas se disponía a bajar la antorcha de redstone al suelo cuando titubeó un instante.

¿Realmente quería muertos a esos jugadores? En realidad no. De hecho, aunque admitirlo le habría costado la vida, en secreto los admiraba por tener el valor y la audacia de tratar de derrocar a su tiránico monarca. El reino era mucho mejor antes de que se volviese tan paranoico.

Leonidas recordaba un tiempo anterior, un tiempo de paz y prosperidad, cuando el rey era justo y benevolente con los jugadores, fuera cual fuese su nivel. Pero entonces algunas influencias oscuras empezaron a actuar sobre él, sobre todo las de sus principales asesores, Caesar y Charlemagne. Por su culpa, Leonidas había perdido la pacífica vida que llevaba en el desierto. Los hombres del rey lo amenazaron con matar a su familia y lo obligaron a cometer atrocidades para RAT1 hasta que terminó insensibilizado.

Y ahora se disponía a matar a unos jugadores que estaban intentando impedir que les pasara lo mismo a otros jugadores jóvenes en Elementia.

Todo esto pasó por su cabeza en menos de medio segundo. Le habría gustado poder negarse, pero sabía cuáles serían las consecuencias. Además de que tampoco podía hacer nada para impedirlo. Ya no había esperanza para él.

Bajó la antorcha de redstone al suelo y el dolor que había mantenido encerrado hasta entonces se materializó en una lágrima, que resbaló por su mejilla rectangular mientras la fortaleza del Inframundo explotaba en una onda expansiva de fuego.

Stan se encontraba casi un kilómetro bajo tierra, pero aun así la gigantesca explosión lo sacudió de pies a cabeza. El mérito era de Charlie. Su rapidez de reflejos y su olfato de minero les habían permitido llegar lo bastante abajo para salvarse de la explosión de los RAT1. Ya sabían que quienes los perseguían era el grupo de asesinos del rey, conocidos como RAT1, compuesto por el maestro de la esgrima Geno, la experta en demoliciones Becca y el prodigioso arquero Leonidas. Al parecer, según los chicos del Inframundo, formaban un grupo de operativos que usaba el rey para dar caza a objetivos especialmente peligrosos o escurridizos.

Bueno, pensó Stan mientras Charlie comenzaba a excavar de nuevo hacia arriba, era un honor que el rey pensase que sus amigos y él eran una amenaza a la altura del grupo de asesinos más famoso de Elementia, pero claro, aquello también tenía una parte mala: que el rey pensaba que sus amigos y él eran una amenaza digna del grupo de asesinos más famoso de Elementia. Si aquellos tipos estaban dispuestos a seguirlos a lo largo de dos mundos, tendrían bastantes dificultades para llegar hasta el Fin.

Sin embargo, de momento, pensó mientras Charlie excavaba una pequeña habitación de infiedra para que pudieran planear su próximo movimiento, tenían que centrarse en salir del Inframundo. Y así lo dijo una vez que Charlie terminó de excavar la habitación y colocar las antorchas.

—Ya tenemos las varas de blaze que necesitamos, así que ahora se trata de salir de aquí y destruir el portal. De ese modo —razonó—, podremos empezar a cazar endermen y ellos quedarán atrapados en el Inframundo, al menos algún tiempo. Y podemos usar ese tiempo para alejarnos todo lo posible.

—Bien pensado, Stan —asintió Kat—. Ahora que nos persiguen debemos llegar al Fin cuanto antes.

—Estoy de acuerdo —dijo Charlie asintiendo—. Pasaremos por nuestra vieja casa para recuperar nuestras cosas y recoger a *Rex* y *Limón*, y luego partiremos al desierto. Si no nos detenemos no nos encontrarán y podremos cazar a los endermen al mismo tiempo.

Kat asintió y Stan dijo:

—Está decidido.

Se volvió hacia los chicos del Inframundo, que se habían mantenido a cierta distancia, acurrucados, mientras ellos cuchicheaban.

—¿Y ustedes? —preguntó—. ¿Qué van a hacer cuando salgan del Inframundo?

—Pues lo primero, besar la arena bajo nuestros pies —dijo Bill.

—Y luego respirar un aire que esté a menos de cuarenta grados —dijo Bob.

—Y después, tal vez, construirles un santuario a las nubes y jurar que nunca volveremos a dar por sentada su existencia —dijo Ben.

—Bueno —respondió Kat, poniendo los ojos en blanco—. Entendido. Se van a alegrar mucho de volver al mundo real. Pero ¿y luego? A largo plazo, me refiero.

—Oh —dijo Bill—. ¿No les hemos dicho?

Charlie suspiró.

—Estábamos diciendo que pensábamos volver a la aldea Adoriana para ayudarlos a organizar la rebelión.

—¿En serio? —preguntó Stan con el corazón enardecido.

—Desde luego —dijo Ben—. Si cumplen su parte del

trato y nos ayudan a salir de esta estúpida dimensión, no sé por qué no íbamos a ayudarlos.

—Bueno, muy bien, gracias, chicos —dijo Charlie—. Ahora es solo cuestión de tiempo que se den cuenta de que no hemos muerto en la explosión, y cuando pase eso, nos buscarán por todas partes, aunque sea bajo tierra. Ahora, si mis cálculos son correctos, debemos estar justo debajo de la cueva del portal. Si entraron por allí habrán reparado el portal, así que esto no supondrá ningún problema. Esto es lo que quiero que hagan.

Se inclinaron para escucharlo. Era evidente que lo había pensado a fondo.

—Quiero que Kat y Bob salgan rápidamente del agujero que voy a abrir y se preparen para abatir a cualquiera que se acerque. Stan, Ben y yo correremos hacia el portal y atacaremos a todo el que se interponga en nuestro camino. Pero no creo que sean muchos, porque Bill se encargará de usar la caña para quitar de en medio a todos los que pueda, de manera que Bob y Kat puedan acabar con ellos. ¿Alguna pregunta?

Nadie dijo nada.

—Muy bien, entonces prepárense —dijo Charlie.

Kat y Bob sacaron los arcos y las flechas, Stan la pala, Bill la caña y Ben la espada. Charlie preparó el pico y, tratando de disimular los violentos latidos de su corazón, asestó tres rápidos golpes al bloque de infiedra que tenía encima. El bloque se hizo añicos y Kat y Bob salieron a toda velocidad por el agujero, seguidos por los demás.

Una vez fuera, Stan tuvo que mirar dos veces para dar

crédito a su buena suerte. Estaba seguro de que iban a encontrar oposición, pero no había ni un solo guardia cerca del portal, que estaba recubierto por un resplandor morado y parecía entero otra vez. Stan miró hacia atrás mientras corría hacia el portal. Cinco hombres custodiaban la entrada a la cueva, pero sus compañeros y él corrieron sigilosamente hacia el portal y los guardias no los oyeron.

Stan seguía sin dar crédito a su suerte. Charlie atravesó de un salto el portal, seguido por Ben. Cuando él se disponía a atravesarlo, alguien rodeó el portal y se interpuso en su camino.

Stan, sin pararse a pensar o mirar, golpeó a la figura en la cabeza con la pala. La figura cayó con un chillido de dolor. Stan se disponía a entrar en el portal cuando se dio cuenta de que había pasado algo raro. ¿Por qué había hecho aquel ruido?

Bajó la mirada hacia el cuerpo y se dio cuenta de que no había golpeado a un hombre, sino a un hombrecerdo zombi, y lo había matado. Miró a su alrededor, en busca de la horda de enfurecidos guerreros muertos vivientes que, con toda seguridad, estarían abalanzándose sobre él, ávidos de sangre. Pero no estaban por ninguna parte. Al parecer, el hombrecerdo estaba solo. Sin embargo, vio algo peor.

El sonido de la muerte del hombrecerdo había alertado a los guardias de su presencia. Los cinco habían echado a correr hacia el portal, disparando sus arcos al mismo tiempo. Stan esperó a que Kat, Bill y Bob cruzasen el portal y entonces él lo hizo también. Tras experimentar de nuevo unos segundos de desagradable opresión, cayó sobre la arena, bajo la luz del alba.

—¡Van a cruzar! —gritó a sus cinco camaradas, que yacían jadeando sobre la arena.

Levantó la pala y empezó a golpear el bloque inferior de obsidiana, ayudado por Charlie y los demás. Detrás de las partículas moradas, los cinco guardias corrían hacia el portal para atacarlos. A la cabeza de ellos venía un jugador con un traje de vaca y botas, pantalones y casco de hierro, además de un hacha del mismo material en la mano. Stan siguió golpeando a más y más velocidad para romper el resistente bloque y, por fin, la obsidiana se deshizo en varios fragmentos inútiles al mismo tiempo que el hombre vaca atravesaba el portal y atacaba con su hacha al objetivo más próximo, Kat.

Los otros cinco jugadores salieron de la zona de guerra mientras Kat y el bárbaro guerrero se enfrentaban. Sus armas se movían como espíritus de plata bajo la luz rosada. Era obvio que Kat era superior como guerrera. Luchaba con calma, mientras que los salvajes hachazos del otro eran cada vez más desesperados. Finalmente, el guerrero dio un golpe en falso y el hacha se le escapó de las manos y resbaló por el suelo hasta detenerse junto a la base del portal del Inframundo.

Kat lo tiró al suelo de un puntapié y levantó su espada. La mantuvo así, sobre su cabeza, y lo miró a la cara. El jugador estaba en el suelo y respiraba entrecortadamente a causa de la patada. La jugadora preparó la espada.

—Kat —dijo Stan de pronto mientras le ponía una

mano en el hombro—. No lo hagas. Está desarmado. ¿Para qué?

—¡Para que no avise al rey! —dijo Ben.

—¡Si dejamos que se vaya, tendremos que luchar de nuevo contra él! —exclamó Bill con incredulidad.

La espada de Kat estaba temblando. La expresión de su rostro evidenciaba una dolorida confusión.

—Kat —dijo Charlie—. No lo hagas. No es...

Pero sus palabras se vieron interrumpidas por el ruido de la espada de Kat al hundirse en el pecho del hombre.

Todos los objetos del jugador se esparcieron a su alrededor, lo que indicaba que había muerto. Kat le sacó la espada y se quedó mirando el cadáver con desdén. A continuación se volvió hacia Stan y Charlie, cuyos rostros mostraban la incredulidad y el horror que les había inspirado el asesinato de un jugador desarmado a manos de su amiga.

—Lo siento —dijo Kat, sin que Stan pudiera discernir a quién se refería, si a Charlie y a él o al jugador muerto—. Lo siento mucho.

Con la última palabra, se le quebró la voz y rompió a llorar.

Bill se acercó a su figura llorosa y se arrodilló junto a ella.

—Lo siento, Kat, pero esto es lo malo de la guerra. Tienes que devorar o ser devorado. Si lo hubieras dejado ir, nos habría seguido y habría revelado nuestra posición a las fuerzas del rey, y antes de que terminase la semana seríamos prisioneros.

Kat había dejado de llorar y levantó la mirada hacia él.

—Lo sé —dijo, sorbiendo por la nariz mientras se secaba los ojos en la manga de la camiseta—. Pero eso no lo hace más fácil.

—Entiendo —respondió Ben—. Mira, cuando yo entré en Elementia, tuve que matar a mi antiguo mentor de esgrima para salvarle la vida a Bill. Sé que matar a otros, aunque sea en defensa propia, es duro. Pero si queremos derrocar al rey, hay cosas que vamos a tener que hacer. Tendremos que matar a gente para llegar adonde debemos llegar. Es un hecho. Pero salvaremos centenares de vidas y le facilitaremos la existencia a millares. Lo entiendes, ¿verdad, Kat?

Kat se incorporó respirando entrecortadamente.

—Sí. Tienes razón, Ben. Gracias.

Los dos jugadores se abrazaron. Tres de sus compañeros los miraron con solemnidad, pero Stan apartó los ojos. Una creciente sensación de desolación lo llenaba por dentro. Allí y entonces, juró que nunca mataría a otro jugador salvo que él mismo estuviera en peligro de muerte. Sin excepciones.

Pasado este momento de paz, los chicos del Inframundo se apartaron mientras Stan, Kat y Charlie revisaban las cosas que llevaba el jugador. Stan recogió el hacha de hierro, feliz de contar de nuevo con su arma preferida, mientras Kat agarraba el casco, los pantalones y las botas de hierro. Charlie agarró todo lo demás: manzanas, bolas de fuego, bloques de dinamita, polvo de redstone, una antorcha de este mismo material y una brújula.

—Bueno, chicos, ¿saben lo que van a hacer? —preguntó Bob.

—Sí —respondió Stan—. Gracias por su ayuda. Nos encontraremos con ustedes en la aldea Adoriana después de volver del Fin.

—Muy bien, amigos, pues entonces nos vemos —dijo Ben, y los tres chicos del Inframundo dieron media vuelta y echaron a correr hacia la densa jungla que se extendía en la distancia.

Cuando ya estaban lejos, Ben se volvió una última vez.

—¡Tengan cuidado en el Fin! ¡Nunca he estado allí, pero dicen que es bastante más peligroso que el Inframundo!

—¡Lo haremos! ¡Gracias! —gritó Charlie mientras los chicos del Inframundo se alejaban corriendo.

Stan, Kat y Charlie echaron a correr en dirección contraria, hacia su viejo campamento. Charlie se sabía el camino incluso sin la brújula y llegaron a la morada de arena antes de que el sol hubiera alcanzado su cenit. Huelga decir que los animales se alegraron mucho de volver a ver a sus propietarios.

—¡Eh, chico! ¿Cómo estás? —dijo Kat con una carcajada mientras *Rex* se le echaba encima y empezaba a lamerle la cara.

Le dio un poco de carne podrida, que había dejado caer un zombi con el que se habían encontrado de camino. Charlie acarició a *Limón* detrás de las orejas y el animal ronroneó afectuosamente mientras se pegaba contra su mano. Stan se acercó al cofre y sacó algunas cosas que necesitarían para el viaje. Mientras iban hacia allí, habían decidido que dejarían materiales prescindibles en el cofre para dar la sensación de que la base seguía en uso. Stan se guardó en el inventario el cofre de Ender y el libro sobre el Inframundo y el Fin. Los demás objetos se quedaron donde estaban. Y también las camas. Como tendrían que viajar mucho, no las necesitarían.

Luego decidieron dedicar el tiempo hasta el anochecer —cuando saldrían los endermen— a buscar comida. Cada uno de ellos se fue en una dirección distinta, pero sin alejarse mucho del agujero. Stan se dirigió al otro lado del agujero, donde oyó los mugidos de unas vacas que pastaban cerca del oasis en el que habían encontrado el agua para la obsidiana. Se acercó a ellas y comenzó a cazarlas con el hacha, una a una. Cuando estaba a punto de alcanzar a una se fijó en algo. Unos veinte bloques más allá había una vía que se extendía en línea recta hasta donde alcanzaba la vista. Uno de sus extremos se perdía en la jungla y el otro en el desierto.

Intrigado, Stan se acercó a las vías para examinarlas, pero entonces oyó un fuerte ruido procedente de la jungla que le hizo detenerse. En la distancia, algo se acercaba. Temiendo que fuese el enemigo, Stan se arrojó a una zanja poco profunda, cerca del borde, donde podría esconderse para ver lo que pasaba sin ser visto.

El tren pasó por delante a gran velocidad. Estaba formado por siete vagonetas, cuatro de ellas con cofres y otras dos con sendas cosas que parecían hornos. En la vagoneta restante, que se encontraba delante de las dos con los hornos y detrás de las de los cofres, iba un jugador de piel pálida con un uniforme militar. El tren pasó como un relámpago y se fue alejando.

Una increíble curiosidad invadió a Stan. ¿Adónde se dirigiría? Decidió que volvería antes de que Kat y Charlie repararan en su ausencia y echó a correr por las vías en pos del tren.

El tren era mucho más rápido que él y al poco tiempo se había perdido de vista, pero Stan siguió corriendo en paralelo a las vías. Empezaba a preguntarse cómo iba a alcanzarlo cuando oyó otro ruido tras él. Una solitaria vagoneta con un horno avanzaba por la vía, escupiendo humo negro como las dos anteriores. Stan supuso que se habría separado de otro tren. Al pasar el anterior se había fijado en que las vagonetas no estaban muy bien enganchadas. Era un golpe de suerte y decidió aprovecharlo: dejó que la vagoneta lo alcanzara, se subió de un salto y continuó a toda velocidad hacia el final de la vía.

A juzgar por la posición del sol, debía de ser cerca de mediodía cuando Stan empezó a ver edificios en la lejanía. Eran unas sencillas chozas de madera, las únicas estructuras visibles en medio de interminables millas de desierto. Mientras abandonaba la vagoneta de un salto, al ver que se disponía a entrar en lo que parecía una estación, se preguntó quién demonios querría levantar una casa en semejante paraje.

Oculto detrás de dos cofres que había cerca se fijó en el tren que había visto antes. El jugador que lo dirigía se bajó y mantuvo una conversación con otro que vestía como Abraham Lincoln y tenía una expresión de angustia y desesperación. Intrigado, avanzó a rastras hasta encontrarse bajo el andén, a la altura de los dos jugadores, para poder oír todo lo que decían.

—... no es excusa para no producir su cuota —dijo con tono de enfado el del uniforme.

—Pero señor, por favor, como estaba intentando explicarle, nuestros mineros han topado con problemas —respondió la otra voz con tono de desesperación—. Estábamos excavando en la zona que nos indicó y nos encontramos con un depósito de lava bastante grande. Vamos a tener que reducir la producción hasta que podamos solucionarlo. De lo contrario será peligroso...

—¿Te crees que al rey le importa eso? —replicó el soldado con voz tajante—. Necesita todos los recursos que pueda conseguir, sobre todo en estos tiempos turbulentos. Imagino que ya sabrán que hay un asesino suelto.

Stan tragó saliva. Ahora lamentaba sinceramente haber seguido al soldado.

—¡Y el rey necesita todos los recursos disponibles —continuó este— para sacarlo de la circulación! Es mi responsabilidad asegurarme de que la aldea de Piedra Negra, como principal productor de carbón de Elementia, genere, no la parte que le corresponde, sino más. ¡Cuando no hay carbón suficiente su majestad se enfada conmigo, y por tanto yo me enfado con ustedes! Es el último aviso, alcalde. Si no cumplen con la cuota una vez más... Bueno, te lo puedes imaginar...

Hubo una especie de chasquido metálico y el alcalde gritó de terror. Stan saltó para ayudarlo, pero olvidó que se encontraba debajo del andén de madera. Se dio con la cabeza en la parte baja de una plancha y empezó a ver estrellitas. Al recobrar el sentido, vio que el soldado estaba saliendo de la estación y comprendió con espanto que el bloque de madera que tenía encima se había consumido. ¡El chasquido lo había soltado un mechero de pedernal! Y la estación era de madera...

El alcalde estaba haciendo lo que podía para apagar las llamas, pero se propagaban demasiado deprisa. Stan decidió renunciar a toda cautela y salir a ayudarlo. El alcalde, sorprendido, abrió los ojos de par en par, pero no cuestionó la repentina aparición de Stan ni su providencial ayuda. En cuestión de menos de un minuto, el incendio estaba apagado.

—Gracias, desconocido —dijo el alcalde mientras inclinaba la cabeza en gesto de respeto—. Sin tu valentía, puede que hubiéramos perdido uno de los pocos edificios de cierta importancia que aún nos quedan en la ciudad.

—No te preocupes —dijo Stan—. Me alegro de haber podido ayudarles. ¿Y qué sitio es este, exactamente?

—Esto, amigo mío, es la humilde aldea de Piedra Negra, hogar de veintitrés jugadores y principal productor de carbón de Elementia —respondió el alcalde—. ¿Puedo preguntarte de dónde vienes?

«Así que no me reconoce —pensó Stan—. Eso está bien. No me conviene que sepan quién soy.»

—He vivido en muchos lugares —respondió.

—Pues si necesitas un sitio en el que quedarte una temporada, será un placer acogerte —dijo el alcalde—. En esta aldea no estamos muy acostumbrados a que nos demuestren amabilidad y los pocos que lo hacen merecen una recompensa.

—Eres muy amable —dijo Stan—, pero tengo que volver con mis amigos antes de que se haga de noche. ¿No tendrán algo de comer, por casualidad?

Solo había tomado una manzana desde el desayuno y estaba famélico.

El otro sonrió. Unas arrugas aparecieron en sus cuadradas mejillas.

—Pues claro. Sígueme.

Salió de la estación a la calle principal de la aldea, acompañado por Stan.

Stan nunca había visto una población de aspecto tan patético en Minecraft. Solo tenía una calle, sin pavimentar, bordeada por unas diez casitas a cada lado tan parcheadas con bloques de arena, tierra, roca y arenisca que era imposible saber de qué estaban hechas originalmente. Stan vio que en los costados de algunas de ellas había pequeños campos de trigo rodeados de cercas. Algunos jugadores descansaban apoyados en las fachadas.

El aspecto de estos no podía definirse sino como derrotado. Tenían la cabeza gacha y la mirada clavada en el suelo, de manera que los rayos del sol se reflejaban en sus cascos de hierro. La mayoría de ellos llevaban picos de este mismo material en las manos. Se cubrían con armaduras de cuero en todo el cuerpo, salvo en la cabeza, donde llevaban cascos de hierro que impedían identificarlos a primera vista. Al reparar en la presencia de Stan, algunos de ellos levantaron la vista. Stan vio dolor reflejado en sus caras sembradas de cicatrices y una actitud de defensiva cautela dirigida a ese nuevo jugador, joven y entero, que tenía la desfachatez de entrar en su aldea sin anunciarse.

—Ignóralos —murmuró el alcalde al sentir la inquietud de Stan—. Simplemente están cansados y enfadados por el trabajo extra que les obligan a hacer los soldados últimamente. Están deseando montar una pelea. Necesitan desfogarse con alguien. Así que no los mires a los ojos.

Stan siguió el consejo del alcalde y clavó la vista en el final de la calle, mientras mantenía la mano cautelosa pero discretamente pegada al mango del hacha de hierro que pendía de su cinturón. Decidido a evitar la mirada de los temperamentales mineros, dirigió su atención hacia el edificio que había allí. Era el más grande y, con mucho, el mejor conservado de la ciudad, un complejo rectangular hecho de ladrillos, sin ventanas y con dos puertas metálicas de dos por dos bloques en la parte delantera. A diferencia de las heterogéneas casas donde vivían los mineros, este edificio parecía en buen estado. Stan preguntó al alcalde por su función.

—Es el almacén del gobierno. Cada dos días llega un tren para recoger la cuota de carbón, pero además, todos los otros materiales que encontramos, incluidos roca, hierro e incluso cubos de lava procedentes de las bolsas, acaban allí, junto con cualquier otro bloque interesante.

—¿Quieres decir que el ejército controla la circulación de materiales que salen de la aldea a través de ese almacén? —preguntó Stan.

—Sí. Y nosotros no nos quedamos nada. Y cuando nos quitan algún bloque de nuestras casas, tenemos que robar bloques de roca de las minas para repararlos, lo que es un delito castigado con la muerte. De hecho, nuestros mineros han llegado a matarse en peleas provocadas por acusaciones de robo de bloques.

Stan suspiró, horrorizado por esta revelación, mientras llegaban a la casa situada junto al almacén. En la puerta principal había un cartel que decía ALCALDE. La casa era un poco más grande que los demás, aunque su estado era igualmente lamentable. El alcalde abrió la puerta de madera y entraron.

El interior tenía el suelo de madera, paredes hechas de los mismos materiales que el exterior —lo que sugería que solo tenían un bloque de grosor— y ventanas, algunas de las cuales conservaban aún los paneles de cristal. La casa entera estaba formada por una sola sala, con una mesa de creación, un horno, dos cofres dobles, dos sillas y dos camas. El espacio transmitía una sensación de tristeza y cada paso provocaba un crujido de desesperación de los tablones del suelo.

—Bonito sitio —mintió Stan en voz baja mientras el alcalde sacaba dos filetes de un cofre y le ofrecía uno—. Me he fijado en que hay dos camas y dos sillas. ¿Vive alguien más aquí?

En respuesta a su pregunta sonó un ataque de tos procedente de un rincón en el que Stan no había mirado aún. De allí salió el jugador de aspecto más desaliñado que hubiera visto. Llevaba una bata de laboratorio blanca, con pantalones de color gris, y tenía todo el pelo cano revuelto y de punta. Parecía una versión depresiva de Albert Einstein. Tenía el rostro hundido y despedía un hedor atroz que Stan podía captar desde el otro lado de la sala, además de que estaba cubierto de la cabeza a los pies por una mezcla de polvo de carbón y un material rojizo y brillante que Stan identificó como polvo de redstone. Llevaba dos botellas en las manos, una vacía y otra con un líquido entre azul y gris de aspecto sospechoso. Lanzó un potente eructo antes de dirigirse al alcalde.

—Eh, Turkey, nos estamos quedando sin pociones de lentitud. ¿Cuándo crees que volverán los nómadas?

Tenía una voz pastosa que provocó a Stan la sensación de encontrarse ante un jugador al borde del delirio.

—¿Volverán mañana? ¿Volverán mañana y entonces tendré más PoLen? Me encanta el PoLen. ¡Pero espera, que voy a necesitar dinero! Turkey, viejo amigo, recuérdame esta noche que tengo que conseguir algo de dinero, ¿de acuerdo, Turkey, viejo amigo?

En este momento, el jugador dejó de parlotear y se fijó en que no estaba solo con «Turkey» (que no podía ser otro que el alcalde, pensó Stan). Miró a Stan con las pupilas dilatadas y preguntó al alcalde:

—¿Quién es el chico, Turkey? ¿Otro minero que viene de... de... de las cárceles de Elementia? ¡Je, je! ¡Buena suerte, amiguito, no vas a durar ni dos días en ese estercolero!

Por alguna razón, aquello pareció resultarle extraordinariamente divertido. Se dejó caer al suelo y empezó a rodar por él, golpeando con el puño los tablones de madera del suelo hasta que uno de ellos se partió.

El alcalde se acercó tranquilamente al histérico jugador y le dijo:

—Meca11, por la presente te condeno a trabajos forzados en las minas de carbón de Piedra Negra, en el desierto de Ender, hasta el fin de tu estancia en este servidor.

El efecto de estas palabras enigmáticas sobre el jugador fue fulminante. Se incorporó, cayó de rodillas y se echó a llorar. Y, entre lágrimas, dijo:

—Como desee, mi rey.

Y entonces, sin previo aviso, se levantó y sacudió la cabeza, con aire confuso. Al cabo de un momento pareció caer en la cuenta de algo y miró al alcalde con indignación.

—¿Por qué tienes que hacer eso? —inquirió.

—Pues —respondió el alcalde— porque es el único modo de sacarte del trance del PoLen sin usar una manzana dorada y porque hay alguien a quien quiero que conozcas.

Stan, que estaba extremadamente confundido por lo que estaba pasando, asintió educadamente mientras trataba de disimular la inquietud y sorpresa que sentía. El jugador se presentó como Meca11, director de Promociones Mineras de Redstone , y al oír su nombre a Stan se le encendió un foco en la memoria.

—Espera, ¿tú eres Meca11? —preguntó, incapaz de creer que aquel despojo humano hubiera sido un día un jugador de la misma categoría que el Boticario y los chicos del Inframundo—. ¡He oído hablar de ti! ¡Me llamo Stan2012 y conozco al Boticario y a Bill, Ben y Bob!

Un destello de lucidez cruzó el rostro de Meca11, pero al instante dejó paso de nuevo a la apatía, mientras el jugador se dejaba caer sobre una de las sillas de madera.

—Bueno, pues me alegra saber que siguen por ahí. A su

salud —dijo mientras hacía ademán de dar un trago a la poción que llevaba.

El alcalde se lo impidió de un manotazo.

—Mecanista, por favor, no seas grosero. Este joven me ha ayudado a impedir que el fuego devorase nuestra estación hasta los cimientos. Se merece un poco más de respeto.

—Bueno, buen trabajo, chico —dijo el Mecanista con un deje sarcástico en la voz—. Gracias a ti, el ejército aún tiene una vía de entrada para seguir abusando de gente que ya ha derrochado la vida trabajando en las minas de Piedra Negra. Así que espero que me perdones si no te lo agradezco invitándote a un trago.

—¡No hables así, Mecanista! —susurró el alcalde con tono preñado de urgencia.

—¿Qué pasa? ¡Tú detestas al rey y al ejército tanto como todos los demás!

—¡Sí, pero no puedes expresar esa opinión delante de cualquiera!

Hubo un momento de silencio, que duró lo que tardó Stan en comprender que se referían a él.

—¿Cómo? ¿Yo? ¿Me toman por un espía del rey?

—No serías el primero —dijo el alcalde sin quitarle la vista de encima, por si hacía algún movimiento brusco.

—No, les aseguro que no estoy con el rey —dijo Stan, y entonces tuvo una idea y decidió jugársela—. Es más, he decidido derrocarlo.

El Mecanista se echó a reír.

—Qué simpático —dijo—. De verdad te crees capaz de derrocar al rey, ¿no?

Aquello desconcertó a Stan. No era la primera vez que recibían su plan con escepticismo, pero había algo en la voz del Mecanista que lo intrigaba especialmente.

—Pues sí, así es —respondió con firmeza—. Ya he reclutado un ejército y, en cuanto consiga los suministros necesarios, marcharemos contra Element City y acabaremos con el rey y sus secuaces para hacer de Elementia un sitio mejor.

El alcalde había abierto los ojos un poco más cuando Stan mencionó por primera vez su idea de derrocar al rey, pero ahora, al oír esto, empezó a ir de ventana en ventana para comprobar que no hubiera ningún soldado espiando. El Mecanista, a quien parecía tenerle sin cuidado que pudieran oírlos, echó la cabeza hacia atrás y volvió a reírse.

—¡Pues sí que lo crees! Qué bueno.

Stan encontraba insultante la condescendencia de su voz.

—Pues déjame que te dé un buen consejo, muchacho: ¡olvídalo!

Esta última palabra la gritó con tal fuerza que Stan dio un respingo y el alcalde se revolvió con el pico en la mano, listo para hacer frente a un ataque. Pero aunque este no se produjo, el Mecanista siguió hablando con un tono de voz innecesariamente alto.

—Las fuerzas del rey están por todo el servidor. Sus secuaces son tan crueles y brutales como él y son centenares. Puede que ya no tenga poderes de operador, pero cuenta con incontables depósitos de recursos, acumulados desde los tiempos en que lo era. Y además...

—¡Eh, todo eso ya lo sé! —lo interrumpió Stan—. ¡Y permite que te diga que tengo la intención de localizar uno de esos depósitos para pertrechar mi ejército!

—¡Muchacho, no tienes ni la menor idea de lo que estás diciendo, porque no es el rey el único que debe preocuparte! ¿Eres consciente de que cerca de una tercera parte de la población apoya a ciegas al rey? ¡La clase alta se beneficia directamente de su arbitrariedad! Lo que quiero decir es que, aunque logres derrocar al rey, cosa que ya de por sí sería un sueño imposible, nunca podrás destruir sus malvados ideales.

—¡Tú no lo entiendes! —exclamó Stan—. He conocido a gente, he hablado con ellos... ¡No sabes la de gente que aborrece al rey y quiere verlo muerto!

—¡Ja! —dijo el Mecanista con una sonrisa fea—. ¡Es irónico que me sermonees sobre la gente que odia al rey! ¿Crees que no lo sé? Escúchame, muchacho, deja que te cuente la historia completa de lo que me ha hecho el rey Kev, ¡a mí personalmente! Yo dirigía el equipo de experimentación con redstone en el antiguo reino. Fui yo quien diseñó el monorraíl de Element City, el que instaló el cableado entero del castillo del rey Kev y el que diseñó todos los sistemas de armamento que lo protegen frente a invasores como tú. ¡Por el amor de Dios, si hasta inventé el cañón de dinamita para él!

»¿Y cómo me lo pagó? ¡Exiliándome de por vida a este desierto, simplemente porque la gente que lo odiaba copió mis armas y las utilizó contra él! Si hay alguien que quiera ver muerto al rey es gente como yo, como el Boticario, como los directores de exploración, a los que exilió a pesar de que estábamos a su lado!

—Y aun así, ¿no quieres arrebatarle el control de Elementia? —preguntó Stan con una mirada centelleante de apasionada indignación, dirigida contra el rey y contra el viejo inventor que tan difíciles le estaba poniendo las cosas—. Para que conste, tanto el Boticario como los jefes de exploración ya han acordado unirse a mis fuerzas.

—¡Pues entonces es que son aún más necios que tú! —dijo el Mecanista con una risotada desprovista de toda alegría—. Deberían saber que no puede salir nada bueno de rebelarse contra la autoridad suprema del rey. Si fueras más listo, harías como yo y tratarías de sacarle todo el partido al mundo que ha creado el rey. Me encanta crear mecanismos de redstone, así que dedico mi talento a fabricar máquinas con pistones para simplificar las tareas de excavación profunda.

»Sé que de ese modo lo estoy ayudando, y me parece horrible, así que no me siento culpable cuando les gano un poco de PoLen a los nómadas que pasan por aquí.

Levantó la botella de líquido azul y gris.

—Aquí tengo una vida. Por culpa del rey, no es feliz ni satisfactoria, pero dado que no puedo cambiarla, ¿por qué no procurar que sea lo más cómoda posible?

Y con esto, tomó otro trago de PoLen. El efecto fue instantáneo: la cabeza se le vino hacia un lado y perdió el conocimiento.

Stan sintió que le invadía una indignación redoblada, tanto contra el rey como contra el Mecanista. Nunca podría perdonar al jugador que se hubiera rendido de aquel modo después de lo que le habían hecho, sin siquiera tratar de luchar. Al mismo tiempo, saber cómo había maltratado el rey incluso a sus amigos, que lo servían y confiaban en él, avivaba aún más su deseo de luchar contra él. Se volvió hacia el alcalde, que mientras tanto, sentado en su silla, se había dedicado a tratar de contener el ruido.

—Alcalde, necesito que reúnas a todos los mineros de la aldea delante del almacén. Tengo que anunciar algo —dijo.

El alcalde se levantó y lo miró a los ojos.

—Si lo hago, ¿acabaré lamentándolo?

—Espero que no —respondió Stan mientras salía por la puerta.

Se había fijado en que había una plataforma de madera delante del muro de ladrillo del almacén, iluminada con antorchas. Era el escenario perfecto para transmitir a los desesperados mineros el mensaje que quería. Poco antes del anochecer, cuando el cielo estaba teñido de rosa detrás del almacén, los veintitrés mineros se habían reunido alrededor de la plataforma de madera. Una vez sentados, Stan se levantó y empezó a hablar.

—¡Pueblo de Piedra Negra! Me llamo Stan2012. Puede que algunos de ustedes haya oído el rumor de que un asesino ha atentado contra la vida del tirano de Elementia, el rey Kev, durante su última proclamación. Estoy aquí para decirles que ese asesino no es otro que yo mismo.

Hubo algunas exhalaciones de sorpresa en la multitud y Stan vio que algunos de los mineros agarraban los picos con fuerza, sin saber muy bien lo que iba a suceder.

—Desde el incidente he estado huyendo. Mucha gente me ha preguntado por qué he intentado asesinar a uno de los jugadores más poderosos del servidor. —Esto era mentira, pero le parecía un modo muy apropiado de enlazar con la parte siguiente de su discurso—. ¡He venido a decirles que intenté asesinar al rey porque es un malvado dictador que debe ser depuesto!

Algunos de los mineros miraron a su alrededor, como si temiesen que en cualquier momento fueran a atacarlos las fuerzas del rey, pero la mayoría de ellos tenían los ojos clavados en Stan y asentían con expresión de respeto.

—¡Estoy reclutando un ejército contra el rey Kev y lo llevaré a la victoria apoderándome del castillo en Element City! Tengo la intención de acabar con el rey y con cualquier alto cargo que se niegue a rendirse. Los días del régimen de terror actual están contados y la Elementia del rey está condenada a caer. La reemplazará una Elementia donde todos los jugadores disfruten de las mismas oportunidades y la esclavitud, que tan habitual es ahora en el reino, incluido aquí, en Piedra Negra, deje de existir.

»Probablemente, muchos de ustedes se estén preguntando cómo puedo tener el valor de hablar contra el rey, cuando lo más probable es que me entreguen a las autoridades. La razón es esta: ¡No temo al rey! Acepto que es un enemigo poderoso y que, con los recursos que tiene, llevarlo ante la justicia es algo más fácil de decir que de hacer. Sin embargo, y esta es la razón por la que estoy dispuesto a hablar tan libremente, creo que nosotros también tenemos recursos. Y digo nosotros porque creo que en esta aldea tiene más enemigos que partidarios. ¡Si todos unimos nuestras fuerzas, tenemos una posibilidad real de derrocarlo!

»Ahora voy a dirigirme a la estación de tren y quiero que todos aquellos que deseen unirse a mi ejército y ayudarme a derribar al rey me sigan. Lucharé contra todo aquel que se quede e intentaré matarlo para impedir que informe al rey de mis planes. Es más, espero que quienes decidan unirse a mí me ayuden a luchar contra quienes se me opongan.

»Esta es la prueba a la que se enfrentan, Piedra Negra. Pueden unirse a mí y luchar contra quienes no lo hagan o no hacerlo y luchar contra los que sí lo hagan. Quienes deseen unirse tienen sesenta segundos para acercarse a la estación, a partir de ahora mismo.

Y con esto, saltó de la plataforma y echó a correr entre los mineros, que se apartaron a su lado. La situación le recordó vagamente a lo que había pasado el día que intentó asesinar al rey. Al llegar a la entrada de la estación se detuvo y se volvió.

Pasaron cinco segundos sin que nadie se moviera. Stan no estaba sorprendido. No esperaba que tomasen una decisión tan pronto. Los cinco segundos se convirtieron en diez, luego en quince y luego en veinte. Al cabo de treinta sin que nadie se uniera a él, Stan sacó el hacha. Había prometido combatir contra todo el que no se le uniese y parecía que iba a tener que librar la mayor batalla de su vida. A los cuarenta segundos, cuando empezaba a sentir pánico, hubo un movimiento en la multitud.

Un minero, muy parecido a Stan solo que ennegrecido por el polvo de carbón y con un casco de hierro y un pico de piedra, cruzó el espacio vacío que lo separaba de él. Otro lo siguió y entonces fue como si todos los mineros se pusieran en marcha para unirse a él.

Al concluir los sesenta segundos, no quedaba un alma junto al almacén. Todos los mineros habían abandonado el edificio donde el gobierno guardaba los materiales que consideraba de su propiedad. Ahora se encontraban en la estación, listos para sumarse a la revuelta de Stan contra el monarca.

El alcalde atravesó la multitud para hablar con Stan.

—Gracias, Stan —dijo con lágrimas en los ojos—. Has dado a esta gente la inspiración que necesitaban para luchar y me la has dado a mí para ponerme a la cabeza de ellos. Dime lo que tengo que hacer. Estoy a tu servicio.

E inclinó la cabeza como muestra de respeto.

Conversaron durante unos minutos hasta concertar un plan. El alcalde llevaría a los mineros de Piedra Negra por las vías hasta la aldea Adoriana. Allí contarían al Boticario y a los supervivientes que habían conocido a Stan2012 en el desierto de Ender y que venían a unirse a la milicia. El alcalde estaba convencido de que las habilidades de sus hombres serían útiles en la mina de la aldea Adoriana, a la hora de reunir materiales para el esfuerzo de guerra. Además, al parecer, los mineros eran guerreros muy diestros con el pico. Entretanto, dieron a Stan una vagoneta motorizada y algo de carbón para que pudiera volver con sus amigos y seguir en busca del Fin.

Stan y el alcalde se estrecharon la mano, y cuando el jugador se disponía a marcharse tuvo otra idea. Atravesó la calle principal, donde los mineros estaban preparándose para partir sacando de sus casas sus modestas posesiones. Pasó junto al almacén, que estaban saqueando algunos de ellos. Y finalmente llegó hasta la casa que compartían el alcalde y el Mecanista. Al abrir la puerta, se encontró a este en una silla, sin botellas en la mano, esperándolo al parecer.

—Vaya, felicidades, muchacho —dijo el Mecanista, sin sonreír—. Acabas de convencer a veintidós personas de que se embarquen en una misión suicida. Enhorabuena.

Stan hizo un esfuerzo por controlar su rabia y lo miró con expresión de calma decidida.

—¿Sabes? —dijo—, nos vendría muy bien un experto en mecánica de redstone para el esfuerzo de guerra. Y si ganamos podrías recuperar tu puesto como inventor jefe en Elementia. ¿Qué me dices, Mecanista? ¿Vienes?

El Mecanista mantuvo la mirada gacha unos momentos, con las cejas arrugadas, a todas luces tratando de tomar una decisión. Entonces miró a Stan a los ojos y sacudió la cabeza con firmeza.

Stan, resignado a no contar con su ayuda, se volvió. Estaba bajando los escalones de la casa cuando algo lo golpeó en la nuca y lo hizo caer de bruces a la calle. Se revolvió, hacha en mano, listo para responder al ataque del Mecanista, pero entonces vio que había un libro en el suelo, a su lado. Lo recogió y, a la tenue luz del atardecer, leyó el título.

Decía *Planos completos de los sistemas defensivos de redstone del castillo de Element City* y su autor era Meca11.

Stan, asombrado, levantó la mirada hacia el Mecanista, que se encontraba en el umbral de la puerta y lo miraba con expresión de tristeza.

—No vas a contarlo, muchacho —dijo.

Volvió a entrar en la casa y cerró dando un portazo.

Stan miró con asombro el libro, que le permitiría conocer con certeza la ubicación de todas las trampas del castillo a la hora de atacar. Pero solo se permitió disfrutar del regalo del Mecanista durante un minuto, porque el sol acababa de desaparecer detrás del desierto y ya podía ver que los zombis y esqueletos empezaban a merodear por la vasta extensión arenosa.

Volvió corriendo a la estación, donde los mineros se habían reunido para preparar el viaje. Lanzó un grito de despedida al alcalde, que respondió con otro, se subió de un salto a la vagoneta e introdujo un poco de carbón en el horno del motor. El efecto fue instantáneo. El horno se encendió y el tren se puso en marcha a un ritmo vertiginoso.

Stan vio alejarse las tenues luces de Piedra Negra tras de sí. La vagoneta avanzaba a gran velocidad por la vía. Acababa de terminarse una chuleta de cerdo que le había dado uno de los mineros cuando una flecha de hierro rebotó en su peto de hierro y estuvo a punto de tirarlo de la vagoneta. Dirigió la mirada hacia delante y vio a un esqueleto en medio de la vía, preparándose para disparar de nuevo. Desvió la flecha con la espada y entonces tuvo una idea e introdujo dos trozos de carbón más en el motor. El motor despidió una bocanada de humo negro y el tren aceleró. Antes de que el esqueleto tuviera tiempo de disparar de nuevo, el vehículo lo embistió y lo hizo estallar en miles de fragmentos blancos.

Stan exhaló un suspiro de alivio, pero se arrepintió al instante al ver que la vía, delante de él, estaba invadida por el mayor grupo de zombis que jamás hubiera visto. Debían de ser al menos veinte. Y lo que es más, el agujero estaba unos veinte bloques más allá, no más. Solo podría arrollar a unos cuantos antes de tener que abandonar el vehículo y enfrentarse al resto a pie.

omo el tren se dirigía a gran velocidad hacia los zombis, estos centraron su atención en la máquina y comenzaron a moverse atropellada y mecánicamente hacia Stan. Stan se puso de pie en el vagón del tren y levantó el hacha, listo para defenderse de todos los zombis que intentaban atacarlo de inmediato. El tren chocó contra la horda de zombis, que se abrió por la mitad, desintegrando de forma automática a cinco de los veinte demonios. Stan saltó del vagón y corrió de vuelta hacia el agujero.

Se deslizó por la colina arenosa con los zombis pisándole los talones, y según cayó, vio a Charlie, Kat y *Rex*, luchando con dos arañas y un esqueleto. Las arañas no eran difíciles de matar, pero el esqueleto estaba bastante lejos del alcance de los amigos de Stan. Este levantó el hacha, se la lanzó y lo aplastó de un golpe. Al mismo tiempo, Kat apuñalaba a la araña en los ojos y Charlie rajaba el estómago arácnido con el pico y echaba a un lado el cuerpo inerte.

293

Stan recuperó rápidamente el hacha del esqueleto muerto y se reunió con sus amigos.

—¡Pero mira! ¡Está vivo! ¡Me alegro de verte, Stan! —exclamó Charlie sonriendo.

Rex saltó junto a él para lamerlo, mientras *Limón* se frotaba contra su pierna y ronroneaba. Kat le preguntó dónde había estado.

—¡Chicos, tengo muchísimo que contar, pero ahora mismo tenemos otros problemas más acuciantes! —gritó Stan.

La oleada de zombis había empezado a caer por el agujero. Charlie y Kat, con la boca abierta por el pánico, clavaron los ojos en la verde oleada de carne descompuesta.

—¿Qué has hecho? —vociferó Kat.

—No lo sé. ¡Aparecieron tal cual! ¡Vamos a tener que combatirlos! —gritó Stan por encima de sus quejidos.

—No tenemos ninguna posibilidad de derrotar a una horda de zombis de ese tamaño y tampoco podemos volver adentro. ¡Los monstruos han tirado la puerta abajo! —profirió Charlie, dominado por el pánico.

—Tenemos que intentarlo —gritó Stan, y mató a la primera criatura no muerta de tres raudos hachazos en el pecho. Kat, Charlie y *Rex* se incorporaron rápidamente al combate.

Era un caos. Por cada zombi que mataban, dos más lo reemplazaban. Era como si cayeran a chorros por el agujero. Stan apretó los dientes. Según iba repartiendo hachazos para abrirse paso a través de la horda, lo único en lo que podía pensar era «¿de dónde vienen?».

Al cabo de un rato, y a pesar de todos los hachazos, cortes, cuchilladas y bocados de los tres jugadores y el perro, el interminable enjambre de no muertos los acorraló contra la pared del agujero. Stan empezaba a pensar en rendirse por agotamiento cuando oyó un grito procedente de arriba.

—¡Yiiiiiijaaaaaa! —gritó un jugador al caer enfrente de los otros.

Sus botas provocaron un ruido metálico al aterrizar, lo que resultaba extraño porque estaban hechas de cuero y brillaban. Stan supuso que habían sido encantadas para absorber el golpe de la caída. El jugador sacó rápidamente una espada de diamante, que también brillaba. Al abalanzarse sobre él los zombis, levantó su espada a la altura de la cabeza con su mano derecha y empezó a moverla en círculos, rebanando a todos los zombis de la primera línea.

Stan sintió que la brillante hoja despedía una poderosa oleada de energía y comprendió que no se trataba de una espada corriente. Además, todos los zombis de la primera línea quedaron bloqueados por el invisible poder del arma y cayeron encima de los que estaban detrás, con lo que el ataque zombi quedó reducido a un montón de seres desorientados y temblorosos.

El jugador se giró hacia Stan y los demás. Iba vestido exactamente igual que Stan, con el aspecto estándar en Minecraft, pero unas sombras oscuras le cubrían los ojos.

—¡Hola, chicos! —exclamó. Tenía un fuerte acento neoyorquino—. Pensé que les vendría bien algo de ayuda, así que les voy a ayudar a defenderse de estas estúpidas criaturas. Para que lo sepan, había una vieja mazmorra en ruinas al lado de las vías del tren, con un generador de zombis dentro. Pero no se preocupen, lo he destruido. Ya no vendrán más zombis. Lo único que tenemos que hacer es acabar con el resto de los zombis que hay aquí abajo y estaremos a salvo. No digan nada, peleen y después hablaremos.

Se dio la vuelta, envainó su espada de diamante y desenvainó otra del extremo opuesto de su cinturón. Esta segunda espada era de hierro, pero despedía un marcado brillo rojo. Stan estaba demasiado impresionado por su salvador como para preguntarle, al menos hasta que sus amigos y él estuvieran fuera de peligro inmediato. La horda de zombis volvía a arremeter en ese momento, así que Stan corrió hacia ellos, animado ahora que sabía que no vendrían más.

A pesar de que estaba ocupado acabando con un zombi tras otro con el hacha, no podía dejar de sorprenderse por las dotes de lucha que mostraba el jugador misterioso. Enseguida se hizo evidente lo que significaba el mágico brillo rojo de la espada de hierro. La primera vez que atravesó un zombi a la altura del pecho, el monstruo empezó a arder, como si se hubiese terminado la noche y hubiera salido el sol. La espada, con un encantamiento de aspecto ígneo, atravesaba a los zombis con una facilidad inaudita, dejando a sus desafortunadas víctimas en el suelo y los cuerpos cubiertos de llamas.

Solo quedaban cinco zombis, y Stan, Kat, Charlie e incluso *Rex* habían dejado de luchar para no interponerse en el camino del jugador. Bajo sus miradas de asombro, apuñaló a un zombi, se abalanzó sobre otros dos más y se volvió hacia tres más para acabar con ellos de una estocada descendente. Se dio la vuelta y esquivó el golpe de otro zombi que lo atacaba y luego, aprovechando que se había agachado para hacerlo, cercenó al zombi a la altura de la cintura. Finalmente, echó su brazo hacia atrás y decapitó al último monstruo, que estaba justo detrás de él, sin siquiera mirar su posición. Hecho esto, envainó su espada de hierro y suspiró aliviado.

Sin embargo, lo más impresionante era que, aunque Stan y Charlie tenían abollados los petos de hierro y Kat toda la armadura a causa de los golpes de los zombis, Stan no pudo ver un solo arañazo en el misterioso jugador de las sombras. No llevaba puesta ninguna armadura y se había quitado las botas de cuero al llegar al agujero. Había librado toda la batalla desprotegido por completo y no había recibido ni un solo rasguño.

«Quienquiera que sea —pensó Stan—, me alegro de que esté de nuestra parte.»

—¡Ha sido asombroso! —dijo Charlie mientras se acercaba al jugador y le estrechaba la mano—. Me llamo Charlie y estos son mis amigos, Kat y Stan. —Los dos asintieron—. ¿Cómo te llamas?

—Me llaman DieZombie97 —dijo el jugador, al tiempo que se limpiaba el sudor de la frente—. Antiguo jefe de la hermandad de los cazadores de élite, tricampeón del torneo mundial de la liga spleef de Elementia y autoproclamado rey del desierto. No obstante, pueden llamarme DZ —añadió con una sonrisa—. ¿Qué están haciendo ustedes tres aquí? Muy poca gente elige acampar aquí sola con todos los monstruos y nómadas que deambulan por este arenoso páramo.

—Bueno, ahora estamos en una misión y hay ciertas personas a las que querríamos evitar —dijo Stan, reacio a facilitar más información de la necesaria a aquel extraño, a pesar de que les acababa de salvar la vida—. ¿Y qué haces tú aquí? Supongo que vives ahí fuera, Señor rey del desierto. ¡Ni siquiera llevas armadura!

—Excelente observación, mi joven amigo —dijo DZ, apoyándose en la parte más baja de la pared del agujero—. Bueno, la razón por la que vivo solo ahí es que me agrada estar desconectado de la locura del mundo moderno. En su día era bastante popular, si no les importa que lo diga, pero lo cierto es que disfruto de mi existencia aquí, moliendo a palos a los monstruos y manteniendo a raya a los nómadas de vez en cuando. Y en cuanto a lo de no llevar armadura... Eh, es una vieja costumbre de los tiempos en los que jugaba al spleef.

—¿Qué es eso del spleef? —preguntó Stan.

Se lo había preguntado unas cuantas veces, pero no había tenido la oportunidad de hacerlo en voz alta hasta ahora.

—¿Cómo? —gritó DZ, para sorpresa de todos—. ¿No han oído hablar del spleef? ¿De qué nivel son?

—¿Eso importa? —preguntó Stan, a la defensiva.

Estaba hasta la coronilla de los prejuicios contra los jugadores de nivel bajo.

—¡Ah! No se preocupen, no tengo nada en contra de los

niveles bajos —rio DZ—. Precisamente por eso dejé Element City. Solo lo preguntaba porque si hubiesen pasado allí más tiempo, habrían oído hablar del spleef.

—¡Ah! Bueno, en ese caso, estamos todos en los treinta —respondió Stan, cosa que, con todos los monstruos y animales que habían matado por el Inframundo y en el mundo real, era cierta.

Kat, Charlie y Stan eran ahora nivel 34, 33 y 31, respectivamente. Además, conforme hablaba, Stan se dio cuenta de que ya no se les podía considerar jugadores de nivel bajo. Entonces cayó en la cuenta de que DZ había dicho también otra cosa.

—Espera —dijo—, ¿por qué has dicho que dejaste Element City?

—Porque odio al rey —respondió DZ con toda tranquilidad—. De todas formas, el spleef es un juego en el que cualquier número de jugadores... Bueno, en las normas de la liga, el número oficial...

—Espera —lo interrumpió Kat—. ¿Por qué odias tanto al rey?

—Porque traicionó a unos cuantos amigos suyos y porque es un cretino paranoide. Como decía, en la liga de spleef dos equipos compuestos por tres jugadores se...

—¿Y por eso odias al rey? ¿Te gustaría verlo derrocado?

—Bueno, claro, si alguien tuviera las agallas de organizar una rebelión, me uniría. Bueno, el caso es que hay dos equipos en el campo de juego y tienen que destruir el suelo, que está hecho de nieve, e intentar derribar a los tipos del otro equipo a través de los huecos...

—¡Nosotros lo estamos haciendo! ¡Estamos organizando una rebelión contra el rey! —exclamó Charlie.

—Y el último equipo que conserve un jugador en pie es... Espera, ¿qué? —DZ empezó a prestarles atención por primera vez. Se quitó los lentes de sol y los miró—. Esperen... Por lo que sé, nadie que sea aliado del rey bromearía siquiera con derrocarlo... ¿Lo dicen en serio?

Stan miró a Kat, quien miró a Charlie, y este volvió a mirar a Stan, quien supo que los tres estaban pensando lo mismo.

—¡Sí, claro que lo decimos en serio! —respondió—. Si quieres, puedes unirte a nosotros. Estamos organizando un ejército para intentar derrocar al rey. En cuanto tengamos suministros, y ahora mismo estamos de viaje para conseguirlos, contactaremos con otros jugadores que nos esperan en la aldea Adoriana y atacaremos el castillo de Element City .

—Eh... esperen...

DZ se sentó e intentó digerir la magnitud de lo que Stan decía.

—Entonces, ¿ya tienen un ejército... y suministros? Pero ¿cómo van a infiltrarse en el castillo? Incluso asumiendo que su ejército tuviese alguna oportunidad contra el del rey, ¿no está el castillo equipado con dispensadores automáticos... eh, trampas de redstone... eh, cosas que sirven para detener a los ejércitos invasores?

Las caras de Kat y Charlie se ensombrecieron, como si de pronto fuesen conscientes de que habían pasado por alto este detalle, pero Stan metió la mano en sus pertenencias y sacó el libro que le había dado el Mecanista.

—El tipo que diseñó todas esas trampas de redstone para el rey me dio este libro, en el que se explica lo que son y dónde están. Podemos utilizarlo para anticiparnos y evitar las trampas.

Los amigos de Stan, y también DZ, lo miraron y él les explicó brevemente su desvío hacia Piedra Negra y el encuentro con el alcalde y el Mecanista. Kat y Charlie respondieron con euforia al enterarse de que veintidós jugadores más iban camino de la aldea Adoriana para sumarse al esfuerzo de guerra. Y DZ, por su parte, se unió a su plan con entusiasmo.

—Bueno, si tienen un ejército y vamos a derrocar al rey, ¡me apunto! Cuanto antes sea derribado ese cretino, mejor. ¿Qué puedo hacer para ayudar?

Una amplia sonrisa de determinación se había dibujado en su cara. Era la reacción más entusiasta con la que el plan de Stan se hubiera encontrado hasta el momento.

—Bueno, podrías volver a la aldea Ado... —comenzó Stan, pero Kat lo interrumpió y se lo llevó aparte—. ¿Qué estás haciendo? —preguntó al verse arrastrado hacia Charlie.

—Bien, chicos, miren. Tenemos que matar a unos doce endermen si queremos llegar hasta el Fin, y quién sabe lo que nos encontraremos cuando lleguemos. Se llama el Fin por algo —dijo Kat.

—¿Adónde quieres ir a parar? —preguntó Stan.

—Pues a que, ¿qué tal si en vez de pedirle a DZ que vuelva a la aldea con los demás, le pedimos que venga con nosotros? Parece que sabe lo que se hace —añadió Kat.

—¡Es una idea genial, Kat! —exclamó Charlie—. El tipo es un as con esas espadas.

—Esperen un segundo —dijo Stan—. ¿Están seguros de que queremos pedirle a un tipo que acabamos de conocer que venga con nosotros?

A decir verdad, él mismo se había desalentado un poco con la reacción de DZ, pues por alguna razón le había parecido poco sincera.

—¿Y por qué no? Hasta el momento ha funcionado. Ya sabes, con el Boticario, los chicos del Inframundo y con esa gente de Piedra Negra de la que nos has hablado —respondió Kat.

—Sí, y con el Boticario estuviste gritándome por tentar nuestra suerte. ¿Ahora eres tú quien quiere tentarla? ¿No te parece un poco hipócrita?

—¡Ay, vamos, Stan! —repuso Kat con exasperación—. Tengo un buen presentimiento. Confía en mí por una vez.

—¿Estás segura de que no se debe a que te parece guapo? —se burló Stan, aunque se arrepintió de decirlo un segundo más tarde.

Kat dejó escapar un silbido de rabia mientras saltaba sobre Stan y le golpeaba directamente en el estómago. Los dos cayeron hacia atrás. Stan se había quedado sin aliento por el golpe mientras que Kat, ofuscada por su enfado, había olvidado que Stan todavía llevaba puesto el peto de hierro. En cuestión de segundos se pusieron de nuevo en pie, e iban a reanudar la pelea cuando algo los detuvo. La mano de Charlie empujó a Kat hacia atrás, mientras su pie hacía lo propio con Stan.

—¡Basta! ¡Quietos los dos! —gritó—. Se están comportando como niños de cinco años. ¡Déjenlo ya! Así es la gente de la que tratamos de deshacernos, ¿recuerdan?

Se volvió hacia Kat.

—Kat, no hay nada malo en ser precavido, así que no rechaces su opinión del todo.

Entonces miró a Stan.

—Stan, eso ha estado fuera de lugar y, además, si el tipo nos quisiera muertos, podría haber dejado que los zombis se ocuparan de nosotros, ¿no te parece?

Dio un paso atrás para poder dirigirse a los dos al mismo tiempo.

—Yo digo que invitemos a DZ a venir con nosotros, pero que lo vigilemos hasta estar cien por cien seguros de que es de confianza, ¿de acuerdo?

Stan y Kat permanecieron en silencio por un momento. Entonces, ambos asintieron con la cabeza. Sin embargo, lo hicieron sin mirarse a los ojos.

Charlie caminó hacia DZ, que había permanecido ajeno a la pelea y ahora estaba cantando distraídamente «Muere, rey Kev, muere» en el muro de arenisca, con la espada de diamante en la mano.

—¿DZ?

El guerrero se volvió hacia Charlie, envainó la espada y lo miró a los ojos.

—Ah, Charlie. ¿Han decidido ya lo que quieren que haga?

—Sí —contestó Charlie firmemente, con Kat y Stan detrás de sí—. Nos encantaría que vinieses con nosotros. Tenemos que conseguir doce perlas de enderman y combinarlas con varas de blaze para fabricar doce ojos de Ender para entrar en el Fin. ¿Te gustaría venir con nosotros?

DZ asintió.

—Me apunto. He estado viviendo ahí fuera durante mucho tiempo y ha sido divertido, pero estoy listo para hacer algo por este servidor. Me ha dado muchos momentos divertidos.

Stan recordó lo que el Boticario había dicho justo después de ofrecerse a ayudarlos a levantar un ejército. «Este lugar me ha dado muchas cosas y me ha quitado otras. Es hora de que haga de este servidor un lugar al que las generaciones futuras puedan llamar hogar.» Durante sus viajes por Elementia, Stan había descubierto la de cosas fantásticas que uno podía conseguir en el juego, con tiempo y un poco de suerte. La gente había pasado muy buenos momentos en el servidor y habían llegado a tomarle cariño. Sin embargo, nada de eso estaría a su alcance hasta que no muriese el rey Kev. Eso lo sabía con certeza.

—Y además, el Fin parece absolutamente fantástico. Quiero ver qué es lo que tenemos que hacer allí, hacerlo y moler a palos a cualquiera que intente detenernos.

Este discurso sacó a Stan de sus ensoñaciones, pero había una idea a la que seguía dando vueltas en la cabeza.

—DZ, ¿qué quieres decir con «ver lo que tenemos que hacer allí»? Debemos encontrar el tesoro del rey. Eso es todo.

—Oh no, colega, Stan, no has entendido —rio DZ—. Nunca he estado en el Fin... En realidad, no creo que nadie haya estado allí, salvo el rey... pero sé que no es una dimensión normal, como el mundo real o el Inframundo. Por lo que he oído, el que entra debe realizar una tarea específica, y hasta que no la termines, no podrás salir.

—Y... ¿qué tipo de tarea es esa? —preguntó Stan con aprensión, sin saber si quería conocer la respuesta en realidad.

—Ni idea —contestó DZ, encogiéndose de hombros—. Puede que sea un acertijo, una batalla, una amistosa partida de parkase... Solo tenemos que ir preparados, eso es todo. Parece que saben lo que hacen. Estoy seguro de que los cuatro podremos con cualquier cosa que nos espere en el Fin.

—Sí, tienes razón —coincidió Kat—. De todas formas, ya nos preocuparemos de eso cuando llegue el momento. Lo que tenemos que hacer ahora es conseguir las doce perlas de enderman.

—¿Cómo estas? —preguntó DZ, sosteniendo un puñado de esferas de un color azul verdoso.

—¡Sí! ¡Madre mía! —gritó Charlie, atónito—. DZ... ¿dónde las has conseguido?

—¿Dónde crees tú? He vagado por este desierto durante mucho más tiempo del que ustedes tres llevan en Elementia.

—¿Saben cuántos endermen puedes cruzarte durante ese tiempo? Les aseguro que es muy molesto encontrarte con uno de esos bichos cuando estás observando el horizonte.

—Sí, lo sabemos. Nos enfrentamos a uno —contestó Stan mientras Charlie agarraba las perlas de enderman de DZ y las contaba—. Son poderosos, se teletransportan y se enfadan cuando los miras.

—Probablemente las tres peores cualidades que pueda tener un monstruo —añadió Kat en tono solemne.

—Dímelo a mí —respondió DZ mientras Charlie guardaba las perlas entre sus pertenencias.

—A ver, tenemos seis perlas de enderman —dijo Charlie—. Gracias a DZ.

Le lanzó una mirada de fastidio a Stan, que miró hacia otro lado, avergonzado.

—Así que tenemos que encontrar y matar a seis endermen más. Pan comido —añadió.

—Eh... no exactamente, colega —dijo DZ—. Los endermen no dejan caer siempre perlas. Vamos a tener que matar a unos cuantos más de seis.

—Maravilloso —dijo Charlie, sacudiendo la cabeza—. Pero ¿hacia dónde vamos ahora? No podemos quedarnos en nuestra base actual. No tiene puerta y no hay madera por ningún lado, aparte de que si nos quedamos en un sitio demasiado tiempo las fuerzas del rey nos encontrarán.

—Ya sé lo que podemos hacer —dijo DZ—. A veces, cuando estoy bajo de salud y necesito un lugar donde quedarme, suelo buscar una aldea de personajes no jugadores. La gente que vive allí es agradable, cocina bien y siempre está dispuesta a ofrecerte cobijo.

—Oh, no sé si una aldea de PNJ es una buena idea —respondió rápidamente Kat.

Stan y Charlie la miraron con sorpresa.

—¿Por qué no, Kat? —preguntó Stan—. ¿Qué tienes en contra de las aldeas de PNJ?

—Eso, Kat, ¿recuerdas cuando nos conocimos por primera vez? —preguntó Charlie—. Dijiste que estabas buscando una aldea de PNJ, porque allí tenían cosas estupendas.

—Mmm... bueno, sí... Eh, con respecto eso... —tartamudeó Kat mientras se removía en el sitio—. A veces... eh, no me gusta la gente. Quiero decir que no me gusta toda la gente. Es evidente que DZ se las arregla bien. O sea... eh...

Stan nunca la había visto tan incómoda.

—Ah, vamos, Kat. Son bastante simpáticos —dijo DZ con una carcajada—. Estoy seguro de que les caerán bien. Además, las fuerzas del rey han racionado el trigo en las aldeas, por lo que todos lo odian. Estoy seguro de que se pondrán de nuestro lado si le decimos que vamos a derrocar al rey.

—Bueno... entonces, eh... no tengo... eh... ninguna razón para no ir —dijo Kat con una sonrisa forzada.

Cada vez era más evidente que, por razones desconocidas para Stan, Kat no quería saber nada de las aldeas de PNJ.

—¡De acuerdo entonces! —exclamó DZ con una sonrisa, ajeno al malestar de Kat—. Estoy bastante seguro de que hay una a un día de marcha, en dirección sudeste. Si nos ponemos en camino ahora mismo deberíamos llegar al anochecer y podremos empezar la caza de esos endermen.

Echó a andar a mano izquierda del sol naciente y Stan y Charlie lo siguieron, entusiasmados. Kat, por el contrario, tenía la cabeza gacha y estaba tramando lo que iba a hacer para evitar la terrible aldea de PNJ.

CAPÍTULO 21

DOA ECHA UNA MANO

S tan había empezado a arrepentirse de haber permitido que DZ los acompañara.

Ni sus grandes dotes como esgrimista ni el hecho de que hubiera conseguido ya la mitad de las perlas de enderman que necesitaban para ir al Fin compensaban el hecho de que estaba anocheciendo sin que hubieran visto ninguna aldea de PNJ. Ya habían agotado las escasas provisiones de comida que Kat y Charlie habían conseguido el día anterior. DZ contribuyó con pollo crudo, que no se comieron por temor a una intoxicación alimentaria. Para disculparse, les explicó que su filosofía era comerse solo lo que acababa de matar, por lo que rara vez llevaba comida encima. Esta revelación no mejoró la opinión que Stan tenía de él y siguieron caminando sin descanso por el interminable mar de arena.

Cuando el sol despidió su último destello rosado en el horizonte, Stan dejó escapar un grito de frustración. Charlie y Kat lo miraron preocupados.

—Pero ¿sabes hacia dónde vamos? —gritó enfurecido y con una vena hinchada en la frente, rociando a DZ con su saliva.

DZ miró alrededor de manera despreocupada, aparentemente ajeno al hecho de que Stan estaba a punto de sucumbir a un ataque de ira. Se rascó la cabeza con aire inocente.

—Bueno, ahora que lo pienso, si el sol sale por el este y se oculta por el oeste... eso significa que se mueve... por lo que si sigo yendo hacia su izquierda... ¡Aaaaah! ¡No vamos en dirección sudeste! ¡Estamos yendo en círculos!

Se echó a reír.

—¡Guau! ¡Qué estúpido por mi parte! ¿No?

Solo entonces se dio cuenta de que todos sus compañeros lo miraban fijamente, con incredulidad. Charlie lo hacía como si estuviera decidido a imitar a un enderman mientras que Kat tenía los ojos tan abiertos que no parecía haber otra cosa en su cara. Incluso *Rex* y *Limón* miraban a DZ como si fueran conscientes de que había hecho algo increíblemente estúpido.

Stan era el único que no parecía sorprendido, pero en cambio parecía a punto de explotar como un creeper, solo que de ira. Tenía los ojos cerrados, los dientes apretados y la vena de la cabeza inflamada.

—¿Pretendes decir que te hemos seguido todo el día y nos has estado dirigiendo en círculos? —dijo, con una voz calmada pero amenazante.

—Pues parece que así es —dijo DZ, encogiéndose de hombros—. Pero deja de preocuparte, en realidad no importa. Mañana iremos en el sentido correcto.

—Pero ¿no te das cuenta de que no tenemos comida ni refugio y de que entre nosotros y la luz de mañana está toda la noche de hoy? —gritó Stan, tan alto que Charlie retrocedió conmocionado.

DZ seguía de pie, con la boca ligeramente entreabierta y sin pestañear, mientras Stan arremetía contra él.

—¡Llevas con nosotros menos de un día entero y ya nos has causado más problemas de los que vales! —bramó Stan—. ¡Estamos perdidos en medio de quién sabe donde y si esta noche se parece en algo a lo de anoche, no sobreviviremos! Estamos en un lío, ¿entiendes, DZ? ¡Intentamos hacer algo imposible! Luchamos contra el rey, contra la naturaleza y a veces parece que contra el propio Minecraft. ¡Si no vas a espabilarte y a tomarte esto en serio, es mejor que te alejes para no causar más daño!

Respiraba con fuerza y tenía las fosas nasales dilatadas y las venas palpitantes. Kat y Charlie estaban sobrecogidos. Siempre habían sabido que Stan tenía cierta propensión a la ira, pero aquel estallido era el más violento que le hubieran visto nunca.

DZ le clavó los ojos con una expresión nueva. Era una mezcla de conmoción, miedo y pena. Entonces suspiró.

—Eh... Lo siento. Lo hago lo mejor que puedo. Estoy acostumbrado a vivir como un nómada, no a encontrar sitios. Prometo que intentaré tomarme esto más en serio. Pero no olviden pasarla bien, ¿de acuerdo? —Esbozó una sonrisa tímida—. Esto sigue siendo un juego, ¿no?

Stan resopló burlón.

—Esto es algo más que un juego, DZ. Podemos hacer

que cambien sus vidas. Tú más que nadie deberías saberlo. El rey está haciéndole la vida imposible a su pueblo, y está en nuestra mano solucionarlo. Ya tendremos tiempo de divertirnos cuando acabemos con nuestro trabajo.

DZ miró a Stan con tristeza.

—Entendido, amigo. Pero recuerda lo que se dice: al final de tu vida te arrepentirás más de aquello que no hiciste que de lo que has hecho. Así que intenta divertirte con lo que hacemos, porque aquí fuera no sabemos cuánto tiempo vamos a sobrevivir.

Aquel comentario era tan profundo, serio y sincero que golpeó a Stan como un terremoto, y se dio cuenta de que tenía razón. Sin duda mañana mismo podían morir en medio de aquel desierto en plena búsqueda de la justicia.

Continuaron su penosa travesía por el desierto en silencio. Stan se mostraba abatido y abrumado.

El sol se ocultó detrás de las colinas y la luna se alzó en lo alto de aquel cielo poblado de estrellas. La parte positiva era que, sin el calor del sol, caminar se haría más llevadero.

La parte negativa, la única que podían ver los cuatro viajeros, era que no les quedaba comida, no había fuente de luz alguna y los monstruos aparecían por todas partes.

Hordas de zombis los atacaban, los esqueletos les disparaban flechas desde la distancia y las arañas trepaban por los cactus y se abalanzaban sobre ellos.

Hasta los creepers suponían una amenaza. *Limón* ahuyentaba a la mayoría, pero hubo un momento en el que dos arañas y un esqueleto alejaron a DZ del grupo y justo cuando conseguía deshacerse de la segunda araña, escuchó su particular siseo y un segundo después voló por los aires.

DZ cayó sobre un cactus y quedó inmovilizado, con un dolor punzante en la pierna derecha. Miró hacia abajo y vio que el cactus le había desgarrado la pierna. Sabía que no podía seguir luchando si no comía algo para reponerse.

Sin querer pensar en ello, desenfundó su brillante espada de diamante y la movió en el aire contra la horda de zombis que casi tenía encima. La hoja no llegó a cortar más que las camisas azules de aquellos monstruos, pero el ruido de la sacudida bastó para que los zombis cayeran hacia atrás amontonados y el peligro quedara conjurado de momento.

DZ apretó los dientes. Tenía que hacer algo y hacerlo ya. Pensó en el cactus que tenía al lado. Sacó una pala de hierro del inventario, retiró la tierra que había alrededor de él a toda prisa y se metió en el agujero tapándolo con toda la tierra que tenía a mano.

Los zombis, de nuevo en pie, deambulaban sin rumbo fijo en su dirección, pero su falta de cerebro les hizo caminar directamente hacia el cactus. Intentaron atravesar el cactus una y otra vez hasta que las púas los despedazaron.

Cuando dejaron de oírse sus gemidos, DZ sacó la cabeza del bloque de tierra para confirmar que estaban todos muertos.

Miró entonces a Stan, Kat, Charlie y los animales, que estaban acorralados en ese momento por las criaturas.

—¡Vengan aquí! —grito DZ mientras los dirigía con sus gestos hacia el agujero.

No necesitaron que lo dijera dos veces. Los tres jugadores salieron corriendo hacia donde estaba DZ y saltaron al agujero. Decir que lo hicieron justo a tiempo sería quedarse corto. Justo cuando la cola de *Limón* desaparecía en el agujero, una araña le saltó encima a DZ.

La lanzó al aire de un puñetazo y volvió a colocar en el agujero el bloque de tierra que protegía a los cuatro jugadores y sus dos mascotas. Demasiado cansado para moverse, DZ acababa de oír decir a Kat que su espada se había quedado fuera cuando cayó fulminado por el cansancio.

—¿Hola? ¡Hoooola!

—Déjanos en paz —murmuró Stan, todavía medio dormido. Quería seguir durmiendo, no tanto por el cansancio de la lucha de la noche anterior contra las criaturas como por el sueño que estaba teniendo, en el que Sally y él celebraban la derrota del rey. Cualquier asunto trivial para el que lo necesitaran podía esperar.

—¡Hola! ¿Hay alguien en casa? ¡Han perdido una espada! ¿Holaaa?

—¿Q-qué? —la voz de Kat, todavía medio dormida, sonaba al otro lado del agujero.

—¿Alguien ha encontrado mi espada?— preguntó en un tono de voz un tanto ridículo.

—Estabas soñando, Kat —dijo Charlie entre bostezos—. Vuelve a dormirte.

—¿Hooooooola?

Stan cerró los ojos para protegerse de la luz que entraba

en el agujero. Kat se había abierto camino entre el bloque de tierra para ver quién era la persona que les llamaba.

—¿Hola?

Aunque Stan estaba tapándose los oídos, podía oírlo claramente.

—Alguien ha dicho que ha encon...

Kat dejó la frase a medias. Cuando volvió a hablar le temblaba la voz.

—¡Ah! Ho-hola.

Algo en la voz de Kat hizo que Stan se detuviera. Ya despierto del todo, agarró su hacha y saltó fuera del agujero tras ella. Volvió la cabeza y preguntó:

—¿Qué está pa...? —Pero entonces también él se calló.

Kat estaba de pie al lado del jugador más fuerte que Stan hubiese visto nunca y parecía extremadamente incómoda.

«Al menos —pensó Stan—, es un jugador.» Definitivamente tenía pinta de jugador, pero aquello, o mejor dicho, aquel jugador, se parecía más a un hombre de Neandertal que a una persona como ellos.

Llevaba una túnica marrón encima de unos pantalones de un marrón más oscuro y zapatos, y era más o menos de su mismo tamaño.

Su cara era ridícula: su cabeza era más grande que la de Stan, tenía los ojos verdes y una sola ceja, además de una nariz gigantesca. De hecho, la nariz le colgaba por debajo de la boca.

Tenía las manos juntas delante, sujetando de manera torpe la espada de Kat.

Lo primero que se le ocurrió a Stan fue preguntarle a

aquella criatura lo que era, pero mientras tuviera la espada sería mejor probar con algo más sutil.

En cambio Charlie, que acababa de salir del agujero, se quedó con los ojos abiertos como platos y le espetó:

—¡Guau! Kat, ¿qué es esta cosa?

Stand lo fulminó con la mirada y se llevó la mano al hacha de manera instintiva, pero la criatura no parecía enfadada. De hecho, miraba constantemente a su alrededor y, a decir verdad, parecía bastante bobalicona.

La criatura miró a Charlie.

—Me llamo Oob —respondió—. Me he encontrado la espada en la arena esta mañana temprano. Estaba buscando a su dueño y los he encontrado a ustedes.

Oob hablaba despacio, como si tuviera que pensar cada palabra que decía.

—¡Eh! ¡Un aldeano PNJ! —gritó DZ al salir del agujero después de Charlie—. ¿Cómo te llamas? Nunca había visto uno como tú, y eso que he recorrido casi todas las aldeas que hay en el desierto.

—Me llamo Oob —dijo simplemente el aldeano, mientras comenzaba a deambular de un lado para otro sin rumbo fijo. Charlie y Stan se quedaron mirando a Oob, sin saber si era por mala educación o por estupidez.

DZ se rio y, para que Oob no pudiera oírlo, se dirigió a Stan y Charlie entre murmullos, gesticulando:

—No se preocupen, estos aldeanos PNJ son bastante tontos, pero una vez que te conocen un poco, son agradables.

DZ se acercó al aldeano y trató de reanudar la conversación. Charlie parecía muy interesado en Oob mientras Stan se fijaba en Kat.

Nunca antes la había visto tan incómoda, ni siquiera cuando le dijo al Boticario que había tratado de matarlos a Charlie y a él cuando se conocieron.

La razón de aquella incomodidad era obvia. Se ponía nerviosa cada vez que el aldeano hacía el menor movimiento. Hasta se había acercado a él sigilosamente por la espalda y le había arrebatado su espada en lugar de pedírsela. Sin que él se enterase, por cierto.

—... ¡un tomate que habla! —DZ terminó de contar un chiste y Oob se desternilló de risa.

Estaba claro que DZ había pasado bastante tiempo con los aldeanos PNJ y sabía cómo ganárselos.

—¡Me gustan, jugadores! Son muy amables conmigo y eso me hace feliz. ¿Les gustaría venir a visitar mi aldea? Los recibiríamos encantados —le dijo a DZ.

—¡Genial! —respondió Charlie antes de que DZ pudiera decir otra cosa—. Hemos estado aquí un tiempo y no nos vendría mal algo de comida. Pareces un buen tipo, Oob —añadió, dándole una palmada en el hombro.

—Síganme entonces, amigos míos —dijo Oob y echó a andar por el desierto.

Charlie caminaba charlando con Oob y, a juzgar por las carcajadas que soltaba de vez en cuando, seguía contándole chistes tontos.

DZ iba sonriente detrás de ellos y al lado de Stan, que miraba a Kat por el rabillo del ojo intentando no perderla de vista.

Iba caminando detrás de todos ellos, y a juzgar por su cara, estaba aterrorizada ante la idea de ir a la aldea PNJ, pero Stan no sabía todavía por qué.

Decidió averiguarlo.

Aminoró su paso hasta llegar a Kat, que comenzó a hacer notables esfuerzos por no mirarlo a los ojos.

—Kat, nos hemos dado cuenta de que no quieres ir a la aldea PNJ —le dijo Stan.

Kat se quedó callada.

—Cuando nos conocimos me dijiste que habías encontrado algunas cosas dentro de un cofre en una aldea PNJ abandonada. Pero a juzgar por cómo estás actuando, empiezo a pensar que no nos has dicho toda la verdad.

Kat seguía sin decir nada.

—Kat, ¿qué pasó en la aldea?

—Lo maté.

Kat se quedó quieta. Su cara mostraba un dolor terrible.

Al verla, la angustia y la confusión se apoderaron de Stan. Parecía alguien que se arrepintiese de un crimen horrible. Cuando volvió a hablar, su voz era indiferente y distante.

—Fui a una aldea PNJ, y los aldeanos se portaron muy bien conmigo. Les robé todas sus cosas. Tomé la espada y maté a su herrero. Todos se quedaron mirándome. Entonces me dijeron que me marchase. Su sacerdote salió de la iglesia, me miró y me dijo que me fuera de la aldea y no regresase jamás. Y luego... oí ruido de pisotones... sonaba cada vez más fuerte... y más fuerte aún... y entonces empecé a correr... no miré atrás... Ni siquiera tuve el coraje de mirar a ese sacerdote a los ojos...

Tenía la mirada clavada en el suelo. Respiró profundamente y suspiró. Miró a Stan.

—Entonces yo era diferente, Stan. Recurría a la fuerza para conseguir lo que quería, y no me importaban las consecuencias, porque sabía que podía superar cualquier cosa así, recurriendo a la fuerza.

Se paró.

—Igual que el rey Kev —susurró Kat.

Era lo mismo que estaba pensando Stan.

—Tenemos que vencerlo, Stan —dijo Kat.

Su tono de voz se volvió serio y lo miró directamente a los ojos.

—Cuando los conocí todo cambió. No soy la misma persona que era entonces. Charlie y tú son geniales. Se enfadan cuando ven injusticias, de cualquier tipo, incluso aquellas a las que otros no hacen ni caso. Y con toda la razón. Me han cambiado. Y sé que estamos haciendo lo correcto. Tenemos que derrotar a ese lunático y devolver la justicia a este lugar. Y tú tienes que guiarnos. Eres especial, eres la persona idónea para hacerlo.

Irradiaba el mismo poder que cuando se abrió paso entre la lava y atacó a Becca en el mar de lava. Cada palabra que decía iba directa al corazón de Stan. Empezó a sentir el poder que le conferían sus palabras.

Stan no había dicho nada durante su monólogo, pero sabía que Kat estaba en lo cierto. No quedaba nada de aquella chica que les había tendido una emboscada en los bosques con una espada de piedra, y sabía que habían sido ellos, Charlie y él, quienes la habían llevado por el buen camino.

Y también sabía que él era especial de alguna manera, aunque todavía no sabía muy bien cómo se sentía al respecto. Estaba seguro de que le había poseído un poder sobrenatural cuando ganó aquella pelea dos contra uno en el dojo, cuando destruyó sin esfuerzo al gólem de nieve con su hacha y cuando le disparó aquella flecha al rey.

Lo había sentido de nuevo la noche anterior durante la discusión con DZ. Esos actos no parecían salir de él, sino provenir de un nivel de pensamiento superior, como si el universo mismo estuviera indicándole cómo actuar.

Recordó como, hacía millones de años, a millones de kilómetros, en una aldea Adoriana que el odio no había conseguido destruir aún, Sally le había preguntado si creía que era especial, y recordó la cautelosa mirada que le había dirigido Steve *el Loco*.

Ellos lo sabían. Habían notado algo en él, un aura. Y ahora que lo recordaba, también se lo habían demostrado. Sally lo había obligado a luchar contra Kat y Charlie en un dos contra uno, y si no hubiera sido porque Steve *el Loco* murió en mitad de su charla, le habría dicho algo, Stan estaba seguro.

Con todo aquello en mente, vio cómo empezaban a dibujarse las siluetas de los edificios en aquel horizonte del desierto que ya se unía con el cuadrado creciente que era el sol, y la perspectiva de llevarse a la boca algo de comer fue suficiente para convencerlo de dejar todos esos pensamientos a un lado para retomarlos más tarde.

—Mm... *Jomós hafía eshodo tonto domemos ol pon* —mascu-
lló Kat con la boca llena de pan.

Stan asintió.

El pan que les habían dado los aldeanos sabía a gloria
teniendo en cuenta el hambre que habían pasado el día anterior.

A juzgar por la posición del sol debía de ser mediodía y
mientras *Limón* y *Rex* estaban tumbados fuera, Stan, Charlie, Kat, DZ y Oob se habían sentado en la casa de Oob.

Stan había notado que la aldea en sí tenía mucho en
común con la aldea Adoriana. La mayoría de las casas estaban hechas de tablones de madera y roca, con ventanas de
paneles de vidrio y puertas de madera.

Toda la aldea tenía su epicentro en un pozo hecho con
roca del que salían unos senderos de grava que se extendían
a su alrededor.

Detrás de casi todas las casas había unas granjas diminutas hechas con bloques de madera dispuestos en círculos, en
los que se alternaban hileras de agua con bloques de tierra
con trigo plantado.

Dos edificios destacaban sobre el resto de las casas. Uno
de varios pisos, hecho de roca, era el más alto de la aldea.
Oob le había señalado que era la iglesia, donde vivía el sacerdote que también era su líder.

Al lado de la iglesia había un amplio edificio que tenía
toda la parte izquierda descubierta, y en su interior se veían
dos hornos y una piscina de lava. Se llamaba herrería, le
dijo Oob, y era la casa del herrero, el encargado de mantener las herramientas de los aldeanos en buen estado.

—Estamos muy contentos de que hayan venido. Hacía mucho tiempo que no encontrábamos jugadores que fueran amables con nosotros —dijo Mella, la madre de Oob, que vivía en aquella casa con él y con su marido, Blerge.

—¿A qué te refieres, Mella? ¿Algún jugador les ha hecho algo? —preguntó Kat.

—Sí, claro —respondió la aldeana con gesto sombrío—. Hace mucho tiempo, antes de que naciera Oob, las fuerzas del llamado rey Kev nos obligaban a pagarles tributo con el trigo de nuestras granjas. A menudo había escasez y muchos de nosotros pasábamos hambre.

Mella comenzó a pasear por la casa otra vez. Stan ya se había dado cuenta de que era una cualidad de los aldeanos PNJ: tenían tendencia a ponerse a deambular sin importarles lo que tuvieran entre manos.

—¿Qué ocurrió? ¿Por qué dejó de molestarlos el rey? —preguntó Kat en tono interesado.

—¿Qué? ¡Ah, sí! —respondió Mella, como si se hubiera olvidado por un momento de que estaban allí. Stan sospechaba que realmente así había sido—. Poco después de que naciera Oob, un jugador hizo un pacto con el rey por el que le ofreció sus servicios a cambio de no volver a cobrar tributo a nuestra aldea. No hemos visto más jugadores desde que se llevaron a aquel valiente.

Y a continuación, volvió a deambular por la casa.

Viendo que Mella estaba ausente, Stan prefirió preguntarle a Oob el nombre de aquel jugador. Su entusiasmo era evidente en su cara cuando respondió.

—¡Oh, hemos prometido no volver a decir el nombre

del Sagrado nunca más! ¡Tenemos órdenes del todopoderoso Notch de no volver a decir su nombre jamás como compensación por su sacrificio!

—¿El todopoderoso Notch? ¿Quién es Notch? —preguntó Charlie al tiempo que se abría la puerta de atrás y Blerge, el padre de Oob, volvía de trabajar en la granja.

—Es el tipo que creó Minecraft —le susurró DZ a Charlie para que Blerge, que los miraba con expresión de incredulidad, no pudiera oírlos.

—¿No sabes nada de Notch, el Creador? ¡Sin el todopoderoso Notch, no podría existir la vida tal y como la conocemos! Al principio de los tiempos, Notch creó esta aldea, que protege a la gente de las criaturas malignas. Notch hace que salga y se ponga el sol, y es señor de todas las criaturas de este mundo. Sin él estaríamos completamente a merced de Herobrine, señor del mal y de la destrucción.

Blerge siguió hablando sobre el todopoderoso Notch y Stan reconoció que empezaba a estar intrigado. ¿De verdad los aldeanos veneraban al tipo que había creado Minecraft? «Bueno, tiene sentido, si lo piensas bien este juego es todo su mundo.» Aun así, y por mucho que pensase que Notch era formidable por haber creado un juego tan excepcional, no se veía a sí mismo venerándolo.

—Eso es muy interesante, Blerge —dijo Charlie—. Tengo una pregunta. Estamos tratando de derrocar al rey. Es decir, al tipo que los obligaba a pagarle con sus cosas.

—Ah, sí —dijo Blerge, frunciendo el ceño.

—Ese hombre hizo sufrir mucho a mi gente. Me encantaría que cuatro jugadores tan amables como ustedes ocuparan su lugar. Nos tratan con amabilidad, mientras que aquel que se hace llamar rey Kev nos cree inferiores.

Stan había abierto la boca para hablar, pero se detuvo a tiempo. No era del todo cierto que ellos fuesen iguales a los habitantes de las aldeas de PNJ, sobre todo teniendo en cuenta que, desde su entrada en la aldea, había visto a dos aldeanos que habían estado a punto de matarse chocándose con un cactus.

Pero Stan respetaba a esta gente y eso, pensaba, era lo que le diferenciaba del rey Kev.

—Bueno —le preguntó Charlie a Blerge—, ¿estarían dispuestos a dejarnos utilizar su aldea como campamento base? Todavía tenemos que reunir seis perlas de enderman para llegar al Fin, y nos vendría bien un sitio en el que quedarnos hasta que hayamos matado suficientes endermen.

Blerge ya estaba deambulando de nuevo cuando Charlie terminó su pregunta, así que fue Mella quien respondió.

—Estoy segura de que no habrá problema en que se queden todo el tiempo que necesiten, amigos. Sin embargo, antes de confirmarlo, debemos consultar a Moganga, la sacerdotisa y líder de nuestra aldea. Ella les dirá si pueden quedarse o no. Vengan, los llevaré ante ella.

Y dicho eso, Mella se dirigió a la puerta. Oob la siguió mientras Blerge seguía deambulando por la casa.

—Esperen —dijo Kat, hablando por primera vez en mucho rato—. Esta es su casa. ¿Por qué es esta mujer, Moganga, la que decide si nos quedamos o no?

—Porque así lo ordena el todopoderoso Notch —dijo

Mella y salió de la casa como si la respuesta hubiese sido absolutamente apropiada.

Oob y Blerge salieron detrás de ella, seguidos de Charlie y DZ, luego Stan y, un momento después, Kat.

Mientras el grupo avanzaba por el camino de grava hacia la iglesia, Stan, sin apenas fijarse en Charlie, DZ y Oob, que charlaban delante de él, no le quitaba el ojo de encima a Kat.

Desde que su amiga le confesara lo ocurrido en la última aldea PNJ que había visitado, había estado muy tranquila y pensativa, algo que no era muy habitual en ella. Y parecía también más cómoda entre los aldeanos, después de haberse liberado de aquel secreto.

Ahora, sin embargo, según se aproximaban a la iglesia, Stan empezó a sentir un pequeño vestigio de aquella tensión. Aun así entró y Stan la siguió después de explicarle a otro aldeano más, este llamado Libroru, que si caminaba directo a un cactus podía hacerse daño.

La iglesia estaba hecha únicamente de roca y tenía una escalera exterior que llevaba a los pisos superiores. Había antorchas en los muros y delante había también un altar hecho de roca.

Una aldeana vestida de color púrpura estaba de pie frente al altar. Cuando los jugadores entraron siguiendo a Mella y Blerge, la sacerdotisa se volvió hacia ellos.

—Hola, jugadores —dijo Morganga, dirigiéndose a Stan, Kat, Charlie y DZ.

—Oob me avisó de su llegada. Bienvenidos.

Se volvió hacia Mella y Blerge.

—¿En qué puedo ayudarles, hermanos?

—Estos cuatro jugadores nos han pedido disponer de nuestra casa como base durante su cacería de endermen —respondió Blerge con voz potente.

—Te pido que le preguntes al todopoderoso Notch su opinión sobre este asunto.

—Ya veo. Intentaré contactar con el todopoderoso Notch, hermano —respondió Moganga.

Cerró los ojos y su única ceja comenzó a moverse rápidamente. Así estuvo más o menos dos minutos, y cuando por fin abrió los ojos de nuevo, Blerge y Mella ya habían empezado a deambular por la iglesia.

Oob dio un paso al frente.

—¿Cuál es la palabra del todopoderoso Notch, madre Moganga? —preguntó Oob con semblante serio.

—El todopoderoso Notch me ha hablado —respondió Moganga, y al oírlo, a Oob se le iluminó el rostro—. El todopoderoso Notch bendice los esfuerzos de estos jugadores y nos llama a brindarles refugio, si es que conseguimos salir airosos de los terribles sucesos que acontecerán bajo la luna llena de esta noche.

—Oh, Dios mío —susurró DZ—. ¿Estás diciendo que esta noche hay luna llena?

Moganga asintió, lo que provocó un gran sobresalto en Oob y DZ.

—Un momento, ¿qué pasa con la luna llena? —preguntó Charlie.

DZ se puso muy serio y respondió:

—Pues un asedio, eso es lo que pasa. Cada luna llena, si hay jugadores en una aldea PNJ, una horda gigantesca de criaturas la ataca. Y me refiero a gigantesca de verdad. Hará que los que matamos en el agujero anoche parezcan una broma. Y aunque muchos de ellos son zombis, hay muchas criaturas más.

—Hace años —dijo Mella, que había dejado de deambular—, cuando el Sagrado estaba entre nosotros, los asedios se producían cada luna llena. Pudimos sobrevivir porque los zombis no podían derribar nuestras puertas en aquellos tiempos. Sin embargo, en cada asedio, además de los zombis, nuestra aldea se veía aterrorizada por otro monstruo horrible: un esqueleto montado a lomos de una araña.

—Un jinete arácnido —susurró Charlie.

Frunció el ceño y sus ojos se llenaron de preocupación.

—He leído cosas sobre ellos. El alcance de un esqueleto, combinado con la agilidad y rapidez de una araña. No me parece una combinación divertida.

—Tienes razón —asintió DZ con expresión seria—. Cada vez que veo un jinete arácnido en el desierto intento evitarlo. Si me ve, corro como alma que lleva el diablo —dijo y miró a Moganga.

—Entonces, cada vez que hay un asedio, ¿un jinete arácnido ataca a los aldeanos?

—Exacto —respondió la sacerdotisa—. A menudo conseguía matar a uno de los nuestros antes de que el Sagrado lo ahuyentara y este no fue capaz de abatirlo nunca, a pesar de ser un consumado arquero. Así que el jinete arácnido volverá esta noche. Teniendo en cuenta que, además, los zombis han aprendido a derribar nuestras puertas, comprenderán que el hecho de que se queden aquí convertirá esta aldea en un sitio muy peligroso para nuestra gente.

Stan estuvo tentado de añadir que eso no era decir mucho, habida cuenta de que había visto a tres aldeanos al borde del suicidio caminando hacia los cactus, pero se guardó esta opinión para sí mismo.

—Por lo tanto les ofreceré un trato. Pueden quedarse en la aldea con nosotros mientras continúen cazando esas criaturas que llaman endermen, y a cambio, nos defenderán del asedio y matarán al jinete arácnido. ¿Aceptan el trato?

—Sí, señora —respondió Stan mientras sus compañeros asentían.

De hecho, Kat y DZ parecían encantados con la idea de luchar contra una horda de criaturas malignas. Charlie, sin embargo, todavía mostraba un vestigio de los antiguos nervios que tan a menudo demostraba cuando se conocieron.

Stan esperaba que esta tendencia nerviosa hubiera desaparecido ya, después de todo lo que habían pasado. Evidentemente, no podía permitirse que Charlie se pusiese nervioso en el Fin.

Para asegurarse, y también como prueba de fuego para ver hasta dónde llegaban los nervios de Charlie, dijo:

—Bien, lo haremos así. DZ y Kat, se quedarán en la aldea matando a todos los zombis que intenten entrar en las casas. Charlie y yo saldremos al desierto que hay alrededor de la aldea y mataremos al resto de las criaturas que aparezcan por allí. También iremos a la caza del jinete arácnido.

Charlie abrió los ojos de par en par. Abrió también la boca para hacer un comentario que Stan estaba seguro sería de protesta, pero Kat ya había dicho que le parecía bien y DZ había mostrado su conformidad con un gesto de cabeza.

—Bueno —continuó—, vamos a prepararnos. El sol se está poniendo y va a ser una noche muy, muy larga.

Charlie, con semblante preocupado, siguió a Stan, Kat y DZ de vuelta a la casa de Oob, donde habían dejado las armaduras y las armas en un cofre.

El arsenal de DZ era por mucho el más ligero. No llevaba armadura y solo tenía una espada de hierro que el encantamiento de aspecto de fuego había vuelto de un color rojo brillante, y dos espadas de diamante al cinutrón. Una de ellas brillaba con un encantamiento de retroceso.

Kat, por su parte, contaba con cierta desventaja, ya que era la única que tenía una armadura completa. Llevaba un casco de hierro, una túnica de cuero, y grebas y botas de hierro, además de un encantamiento de infinitud en la mano. De su cadera colgaban varias flechas y una espada de hierro.

Stan también llevaba bastante parafernalia. Un peto de hierro, el hacha en la mano y un arco cruzado a su espalda, con sus respectivas flechas colgando a uno de los lados.

Oob le había dado un fajín para que se lo pusiera en el pecho y allí había sujetado las dos pociones de curación y la poción de protección contra el fuego que todavía le quedaban de su última visita al Boticario.

Charlie iba embutido en un peto de hierro y sostenía un pico de diamante entre sus manos sudorosas. Tenía un fajín como el de Stan, pero ni arcos ni flechas. En su lugar, había agarrado las bolas de fuego que le había quitado a un soldado muerto en el portal del Inframundo y se las había colgado del cinturón y el fajín.

El cielo fue cambiando de color a medida que el sol se hundía cada vez más en las colinas del desierto: primero de azul claro a celeste, después a rosa y luego violeta hasta llegar al negro.

Kat, *Rex* y DZ ocuparon sus posiciones para patrullar por los senderos de grava de la aldea mientras que Stan, Charlie y *Limón* avanzaban por la calle principal hacia el desierto.

Parecía una aldea fantasma. Los aldeanos PNJ estaban escondidos en sus casas, preparándose para el inminente asedio.

El viento sobrecogedor que soplaba desde las colinas del desierto contribuía a sumarse al clima de malos presagios que se extendía por la aldea mientras Stan, Charlie y *Limón* avanzaban hacia el mar de dunas. Cuando ya se encontraban a una distancia prudencial de la aldea, Charlie miró a Stan.

—Y bien, Stan, me has escogido para esto por alguna razón. Dispara.

—Quería asegurarme de que eres lo bastante fuerte —respondió Stan sin mirarlo.

Estaba oteando las colinas en busca de rastros de hordas zombis.

—El Fin va a ser aterrador te guste o no, Charlie, así que mejor espabilarse ahora a tener que hacerlo cuando estemos frente a ese mundo.

Charlie abrió la boca para protestar, pero no tardó en cerrarla, al darse cuenta de que Stan tenía razón. Sentía que se había vuelto mucho más valiente desde que conociera a Stan, pero fuera lo que fuese lo que hubiera en el Fin, seguro que era mucho más peligroso que cualquier cosa que se hubieran encontrado en el mundo real o en el Inframundo.

Para asegurarse de que podía hacerlo, Charlie se comprometió a no huir de las situaciones inciertas que se les presentasen.

Finalmente, el sol se hundió del todo tras los lejanos montículos de arena y la luna llegó casi a la cúspide del cielo. Las estrellas brillaban como diamantes en su negra infinidad.

Pero ni Stan ni Charlie podían apreciar en esos momentos la belleza natural que los rodeaba. Estaban más preocupados por las probabilidades, bastante altas, de que se toparan con cientos de zombis bajando por las colinas.

No mucho después de la puesta de sol, Stan pudo oír un lejano estruendo, similar al de cientos de pies avanzando al unísono. Sonido de huesos chocando a gran velocidad, de arañas golpeando el suelo, de endermen que sollozaban y, en medio de todo y con mayor claridad, los gemidos de desesperación de los zombis. Este último sonido fue en aumento hasta que, finalmente, vieron aparecer la primera oleada de zombis.

Stan y Charlie se precipitaron hacia la batalla. Había cientos de objetivos a elegir, por lo que el pico y el hacha, en manos de los dos experimentados luchadores, no tardaron en empezar a desgarrar, despedazar y derribar a golpes docenas de bestias.

Sin embargo, muchos más avanzaban en tropel hacia la aldea. Stan acudió corriendo a enfrentarlos. Charlie estaba a punto de hacer lo mismo cuando una visión hizo que se le revolviese el estómago.

Otra oleada de monstruos surgió en el horizonte, compuesta no solo por zombis sino también por esqueletos, arañas, creepers y endermen. Y delante de ellos, ordenando el ataque a la aldea con un gesto de su mano, se encontraba un esqueleto que estaba sentado, arco en mano, sobre el caparazón de una araña: el jinete arácnido.

Charlie sabía que aquella era su lucha. Tenía que ser él quien destruyera ese monstruo. Sin embargo, sabía que no podía hacerlo mientras el resto de criaturas hostiles estuviera avanzando. Así que sacó un bloque de dinamita y una antorcha de redstone que había tomado del soldado muerto, la colocó en el suelo y gritó a pleno pulmón:

—¡Eh, ustedes, bichos no-muertos!

Su plan funcionó. La atención de las criaturas se desvió de la aldea PNJ y en su lugar se dirigieron como un enjambre hacia Charlie. Como solo disponía de unos segundos, tocó el bloque de dinamita con la punta de la antorcha de redstone, recogió a *Limón* rápidamente y saltó a una zanja situada unos bloques más atrás. Un instante después, en el mismo momento en que un enderman aparecía detrás de él, con el brazo en alto para golpear, el bloque de dinamita explotó con la misma fuerza que un creeper. Charlie fue derribado por la explosión y cayó de espaldas unos bloques más allá, pero esto no fue nada comparado con lo que les ocurrió a las criaturas.

La explosión se produjo en el mismo momento en que la mayoría de las criaturas estaban encima y, cuando Charlie miró dentro del cráter en la arena, vio que ninguno de los demonios había sobrevivido. El cráter quedó plagado de huesos, flechas, carne podrida y, para deleite de Charlie, dos perlas de enderman. Las recogió y se volvió hacia el horizonte para ver lo que quedaba de los secuaces de jinete arácnido.

Además del propio jinete arácnido, las únicas criaturas restantes en el desierto eran tres creepers, que miraban fijamente a Charlie por detrás de su líder. Uno de ellos, temblando de rabia por la muerte de sus compañeros, empezó a avanzar pesadamente hacia Charlie, pero el jinete arácnido levantó su mano para detenerlo. Los ojos de Charlie se clavaron en las órbitas huecas del esqueleto. Ambos tenían la misma certeza: aquella tenía que ser una pelea individual.

Consciente de que era así, Charlie estaba lamentándose por no haber llevado un arco consigo cuando, como por milagro, se dio cuenta de que a uno de los esqueletos se le había caído uno en el cráter. Lo recogió junto con todas las flechas tiradas a su alrededor. A pesar de que nunca había tenido mucha puntería, tenía tanta adrenalina en las venas tras la masacre de los no-muertos que estaba seguro de que podría disparar tan bien como Kat o Stan. Tras salir al exterior del cráter, lanzó una última mirada desafiante al jinete arácnido y disparó.

El jinete arácnido atacó al mismo tiempo. El esqueleto hizo dos rápidos disparos con su arco, pero Charlie los esquivó mientras sacaba el pico. Al terminar el movimiento, lanzó el pico como un bumerán hacia la cabeza del esqueleto. Parecía en trayecto de colisión, pero en el último segundo la araña se precipitó hacia un lado y salvó a su jinete.

Charlie no se dejó amilanar. Apuntó con el arco y disparó tres veces mientras corría hacia el esqueleto. Este hizo lo mismo. Charlie esquivó dos de los disparos y el tercero lo desvió su armadura. El jinete arácnido no fue tan afortunado. A pesar de que la araña pudo salir de un salto de la trayectoria de las dos primeras flechas, la tercera se clavó en uno de sus ocho ojos rojos. La criatura chilló de dolor y empezó a sacudirse violentamente, pero el esqueleto dio un tirón a la flecha que la había herido, y la usó para dispararla de nuevo en dirección a Charlie.

Charlie la esquivó y finalmente se encontró frente al monstruo. La araña le enseñó los dientes antes de abalanzarse sobre él, pero el jugador le asestó un rápido gancho en la cara que la hizo caer, no muerta pero sí desorientada. Charlie aprovechó la oportunidad para recuperar el pico, que estaba en el suelo. Para cuando el jinete arácnido se puso de nuevo en pie, era demasiado tarde. Mientras el esqueleto colocaba una flecha en el arco, Charlie golpeó a la araña en el costado con el pico. La criatura cayó al suelo retorciéndose mientras sangraba copiosamente por el costado. El esqueleto cayó al suelo mientras su flecha se perdía en el aire y entonces, al ver que Charlie se erguía amenazante hacia él, extendió un brazo de blanco hueso hacia delante.

El jugador no tuvo apenas tiempo de reflexionar sobre lo que significaba esto, porque al instante los tres creepers avanzaron hacia él. Cerró los ojos y se preparó para resistir las potentes explosiones. En su lugar, sin embargo, oyó un silbido claramente diferente al de un creeper. Al abrir los ojos, vio que *Limón* había ahuyentado a los creepers, así que los persiguió hasta una zanja en la arena.

Limón permaneció de pie en la cima de la zanja, siseando todavía a los tres creepers, quienes se refugiaron aterrados en una esquina de la pared de arena. Los creepers estaban tan asustados por la presencia del gato que no miraron a Charlie cuando este acabó con ellos de tres rápidos golpes de pico. Aliviado, el jugador se volvió para rascar a *Limón* detrás de las orejas como agradecimiento.

Y se encontró con que una flecha atravesaba a su gato en el estómago.

El tiempo pasó en cámara lenta mientras *Limón* descendía en un grácil arco, casi angelical, por el reborde arenoso hacia el interior de la zanja, hasta terminar en los brazos expectantes de Charlie. El jugador sintió que se le hacía un nudo en las tripas y su gato, con un último y débil maullido, dejó de existir.

Charlie estaba aturdido. Se quedó mirando sus brazos vacíos, donde su mascota acababa de expirar su último aliento, incapaz de comprender qué había ocurrido. Había tenido a *Limón* poco tiempo, pero se había encariñado tanto del gato como de Kat y Stan. En todo este tiempo había tenido la certeza de que cuando despertara al fin de la pesadilla creada por el rey, tendría a *Limón* a su lado.

Y entonces, en un instante, el impacto y el horror que había en su interior se transformaron espontáneamente en rabia y en un loco deseo de destrozar al responsable de la muerte de *Limón*. Levantó la mirada hacia el saliente y vio que el jinete esqueleto le apuntaba directamente a la cabeza con otra flecha. Los reflejos de Charlie, acrecentados ya por la batalla, aumentaron hasta el punto de hacer de él un superhombre: consiguió interceptar la flecha en el aire, a centímetros de su cara. La puso en su propio arco y se la mandó de vuelta a su propietario, cuya calavera de hueso seco quedó hecha añicos por la punta de pedernal.

Charlie salió del agujero, todavía furioso y sediento de sangre de no-muerto. No obstante, el desierto estaba completamente vacío. Había acabado por sí solo con todas las fuerzas del jinete arácnido. A pesar de seguir furioso por la muerte de *Limón*, se permitió sentir algo que le resultaba nuevo: orgullo. Porque había una emoción que no había sentido ni un solo instante desde que apareciesen las criaturas. No había tenido miedo.

Orgullo, tristeza y furia se agolparon en su interior mientras corría hacia la luz de la aldea PNJ para combatir a las criaturas, que ahora avanzaban por sus calles.

Stan podría haber llenado un cofre con la carne podrida de todos los zombis a los que sus camaradas y él habían abatido para defender la aldea. Su hacha repartía muerte definitiva entre ellos. Y Kat era si cabe más efectiva, pues con su espada podía esquivar el ataque de los zombis para luego atacarlos a corta distancia junto con el perro. Sin embargo, los golpes más devastadores, por mucho, eran los de DZ, cuya espada de hierro tintada de rojo solo necesitaba tocar a los zombis para que el fuego hiciese el resto.

Aunque la luna todavía estaba alta en el cielo nocturno, Stan empezaba a pensar que el asalto estaba perdiendo fuelle cuando, repentinamente, se sintió elevado por los aires. Aunque boca abajo y desorientado, alcanzó a vislumbrar que un enderman lo levantaba en vilo y estaba a punto de aplastarlo contra la calle de grava. Se preparó para el impacto, pero entonces sintió una sacudida y cayó al suelo, amortiguado por el cadáver del enderman. Ansioso por ver quién había matado al monstruo, levantó la vista en el mismo momento en que Charlie sacaba el pico de diamante de la nuca de la criatura, con una expresión sombría y distante.

—Gracias, Charlie —dijo cuando Charlie lo ayudó a ponerse en pie—. ¿Cómo te fue?

—Están todos muertos. El jinete arácnido también —dijo Charlie con una voz monótona que parecía totalmente impropia de él.

Era obvio que algo malo había pasado. Stan aún estaba haciendo conjeturas cuando su amigo murmuró:

—*Limón* está muerto.

Fue como un golpe bajo en el estómago. Stan sintió una

oleada de de compasión por su mejor amigo. Él sabía cuánta alegría había proporcionado *Limón* a Charlie y sabía hasta qué punto debía haberlo afectado aquello.

—Chicos, ¿cómo les ha ido por aquí? —preguntó Charlie, alzando la voz de manera casi imperceptible, como si quisiera sentirse más feliz de manera involuntaria.

—Creo que hemos acabado —exclamó DZ, uniéndose a ellos, tras acabar con un último zombi.

Tenía un pequeño arañazo en el antebrazo izquierdo y parecía exhausto, pero también satisfecho.

—Eliminé al último de aquí y estoy totalmente seguro de que Kat ha acabado con aquellos de allí.

En ese preciso momento, la cara de Kat asomó cautelosa tras la esquina de la casa de Oob. No parecía triunfante. Estaba pálida y su expresión parecía horrorizada.

—Chicos, creo que tienen que ver esto —murmuró sin casi mover los labios.

Los tres jugadores corrieron para ver a qué se refería. Mientras lo hacían, Stan oyó la voz de Oob proveniente del interior de la casa.

—Jugadores, ¡yujuuu! ¡Tengo algo que enseñarles!

—Ahora no, Oob —murmuró Stan como respuesta mientras doblaba la esquina de la casa.

Entonces vio lo que estaba mirando Kat y sintió que se le contraían dolorosamente las tripas.

Stan había visto muchos grupos de criaturas malignas en Minecraft, pero nunca uno tan grande como el que se movía pesadamente por el camino de grava junto a la aldea PNJ. Debía de haber al menos doscientas criaturas en total.

Y no solo zombis, sino también esqueletos, arañas, creepers y endermen.

—¿Jugadores?

—¡Ahora no, Oob! —replicó Stan mientras levantaba el hacha.

Estaba demasiado cansado para seguir peleando y su cuerpo le gritaba que ignorara a las criaturas y se echara a dormir.

—¡Pero es que es muy muy muy muy muy importante! —fue la respuesta apresurada y exasperada de Oob.

—Oob, ahora mismo estamos intentando salvarles el pellejo, así que mejor háblanos más tarde —dijo DZ.

Entonces, hizo algo que Stan solo había visto una vez. Levantó dos espadas, la de hierro rojo en una mano y la de diamante en la otra. Stan supuso que era una técnica avanzada de lucha con espada.

—¡Vamos! —exclamó la voz de Oob, y su cara apareció en la ventana—. ¿No quieren ver a mi hermano pequeño?

Stan se volvió hacia él de repente.

—Espera, ¿qué has dicho? —preguntó.

—Oob, ¿acabas de decir que tienes un nuevo hermano? —preguntó Charlie.

La cara de Oob desapareció unos segundos y cuando volvió sostenía una versión en miniatura de sí mismo. Parecía que, efectivamente, tenía un nuevo hermano.

—Mamá y papá han decidido que si vamos a permanecer en la aldea, tenemos que tener nuevos miembros. Entonces se han mirado fijamente durante un momento, ha aparecido un icono de corazón sobre sus cabezas... ¡y han tenido a mi nuevo hermano, Stull!

Su sonrisa era tan grande que se veía incluso detrás de su gigantesca nariz.

—Espera —dijo Charlie, y Stan habría jurado que acababa de percatarse de algo—. Oob... ¿Cuántos edificios hay en tu aldea?

—Incluidas las casas de aquellos a los que mataron las criaturas malvadas, treinta y uno —respondió el aldeano.

—Y contando a tu nuevo hermano, Stull, ¿cuánta gente vive en la aldea ahora?

—Soy el décimo residente de esta aldea PNJ —respondió Stull, con una voz sorprendente profunda para ser un niño.

—Pero eso significa que... si realmente hay diez... —dijo Charlie, ignorando por completo que quien había respondido a la pregunta era un bebé recién nacido— y treinta y uno... eso significa que... dentro de poco...

Un retumbar metálico lo interrumpió.

Stan, Charlie, Kat y DZ se volvieron hacia la figura que avanzaba por la carretera. Era una bestia enorme, metálica, algo más alta que los jugadores y como el doble de ancha que ellos, con unos largos brazos y desgarbados. Su cuerpo estaba rodeado de enredaderas y, con la excepción de sus relucientes ojos rojos, su cara era como una especie de aldeano PNJ de color gris.

Al verla, Stan sintió un momento de pánico, creyendo que iba a atacarlos a ellos, pero la criatura pasó de largo se abalanzó sobre la horda que había entrado en la aldea. Alzó sus enormes brazos y empezó a balancearlos de lado a lado, siguiendo un patrón de ataque acelerado. Con cada nuevo balanceo pulverizaba a las criaturas como si fueran estatuas de gelatina de tamaño natural. Su inconmensurable fuerza licuaba literalmente a sus víctimas.

—¿Qué es esa cosa? —preguntó Stan con pavor, boquiabierto, mientras la bestia eliminaba oleada tras oleada de criaturas hostiles.

—Un gólem de hierro —respondió DK, mirando a la bestia con admiración—. Se crean en las aldeas grandes, para ayudar a sus habitantes a defender a la gente frente a estas invasiones.

—Y el nacimiento de Stull, al aumentar a diez la población de esta, ha hecho que pase a considerarse grande —añadió Charlie mientras contemplaba la matanza.

Las criaturas estaban indefensas contra el gólem de hierro.

En cuanto este balanceaba su brazo hacia ellas no podían hacer nada salvo ser aplastadas.

De repente, Stan recordó algo y miró a Kat. Su expresión era solemne, como él esperaba. Recordó que le había hablado del estruendoso ruido metálico que la había seguido tras saquear la última aldea PNJ en la que estuvo. Sin duda contaba también con un gólem de hierro. Temía que pareciese asustada, o al menos algo incómoda, pero lo cierto es que Kat estaba serena y parecía que, por fin, se había perdonado a sí misma.

Durante una hora, los cuatro jugadores contemplaron, sumidos en un silencio pasmado, cómo acababa el gólem de hierro con todas las criaturas que habían entrado en la aldea PNJ. La última en morir fue un esqueleto. Justo antes de que pudiera disparar, el gólem lo aplastó de un puñetazo en la cabeza.

Entonces se quedó inmóvil, escudriñando el horizonte, preparado para seguir defendiendo a la aldea si era necesario. Era una imagen impresionante, con la silueta recortada contra el cuadrado blanco del sol naciente, pero esto evidenciaba que el asedio, al fin, había terminado.

Cuando el sol se elevó sobre la aldea PNJ, Stan la recorrió con la mirada para comprobar los efectos del asedio. Quedó aliviado al verificar que ningún aldeano había resultado herido, pero le sorprendió ver que estos se mostraban realmente desolados al enterarse de la pérdida de *Limón*. Al parecer, nunca habían visto un gato y habían sentido gran alegría al tener a *Limón* como mascota.

—Era tan bueno y amable... —dijo Oob con el ceño fruncido y una lágrima en la mejilla—. Qué pena que ya no esté con nosotros.

DZ se disponía a reconfortarlo cuando el aldeano empezó a deambular otra vez.

Los aldeanos también se mostraron muy afectuosos con el gólem de hierro, que parecía proyectar su lado más amable cuando estaba entre ellos, especialmente entre los niños. Al ver que el joven Stull jugaba con otro retoño aldeano, una niña llamada Sequi, el gólem se unió a ellos y los iluminó con una luz, mientras les daba un golpecito en la cabeza

345

tan inofensivo como letal habían sido los balanceos de sus brazos contra las criaturas malignas la noche anterior.

Stan, Kat y DZ estaban todos felices de que la aldea estuviera a salvo y Kat, en particular, parecía aguardar con entusiasmo la cacería de endermen, que era el próximo hito de su lista de tareas. Charlie, por su parte, parecía notar la desaparición de su gato de manera muy especial. Se pasó el primer día tras la muerte de *Limón* sentado en los bloques de madera que formaban la verja de la granja de trigo de Blerge, mirando fijamente al cielo del desierto, con expresión pensativa y alguna que otra lágrima en sus mejillas.

Al acercarse la tarde, mientras DZ entretenía a los aldeanos con más chistes malos, Stan y Kat se miraron a los ojos un momento y supieron que tenían que ir a hablar con Charlie. Rodearon la casa hasta la parte trasera y se sentaron a ambos lados de su amigo. Este levantó un poco los ojos hacia ellos, como para decir que era consciente de su presencia, y luego volvió a bajarlos hacia la arena.

—¿Estás bien? —preguntó Stan.

Charlie no contestó.

—¿Cuál es el problema, Charlie? —dijo Kat.

Charlie siguió sin contestar.

—Charlie, siento mucho lo de *Limón* —dijo Stan—, pero tenemos que seguir. Hay que derrocar al rey, ¿recuerdas?

—¿Qué sentido tiene? —preguntó Charlie con voz abatida. Su tono alarmó a Stan—. Lo único que conseguiremos es que muera más gente.

Levantó la vista hacia Stan.

—Mi gato ha sido asesinado y yo me siento miserable. ¿Qué ocurrirá si te matan? ¿O a ti, Kat? —preguntó mientras se volvía y miraba a Kat a la cara.

—Charlie, no hay otra forma —dijo Kat con expresión severa—. Créeme, si pensara que hay algún otro modo de cambiar el servidor, entonces no estaría con ustedes ahora mismo. Pero en ocasiones la guerra es la única opción. Es una opción horrible, pero es la única que tenemos.

—Si no derrotamos al rey, las cosas empeorarán. Ya lo sabes, Charlie —dijo Stan—. El rey ha estado abusando demasiado tiempo de la gente que vive aquí y no va a parar. Y ahora nosotros tenemos a personas, personas muy poderosas, dispuestas a arriesgar la vida para derrotarlo, y estamos más cerca que nunca de obtener los recursos necesarios para hacerlo. ¿Estás diciendo que quieres rendirte?

Charlie suspiró antes de contestar.

—No, tienes razón y lo sé. Lo que pasa es que...

Hizo una pausa mientras una lágrima rodaba por su mejilla y se la enjugó.

—No es nada fácil.

Kat se inclinó sobre Charlie y le dio un abrazo. Sobre su hombro, Charlie miró a Stan y sus ojos se encontraron. Stan supo por la luz de su mirada que, aunque a ninguno les gustase aquello, su amigo sabía que tenían que seguir adelante.

Entonces notó que alguien se reunía con ellos. Miró hacia arriba y vio que Oob los observaba, delante del gólem de hierro.

—Vas a hacer lo correcto, Charlie —dijo el aldeano, con la expresión más seria que jamás le hubiera visto Stan—. Y te agradezco que nos hagas la vida más fácil.

Stan sonrió. Esa era la razón por la que estaban haciendo aquello, pensó. Los jugadores de nivel más bajo, los aldeanos PNJ. ¿Acaso no luchaban por ellos? No eran capaces de defenderse por sí solos y mientras el rey se aprovechara de ello para extorsionarlos existiría el impulso de defenderlos. El Boticario, los chicos del Inframundo, DZ, incluso el gólem de hierro... Stan se dio cuenta de que estaban preparados para defenderse a sí mismos y a otros si era necesario, pero eso no significaba que fueran monstruos. ¿Acaso no había visto él mismo al gólem de hierro jugando con los niños aldeanos?

Y como respuesta a sus pensamientos, Stan oyó un crujido metálico y levantó la vista. El gólem de hierro había avanzado para acercarse a Charlie. Este miró a los rojos ojos de la criatura, mientras el gólem extendió su metálica mano. En ella había una flor roja, una rosa: el regalo del gólem al descorazonado jugador.

Charlie sonrió y tomó la rosa.

—Gracias —respondió, y la máquina de hierro sacudió su cabeza con un metálico chirrido como respuesta.

Charlie se puso en pie y miró a sus amigos.

—Vamos, chicos. Tenemos que cazar algunos endermen.

Contento de ver a su amigo fuera de aquel estado, Stan siguió a Charlie y a Kat de vuelta a la casa de Oob, donde encontraron a DZ esperando todavía y preparado para cazar.

—¡Eh, chicos! ¿Están listos para ir por esos bichos tele-transportadores? —preguntó.

Al oír estas palabras, Charlie sonrió por primera vez desde el asedio. DZ se dio cuenta.

—Eh, Charlie. ¿Estás mejor?

—Sí, estoy bien. Pero he de decir que siento un extraño deseo de matar endermen ahora mismo —respondió Charlie.

—¡Así se habla! ¡A cazaaaaar endermen! —exclamó DZ, agitando el puño en el aire, mientras demostraba su entusiasmo con un bailecito.

—Anden, chicos. Vamos a arreglarnos y partamos —dijo Kat al tiempo que le quitaba la armadura a Oob.

Una vez todos con armaduras y armas, los cuatro jugadores y el perro salieron al desierto, despedidos por Oob, Mella, Blerge y Stull desde su casa.

—De acuerdo, chicos, este es el plan —dijo Kat—. Vamos a salir al desierto. El terreno es muy llano, de manera que no tendríamos que tener mucho problema para encontrar algunos endermen. Cuando alguien vea uno, que llame y todo el mundo correrá junto a él para defenderlo. ¿Cuántas perlas de enderman teníamos?

—A ver... —contestó DZ, rascándose la cabeza—. Yo seis. ¿Y ustedes?

—Yo conseguí dos la pasada noche —dijo Charlie.

—Y yo tengo una —añadió Stan.

—¡Excelente! —dijo Kat con una gran sonrisa—. ¡Solo necesitamos tres más! De acuerdo, todos, ¡a buscar!

Stan estaba emocionado. No se había percatado de las

pocas perlas que les faltaban. Dirigió la mirada hacia el horizonte nocturno, donde el sol se había ocultado ya tras las lejanas colinas, y entonces localizó al primer enderman. Sujetaba un bloque de arena y, al darse cuenta que estaba siendo observado, desencajó la mandíbula, miró fijamente hacia atrás y se sacudió como si tuviera espasmos.

—¡Tengo uno! —gritó Stan y los otros tres jugadores corrieron a colocarse en su espalda.

Y claro, cuando el enderman apareció allí, fue inmediatamente golpeado por dos espadas, un hacha y un pico antes de teletransportarse. Apareció un instante después detrás de Kat, quien se revolvió y lo decapitó. Bajó la mirada hacia el alargado y negro cadáver.

—¡Sí! —exclamó, a la vez que recogía una perla turquesa del cuerpo del enderman—. Ya tenemos diez. ¡Faltan dos!

Y, en efecto, la caza del enderman fue más rápida de ahí en adelante. Como las desérticas llanuras apenas entorpecían su campo de visión, no les costó localizar a dos endermen más y acabar con ellos usando la misma estrategia. Sin embargo, de los dos, solo uno soltó una perla.

—Sí, ocurre a veces, —dijo DZ, observando la mirada ofendida que había aparecido en la cara de Kat al ver que el segundo enderman no soltaba perlas—. No pasa nada. Ya mataremos a otro.

Y apenas lo dijo DZ, Stan notó una presencia tras de sí. Se revolvió, listo para combatir a una nueva criatura, pero se encontró con algo que lo tomó desprevenido. Si no hubiera llevado una armadura de hierro, la flecha de Leonidas le habría atravesado su corazón. Profirió un corto grito de dolor, que alertó a los otros de la presencia del agresor.

Reaccionaron sin perder tiempo. Kat y DZ cargaron sus arcos y dispararon dos flechas a Leonidas. Este esquivó una, mientras la otra se clavaba en la madera de su arco. Charlie y Kat corrieron para atacarlo a corto alcance, donde tendrían ventaja. Sin embargo, DZ se vio interrumpido de pronto por la aparición de Geno, que acababa de surgir del suelo con la espada de diamante centelleando a la luz de la luna. Stan se levantó mientras DZ y Geno, probablemente los dos espadachines más poderosos que hubiese visto nunca, cruzaban sus espadas en feroz combate.

En ese momento percibió un chisporroteo tras de sí. Se volvió y, usando el hacha, cortó la línea de polvo de redstone del suelo, que habría activado el bloque de dinamita que acababa de aparecer delante de él. A continuación, destruyó de un puñetazo la dinamita y preparó su hacha para enfrentarse a Becca, que corría hacia él.

Puede que Becca fuese la experta en demoliciones de RAT1, pero sabía arreglárselas con la espada. Stan había adquirido algo de experiencia y su destreza con el hacha se había duplicado desde que Jayden le enseñase a usarla en la aldea Adoriana. No obstante, Becca estaba en su mismo nivel. Solo logró desarmarla con un golpe afortunado, que en realidad iba dirigido contra la cara de Becca.

Pero Becca no se dejó desalentar. Lanzó dos bolas de fuego y desapareció en medio de una nube de humo negro. La fuerza del fuego catapultó a Stan hacia atrás y, al levantar la vista, vio que había también otros penachos de humo donde se encontraban Leonidas y Geno. En cuanto abrió la boca para preguntar adónde habían ido, una flecha salió del humo y se clavó en el antebrazo derecho de Stan, que no estaba protegido.

A pesar del dolor que le recorría el brazo de arriba a abajo, Stan no se permitió el lujo de mirar la herida. Lo que hizo fue preparar el arco y disparar al humo, mientras esquivaba las que trataban de alcanzarlo. Entonces oyó un gruñido de dolor que indicaba que había hecho diana. Aprovechó el momento para arrancarse la flecha del brazo.

Ignorando el dolor palpitante, apretó los dientes y miró alrededor. Becca estaba luchando contra DZ, arrojándole fuego con su mechero, mientras Geno se enfrentaba con Kat. Charlie no estaba por ningún lado. El humo se había disipado lo bastante como para vislumbrar la figura de Leonidas, que estaba preparando otra flecha.

Stan blandió el hacha frente a su cara para desviar la flecha y cargó contra Leonidas. Este disparó dos veces más, pero Stan desvió los proyectiles con el arma. Sin embargo, cuando se disponía a cortar el arco de Leonidas con su hacha, notó que había algo en la mano de Leonidas. Intentó apartarse, pero Leonidas ya le había lanzado la poción. El frasco se hizo añicos contra su frente y lo dejó en el suelo, aturdido.

El mundo empezó a dar vueltas a su alrededor. Notó que le salían del cuerpo unas chispas de humo gris y se percató de que no tenía fuerzas ni para levantarse del suelo. Aún llevaba el hacha en la mano, pero sabía que la poción, fuera lo que fuese, había anulado sus reflejos. Al mismo tiempo se dio cuenta de que Leonidas lo inmovilizaba en el suelo con el pie, mientras gritaba a Geno y Becca.

Había gritos, eso lo sabía con certeza, y había una chica. Por el rabillo del ojo pudo ver que Becca seguía peleando con DZ y sabía que tenía que ser Kat la que había caído luchando con Geno. Sus sospechas se confirmaron cuando vio que *Rex* y Charlie empujaban a Geno, claramente furiosos por el estado de Kat, a la que Stan no veía. De todas formas, sabía lo que tenía que hacer.

Leonidas, todavía sobre Stan, volvió a disparar contra Charlie, así que no se dio cuenta de que Stan, a pesar del aturdimiento provocado por la poción, soltaba su hacha y tanteaba con la mano hasta dar con el arco. La cabeza le palpitaba por el esfuerzo que tenía que hacer para moverse, pero sabía que era la única forma de salvar a Kat. Sintiéndo como si su cabeza estuviera a punto de explotar, cargó el arco con manos temblorosas, lo tensó y disparó.

La flecha alcanzó a Leonidas en la parte alta de la armadura y atravesó el cuero. No era una herida profunda y Stan dudaba que fuese mortal, pero de todas formas Leonidas gritó de dolor y sorpresa al caer hacia atrás.

En cuanto sintió que se levantaba el peso, Stan volvió a centrarse casi al instante. De inmediato, los efectos de la poción pasaron a ser mucho más leves. Stan pudo incorporarse. Vio a Kat, inconsciente en el suelo, y a Geno, que en aquel momento se dio la vuelta y vio a su compañero herido. En ese instante de aturdimiento, el cuerpo de *Rex* golpeó el estómago de Geno y lo empujó hacia atrás. Resbaló por el suelo y no paró hasta golpear con la cabeza un cactus cercano. Las espinas se le clavaron y se quedó tirado en el suelo, inmóvil. Stan oyó un estruendo. Volvió la cabeza, pero lo lamentó al instante, porque aún sentía los efectos de la poción de Leonidas. La espada de Becca cortó el aire, alcanzó a DZ en el estómago y, aprovechando que se quedaba sin aliento un instante, echó a correr.

—¡Vamos, Leo! —gritó mientras echaba a correr en la oscuridad.

Stan se dio cuenta de que Leonidas ya no estaba junto a él. Se había levantado y estaba cargándose el cuerpo inconsciente de Geno sobre la espalda. Parecía que seguiría a Becca, pero entonces se detuvo. Se volvió hacia los jugadores. DZ seguía retorcido sobre sí mismo y *Rex* gruñía, pero Stan lo miró fijamente. De pronto, reparó en que había algo en su mirada, algo que no conseguía ubicar. ¿Sería lástima? ¿Tristeza? ¿Envidia? Fuese lo que fuese, Stan sabía que no tenía sentido en el cruel asesino que era Leonidas.

—¡Leo, corre! —gritó Becca desde lejos.

DZ acababa de ponerse de pie y, con el rostro contraído de rabia, estaba preparándose para disparar contra Leonidas. Entonces, con un último vistazo a sus enemigos, desapareció en la explosión de una bola de fuego. La flecha de DZ atravesó el fuego sin alcanzar más que el aire.

Pero un instante después Stan se dio cuenta de que no era del todo cierto. Una figura envuelta en llamas había surgido de la nada: un enderman, con la flecha de DZ clavada en su pecho. Stan no se molestó en desenfundar ningún arma. El monstruo estaba ardiendo y moriría antes de que lo alcanzase. Y en efecto, la figura alta y espigada sucumbió a los pies de Stan, dejando al desaparecer la duodécima perla de enderman en la arena.

En ese momento se acordó de Kat. Corrió hacia ella y vio que la espada de Geno la había herido a la altura del pecho, justo debajo del cuello. Sin perder tiempo, sacó una de sus dos últimas pociones de curación y la puso en la herida. El corte se cerró inmediatamente y Kat, aunque siguió dormida, exhaló un profundo suspiro que Stan interpretó como prueba de que se iba a poner bien.

Stan estaba sentado en la escalera delantera de la casa de Oob, enfrascado en sus pensamientos. Mella y Blerge se encontraban dentro cuidando de Kat, que estaba tumbada en una cama, inconsciente. Charlie se había ido a la biblioteca de la aldea, donde estaba usando la mesa de fabricación para convertir las perlas de enderman y sus varas de blaze en los doce ojos de Ender que iban a necesitar para encontrar el Fin y entrar en él. DZ, Oob, Ohsow el carnicero de la aldea, Stull, Sequi y el gólem de hierro estaban reunidos alrededor del pozo, hablando y jugando.

Stan era consciente de que el día siguiente iban a librar una gran batalla, así que mientras seguía allí, sin hacer nada más que esperar a que los otros terminasen sus tareas, aprovechó para reflexionar sobre los pensamientos que le habían rondado la cabeza durante el viaje.

Tras la noche anterior, Leonidas ocupaba el primer lugar en ellos. No sabía qué era, pero había algo extraño en su actitud. Hasta entonces habían luchado dos veces con Leonidas y las dos veces el jugador había emprendido acciones violentas contra Stan y sus amigos sin motivo. Por ello, había decidido que estaba en la misma categoría que Geno, Becca, el rey Kev y todos los demás. Pero la mirada que les había lanzado la noche anterior hacía que ahora se sintiese culpable por pensar así.

Luego estaba el Señor A. Por suerte, no lo habían visto desde su encuentro en la mina abandonada, pero los motivos esgrimidos por el griefer para justificar su odio hacia Stan y sus amigos parecían absurdos. Aun asumiendo que todo lo que había dicho fuese verdad, cuanto más lo pensaba Stan más improbable le parecía. Había oído decir al boticario que Avery007 era un jugador bondadoso, alguien que defendía los derechos de los que no podían hacerlo por sí mismos. Stan no alcanzaba a imaginarse ninguna situación en la que Avery pudiese entablar amistad con un griefer tan siniestro como el Señor A. Seguro que mentía, decidió Stan, y se lo repitió a sí mismo con firmeza. Aunque seguramente hubiera una parte de verdad en su historia. Al contarla parecía demasiado vehemente para que se tratase de una simple invención. Dicho esto, seguía siendo verdad que el odio del Señor A era absurdo y Stan tenía intención de decírselo en el caso de que volviesen a encontrarse.

Finalmente, sus pensamientos se asentaron. Por algún motivo, todos parecían ver en él algo especial. Steve *el Loco* y Sally lo habían visto, y Kat también. Aunque no conseguía concretar qué era, creía que había algo, alguna fuerza, algún ente sobrenatural que ejercía su influencia sobre él en las situaciones difíciles. Aunque ignoraba qué tipo de poder era o cómo podía usarlo y ni siquiera sabía si en realidad existía, estaba convencido de que se enfrentaría a la prueba definitiva de su existencia en el Fin.

Había otra cosa en la que Stan le habría gustado pensar con detenimiento. Pero no podía permitirse el lujo de hacerlo, porque eso podría distraerlo en el Fin. No, hasta que no hubiese conquistado el Fin no se permitiría pensar en Sally. Todavía sumido en sus pensamientos, se dio cuenta de que Charlie salía de la casa. El tiempo de pensar había terminado oficialmente. Se levantó, caminó hasta Charlie y se encontró con él en medio del camino de grava.

—¿Los tienes? —preguntó con un susurro, sin saber por qué hablaba así.

—Sí —respondió Charlie y levantó uno de los ojos de Ender.

Tenía el mismo tamaño y forma que la perla de enderman de la que estaba hecho, pero parecía el ojo verde de un gato con la pupila dilatada. Aunque Charlie lo tenía en la mano, inactivo, Stan notaba una cierta electricidad, como si el propio ojo irradiase energía. Después de haberlo inspeccionado más detalladamente, Stan observó que del ojo salían unas volutas de humo morado.

Charlie sacó de su inventario los otros once ojos de Ender, y sonrió.

—¿No te parece increíble? Ya estamos oficialmente preparados para entrar en el Fin.

Stan se alegró de ver a Charlie de tan buen humor. Entre la muerte de *Limón* y las heridas de Kat, durante su paso por la aldea PNJ Charlie había estado más serio de lo que

Stan creía posible. Aunque estaba preocupado por el estado de su amigo, sabía que Charlie iba a necesitar toda su confianza y buen ánimo para entrar en el Fin.

Los dos jugadores seguían admirando los ojos de Ender cuando DZ se acercó a ellos, seguido por Oob y Ohsow.

—Así que un caballo entra en un bar y el mesero le pregunta «¿y esa cara tan larga?» —dijo DZ, y los dos aldeanos rompieron a reír con carcajadas histéricas.

DZ se acercó a hablar con Stan y Charlie mientras Oob y Ohsow preguntaban qué eran los caballos y los meseros.

—Entonces, ¿ya tenemos los ojos? ¡Qué bien! —exclamó al ver la respuesta a su pregunta en las sonrisas de ambos y las esferas verdes de las manos de Charlie—. ¿Así que salimos mañana?

—Creo que sí —respondió Stan—, siempre que Kat esté lista.

En ese preciso momento se abrió la puerta de la casa de Oob y salió Kat. No llevaba armadura y tenía una bandolera de cuero en el pecho, a la altura del sitio donde Geno le había hecho el corte, pero aparte de eso parecía haber vuelto a su estado normal. Literalmente, salió corriendo de la casa y, de un salto, se plantó justo delante de los chicos.

—¡Oye, Kat! Tienes una energía increíble para haber estado a punto de morir —dijo Charlie con una mueca.

—¿Qué dices? ¡Me encuentro genial! —dijo ella, poniéndose de puntillas—. Blerge y Mella han hecho pan y Moganga le ha añadido algo llamado polvo de piedra luminosa... ¡y al tomarlo me he sentido mucho mejor!

Se volvió hacia Stan.

—Aún así, creo que te debo una muy grande, Stan. Moganga ha dicho que sin esa poción habría muerto.

—Ah, no es para tanto —dijo Stan, encogiéndose de hombros y con una mueca humilde—. Tú habrías hecho lo mismo por mí.

—Eso es cierto —respondió Kat.

—Bueno, Kat, como tienes más energía que todos los demás juntos, supongo que podrás entrar en el Fin mañana, ¿no? —preguntó Charlie.

—¿Qué dices? ¡Si no estuviesen tan cansados, por mí iría ahora mismo!

—Pues yo me acabo de echar una siesta. No estoy nada cansado —dijo Charlie.

—Ni yo —dijo DZ.

—Ni yo —añadió Stan, con cara radiante de entusiasmo.

—Entonces... ¿están listos? ¿Quieren ir al Fin ahora?

Nadie dudó. Kat, Charlie y DZ asintieron a la vez.

—Bueno —dijo Stan, con un brillo en los ojos—. Preparémonos.

Los aldeanos PNJ quedaron decepcionados al enterarse de que los jugadores se marchaban de la aldea. Según DZ, les habían tomado cariño, especialmente a DZ y Charlie. Por ello, se dedicaron en cuerpo y alma a la tarea de proporcionar a los jugadores las provisiones que necesitarían para conquistar el Fin. Aunque normalmente eran bastante reacios a dar nada a no ser que fuese a cambio de esmeraldas (que eran como su moneda de cambio) en esta ocasión regalaron a los jugadores todo lo que pudieron.

Los granjeros, incluidos Oob y su familia, dieron a los jugadores una generosa cantidad de pan para que estuviesen bien alimentados durante su expedición. También recibieron un generoso suministro de flechas y Charlie obtuvo pedernal y acero de un aldeano llamado Vella. Leol, el herrero de la aldea que vivía en la herrería fue el que más ayudó de todos. Sustituyó las armas de Stan y Kat por un hacha de diamante y una espada del mismo material. También dio a cada jugador un casco y un peto de diamante. Moganga ayudó a su manera. Se llevó las herramientas de diamante de los jugadores y pasados quince minutos, cuando salió de la iglesia, su equipo brillaba con hechizos de protección (para las armaduras) y corte (para las espadas).

A cambio de todas esas mercancías, los aldeanos solo les pidieron que hiciesen todo lo posible para derrocar al rey Kev.

El sol estaba alto cuando los cuatro jugadores, vestidos y equipados con armas, se alinearon frente a los aldeanos.

Stan miró las caras de los aldeanos, especialmente las de Stull y Sequi, que estaban sentados en los hombros del gólem de hierro, y de Blerge y Mella, que se agarraban de las manos al mismo tiempo y lloraban a moco tendido. En contra de lo habitual, nadie deambulaba por la aldea.

Oob dio un paso hacia los aldeanos y el gólem de hierro. Hablaba en nombre de todos y cada uno de los diez habitantes de la aldea.

—Valientes jugadores, queremos agradecerles el servicio que nos han hecho al matar al jinete arácnido que había atormentado nuestra aldea. También nos gustaría agradecerles el trabajo que están realizando para hacer que la vida sea lo mejor posible en este servidor, no solo para la gente de nuestra aldea sino para sus ciudadanos en conjunto. Serán bienvenidos en nuestra aldea siempre que quieran volver y los recibiremos con los brazos abiertos. Adiós y buena suerte.

Toda la aldea asintió al unísono. Stan estaba más conmovido por el sencillo gesto de estas sencillas criaturas que por ninguna otra cosa que hubiera visto en Minecraft hasta el momento. Aun sin la aldea Adoriana o las muertes de Cuervonegro, Steve *el Loco* y otros similares, habría estado dispuesto a derrotar al rey con el único propósito de mejorar la vida de aquellos aldeanos PNJ.

Charlie respondió algo, pero él no lo oyó. Estaba demasiado ocupado reafirmando la imagen del rey Kev como enemigo público número uno, por maltratar a esa gente y al resto de los habitantes de Elementia. Cuando los cuatro jugadores se dieron la vuelta y echaron a andar en dirección contraria a la aldea, Stan estaba más seguro que nunca de que no había nada en el Fin que no pudieran superar si tenían presente la imagen de una Elementia libre del rey Kev.

El viaje a través del desierto fue largo e interminable, como esperaba Stan. Sabía que el desierto de Ender era grande, pero no se había dado cuenta de lo extenso que era el bioma. Desde que estaba en Minecraft había conocido bosques, llanuras y selvas, pero el bioma del desierto era, por mucho, el mayor que se había encontrado, además del más monótono. Había pequeñas lomas de bloques de arena dispersas aquí y allá, y los cactus salpicaban el paisaje, marcado por algún que otro estanque de lava o agua.

Stan no entendía cómo Charlie, que los guiaba, no se perdía en el interminable mar de dunas. En un momento dado se acercó para preguntárselo, pero no necesitó hacerlo porque lo vio. Charlie tenía un ojo de Ender en la mano y lo lanzaba al aire a cada rato. En un estallido de partículas moradas, el ojo flotaba unos bloques en cierta dirección y volvía a caer a la mano extendida de Charlie. Charlie parecía totalmente concentrado en la tarea, así que no le preguntó, pero a Stan le pareció que los ojos flotaban hacia la entrada del Fin.

Entonces se acercó a Kat.

—¿Tienes alguna idea sobre el Fin? ¿Como dónde está o que hay allí? —le preguntó.

Kat le lanzó una mirada y sonrió.

—La verdad, no tengo ni idea de dónde está el Fin. Y sinceramente, cada vez que pienso en qué vamos a encontrar allí, me entran ganas de hacerme pipí en los pantalones. Sea lo que sea, no va a ser fácil entrar. Apostaría a que el rey solo fue capaz de esconderse allí porque pudo usar sus poderes de operador.

—¿Qué es eso de los poderes de operador? —preguntó Stan. Al ver la cara de incredulidad de Kat, añadió—: Bueno, los he oído mencionar un par de veces antes, pero en realidad nunca he averiguado lo que son.

—Pues —dijo Kat—, los poderes de operador son poderes especiales que se consiguen al crear un servidor o cuando te los traspasa otra persona que los tenga. Básicamente, si tienes poderes de operador, gozas de control total. Puedes crear y destruir inmediatamente cualquier bloque que quieras, puedes lanzar flechas y bolas de fuego desde tus dedos, puedes crear explosiones donde quieras y puedes volar.

Ahora era Stan el que parecía incrédulo.

—Sí, eso es, volar. Y muy rápido. Los poderes de operador te convierten en un superhéroe de Minecraft. Y puedes volver a abrir las puertas del servidor a alguien que haya sido expulsado.

—Espera, ¿qué? —gritó Stan. Le brillaban los ojos y

sonreía—. Con poderes de operador, ¿puedes devolver al servidor a alguien después de que lo hayan asesinado?

Kat asintió.

—¿Hay alguna forma de conseguir poderes de operador? ¿Se pueden aprender de alguna forma?

Kat soltó una breve carcajada, y una mirada de asombro le atravesó la cara.

—¡Stan, si hubiese alguna forma de aprenderlos, surgirían estructuras ridículas por todas partes y todo el mundo volvería de entre los muertos constantemente! La razón de ser de los poderes de operador de servidores como este es regular las actividades del servidor y evitar los duelos. No se pueden aprender.

La idea de que no pudiera hacerse operador formándose o con cualquier otro tipo de trabajo o práctica deprimió un poco a Stan. Eso lo haría prácticamente invencible cuando intentase destruir al rey. Pero este pensamiento provocó otro nuevo y preocupante.

—El rey no tendrá poderes de operador, ¿verdad? —preguntó rápidamente, tratando de no imaginar cómo sería luchar con alguien con poderes de operador.

Kat puso los ojos en blanco.

—Stan, ¿no has prestado atención a nada de lo que nos han contado sobre la historia de este sitio?

Stan no respondió. En realidad, la historia era la asignatura que peor se le daba en el colegio y nunca conseguía recordar los datos en la vida real, así que en Minecraft no digamos. Kat suspiró y respondió a su propia pregunta en tono irritado.

—El rey renunció a sus poderes de operador hace tiempo. Créeme, si siguiese teniéndolos, no habríamos pasado de la puerta de su castillo. Pensó que si renunciaba a ellos sería igual al resto y eso haría que la gente dejase de querer rebelarse contra él.

—Pues parece que el plan le ha estallado en la cara —respondió Stan con una sonrisa—. ¡Mira lo que estamos haciendo!

—Eso dices tú —replicó Kat con amargura—, pero el plan del rey ha funcionado durante bastante tiempo, en vista de que somos los primeros que han intentado derrocarlo desde que abandonó sus poderes. Sin contar lo que hizo Avery, claro.

—Sí, pero eso es porque la mayoría de la gente tiene demasiado miedo a sus fuerzas —respondió Stan—. No es posible que sea el único que se ha dado cuenta de que más de la mitad de la gente del castillo nos ha ayudado a escapar.

Kat abrió la boca como si fuese a decir algo, pero se quedó con cara pensativa y volvió a cerrarla. Se agachó, acarició a *Rex* entre las orejas y siguió adelante. Pero Stan se dio cuenta de que empuñaba la espada fuertemente con la mano derecha. Al comprender que su conversación había terminado, se entretuvo mirando a DZ, que estaba practicando técnicas avanzadas de esgrima con una oveja errante que corría para salvar su vida.

El sol se ponía cuando finalmente Stan pudo ver unas altas formaciones en el lejano horizonte. Al acercarse a ellas los cuatro jugadores y *Rex*, contemplaron con asombro unas montañas que se elevaban imponentes sobre las llanuras del desierto. El sol poniente derramaba sobre el cielo una brillante gama de colores y la belleza natural de las masas de tierra que se levantaban del suelo, perfiladas sobre el anochecer, era impresionante. El grupo dejó de caminar un momento porque Charlie, paralizado por la belleza del paisaje, había dejado caer los ojos en su mano. Kat tuvo que arrancarlo literalmente de la contemplación de la puesta de sol para poder seguir el viaje.

Charlie era consciente de que le atraía la majestuosidad de las montañas en todas sus facetas, de los rebaños de ovejas salvajes que vagaban por las pronunciadas pendientes a las líneas negras de mena que moteaban las paredes rocosas, pasando por los manantiales de agua y lava que ocasionalmente corrían por los laterales de las montañas. Finalmente, Kat pasó a guiarlos, porque Stan estaba ocupado impidiendo que Charlie se distrajese y Kat, tras el episodio en el desierto, se negaba enérgicamente a permitir que se encargase.

Al ver el comportamiento de los ojos de Ender, Kat tuvo la certeza de que estaban acercándose a su objetivo. La trayectoria de los ojos lanzados al aire dirigió al grupo hacia una cueva situada en el lateral del acantilado. Mientras se acercaban a ella, Stan fue encendiendo antorchas y mientras lo hacía, de repente, Charlie rompió el silencio:

—¡Oigan!

—Ya lo sabemos, Charlie —dijo Kat a regañadientes mientras lanzaba otro ojo—. La hierba de la montaña es más bonita que la hierba del bosque. Lo notamos.

—¡No, no es eso! ¡Miren esos bloques!

Stan acercó una antorcha al punto que indicaba Charlie con sus gestos y bajo la luz una fila de bloques sobresalía de la piedra natural que la rodeaba. Los bloques parecían ladrillos, pero eran grises en lugar de carmesí.

—No reconozco los bloques, ¿y ustedes? —preguntó Charlie.

Kat agitó la cabeza y DZ dijo:

—No, señor.

Pero Stan, aunque inicialmente pensaba lo mismo que Kat y DZ, de repente se acordó.

—¿No son los mismos bloques de los que está hecho el castillo del rey? —preguntó.

Los otros tres jugadores parecieron confusos un segundo, pero entonces se dieron cuenta de que, en realidad, Stan tenía razón. El castillo del rey estaba hecho de los mismos ladrillos de piedra. Kat lanzó al aire uno de los ojos de Ender. El objeto empezó a flotar hacia los ladrillos de piedra. Kat lo atrapó en el aire y sonrió.

—¡La entrada al Fin es por aquí! —dijo entusiasmada.

—¡Charlie, excava en este muro!

Charlie se metió en el bolsillo el libro que tenía en la mano y sacó su pico de diamante.

—Acabo de comprobar el libro y dice que los ojos de Ender nos guiarían hasta una fortaleza, en cuyo interior se encuentra la entrada al Fin. Debe de ser aquí. Oye, ¿qué...? —dijo Charlie, forcejeando con el pico.

Había excavado uno de los bloques de ladrillo de piedra, pero el segundo al que atacaba tenía ahora el pico enganchado.

—Parece... que... no... sale... —gruñó Charlie mientras trataba de sacar el pico del bloque.

Stan se dio cuenta de que no era que estuviese enganchado en el bloque sino más bien que estaba pegado a él. El bloque parecía hecho de algún elemento viscoso que se adhería al pico de Charlie como si fuese pegamento.

—A ver, déjame verlo, debilucho —le dijo mientras agarraba el mango del pico.

Era más fuerte que Charlie y, de un tremendo tirón, logró mover el bloque viscoso con la herramienta de diamante.

—¿Por qué es tan difícil excavar este bloque? —preguntó Kat, a nadie en particular, al tiempo que tiraba del pico en el bloque de piedra.

Stan estaba perplejo. Cuando el bloque estaba a punto de romperse, vio que en la cara de DZ aparecía una expresión de horror.

—¡No, Kat, para! —gritó este último—. Creo que ese bloque podría ser...

Pero era demasiado tarde. Cuando Kat asestó al bloque de piedra un último golpe, estalló como un globo de agua y los llenó a todos de una materia viscosa y gris. Pero lo peor fue que de la viscosidad salió algo pequeño, rápido y gris que se aferró a la cara de Kat. La jugadora gritó e intentó aplastarlo, pero en vano. El pequeño monstruo se deslizó por todo su cuerpo, demasiado rápido para los ojos de Stan. Nadie intentó atacarlo por miedo a herir a Kat, pero cada pocos instantes, la jugadora lanzaba un grito de angustia que indicaba que la criatura la había picado.

Al seguir al monstruo con la mirada, tratando de darle un golpe limpio con el hacha, Stan se dio cuenta de que las manos de Kat lo buscaban por la espalda, lo que sugería que el monstruo se había metido a rastras dentro de su armadura. El puño de Kat golpeó la parte trasera del peto en vano, porque los golpes de sus puños no conseguían penetrar la cobertura de diamante. Pero esto le dio a Stan una idea.

Dio la vuelva al hacha y, utilizando la culata, presionó la parte trasera del peto con fuerza moderada. La armadura de diamante se comprimió contra la espalda de la jugadora y la empujó hacia delante. Stan oyó un silbido y un crujido, en medio de un gruñido de dolor de Kat, y entonces algo pequeño y escamoso se cayó de la parte trasera de la armadura. Era un insecto gris, similar a un extraño cruce entre armadillo, puercoespín y gusano. El monstruo soltó unos chasquidos parecidos a los de una araña mientras se contraía y finalmente quedó inmóvil.

—¡Era el bloque 97! —gritó DZ, sacando la espada—. He oído historias sobre él. Produce esas cosas. ¡Lepismas! ¡Prepárense, habrá más!

Stan miró en derredor, desconcertado, sin tener muy claro de qué hablaba DZ, pero entonces, en efecto, en la habitación que acababan de excavar, los ladrillos de piedra se abrieron soltando una nube de viscosidad y lepismas que se lanzaron contra los jugadores.

Su ataque no era especialmente peligroso en comparación con la picadura de una araña o la flecha de un esqueleto, pero eran mucho más pequeñas y rápidas. Stan consiguió matar a varias de un hachazo, pero cada vez que abatía uno de los monstruos, salían más y más de los muros de ladrillos de piedra.

Estaba empezando a agotarse, no porque fuesen muy fuertes, sino por su abrumador número. Iba a sugerir a los tres jugadores que luchaban junto a él que se retirasen, pero entonces el torrente de criaturas comenzó a remitir y unos momentos después se agotó por completo. Los jugadores aguardaron, con la respiración entrecortada. Entre los cuatro, más *Rex*, debían de haber matado 250 lepismas en el espacio de unos dos minutos.

Stan se limpió el sudor de la frente. Arrancó una lepisma de su hacha jalándola de la cola y miró a DZ.

—¿Qué acaba de pasar, DZ?

A DZ le costaba respirar. Parecía haber matado más lepismas que nadie, a juzgar por la pila de escamas grises del tamaño de un bloque que había a sus pies y tuvo que recobrar el aliento antes de responder.

—Era un enjambre de lepismas. Aparecen cuando rompes el bloque 97, que se camufla adoptando la apariencia de un bloque de piedra de un tipo que se encuentra en las fortalezas. Lo malo es que cuando los atacan hacen salir otras lepismas de bloques 97 cercanos.

Suspiró y en su cara apareció una imagen de sorpresa.

—No sabía que las lepismas y los bloques 97 existiesen de verdad. Pensaba que solo eran rumores, mejoras futuras o algo similar.

—Así que —dijo Stan, sumando dos y dos en su cabeza—. ¿No podemos romper ningún bloque de esta Fortaleza? ¿El camino al Fin está en esta fortaleza y no podemos excavar?

—Correcto —dijo DZ con un gesto de asentimiento—. No podemos excavar aquí, o corremos el riesgo de generar otro enjambre de lepismas y, francamente, no creo que sea el único que no quiere volver a luchar con esos pequeños parásitos grises.

—Así que —dijo Kat, muy seria, al darse cuenta de lo que quería decir aquello— ¿Tenemos que atravesar todo esto a pie?

DZ asintió mientras Stan echaba la cabeza hacia atrás y refunfuñaba. Kat inclinó la cabeza con desesperación. En cambio, Charlie los miraba divertido.

—¡Vamos, chicos, no sean así! ¡Por lo que sabemos, la entrada al Fin podría estar a la vuelta de la esquina! No sean tan negativos. Intentémoslo al menos. ¿Qué es lo peor que puede pasar?

Charlie había acertado en una cosa: a pesar de que llevaban un rato avanzando por la fortaleza, las lepismas seguían siendo lo peor con lo que se habían encontrado. El camino estaba bastante despejado, aparte de algunos zombis que aparecían en rincones sombríos y salas de almacenaje. Sin embargo, cruzar aquella fortaleza sin excavar ninguno de los muros era una de las tareas más frustrantes a la que se había enfrentado Stan.

Los ojos de Ender seguían indicándoles la dirección de algo, que al parecer se encontraba en el corazón de la fortaleza, pero había tantos pasillos, escaleras, recodos, y salas laterales que era casi imposible recorrer el laberinto. Cuando pasaron por tercera vez por la misma biblioteca llena de libros y telarañas, Stan se volvió hacia los otros y, haciendo un esfuerzo por mantener un tono de voz controlado, preguntó si estaban avanzando en círculos.

—No —dijo DZ, señalando un pasillo por el que acababan de pasar—. Tú te refieres a la biblioteca que queda en esa dirección. A su lado estaba la celda, ¿te acuerdas?

—Te confundes con el almacén —dijo Kat—. Donde había todos aquellos bloques de roca. La celda es la que tiene los barrotes de hierro.

—Pero también había barrotes de hierro en el vestíbulo de allá, junto al pasillo lateral. ¿Segura que no te refieres a esos? —preguntó Charlie.

—No, estoy segura de que era una pared formada en su totalidad por barrotes de hierro —dijo Kat.

—¿Por qué no me dejas ver los ojos y te enseño...? —empezó a decir DZ, pero Stan lo interrumpió.

—DZ, después de lo... ejem... estupendamente que nos guiaste cuando te conocimos, no creas ahora que te puedes apropiar de cualquier herramienta de navegación, sea del tipo que sea —interrumpió Stan.

—Hay una sala repleta de lava y un portal construido con una extraña piedra blanca. ¿Buscan eso? —dijo una quinta voz.

Los cuatro jugadores se volvieron hacia la voz, y Stan no pudo creer lo que veían sus ojos. En medio del pasillo de ladrillo de piedra, sujetando una primitiva azada también de piedra, se encontraba Oob. Mientras los jugadores lo observaban, el aldeano PNJ sonreía y los saludaba con la mano. Hasta que Charlie rompió el silencio.

—¿Oob? Pero ¿qué... qué haces tú aquí? ¿Por qué no has vuelto a la aldea?

—Me gustaría ayudarlos a conquistar la dimensión del Fin. Siento que debo aportar mi granito de arena en su lucha contra el llamado rey Kev. Los he estado siguiendo y ¡ahora estoy listo para ayudarlos!

—¡Oob! —gritó Stan, enfurecido porque ahora sus planes tendrían que cambiar para poder llevarlo de vuelta a su aldea—. No puedes venir con nosotros al Fin. ¿Estás loco? ¡Acabarías muerto!

—¡Pero quiero ayudarlos! ¡Vengan, he encontrado la forma de acceder al Fin!

Dicho esto, el aldeano se dio la vuelta y comenzó a cojear hacia el pasillo. Stan, que empezaba a sentir un peligro inminente, se precipitó tras él. Oob entró en la habitación al final del pasillo, que estaba mucho más iluminada que el resto de la fortaleza. Cuando iba todavía por la mitad del pasillo, vio horrorizado que Oob salía despedido al pasillo, y se golpeaba con fuerza la cabeza contra la pared. Tenía una flecha clavada en el hombro. La mente de Stan quedó prácticamente en blanco, sin espacio para otra cosa que la imagen del aldeano desplomado contra la pared. Se arrodilló junto a Oob y rápidamente tomó conciencia de que debía reaccionar ante aquella emergencia. Así que sacó su última poción de curación. Apenas se fijó en que Charlie, Kat y DZ habían salido al encuentro del asaltante de Oob.

La flecha había penetrado profundamente en el hombro de Oob y el golpe en la cabeza lo había dejado inconsciente. La adrenalina agudizó la intuición de Stan, que en ese momento tomó la decisión de hacer uso de su última poción de curación para salvar a Oob. En cuanto le aplicó la poción rojiza, la flecha salió despedida del hombro, la herida se cerró inmediatamente y el pecho reanudó el suave movimiento de inspiración y expiración. Con la esperanza de que el aldeano se pusiera bien, Stan irrumpió en la habitación intensamente iluminada para hacer frente al agresor. Y lo que vio allí lo dejó boquiabierto.

Se hallaba en una habitación de ladrillo de piedra, con depósitos de lava en las cuatro esquinas y ventanas provistas de barrotes de hierro en las paredes. En medio de la habitación había una escalera de ladrillo de piedra. En la parte más alta de la escalera vio un bloque-jaula negro, pero dentro de él no se apreciaba ninguna figura en movimiento. Aquel generador había sido desactivado. Detrás de la jaula negra había una estructura de bloques que no se parecía a nada de lo que Stan hubiera visto antes. La base de aquellos bloques parecía hecha de roca lunar, y la parte de arriba estaba decorada con motivos turquesas. Aquellos extraños bloques conformaban una estructura en forma de pentágono desprovisto de otros bloques en las esquinas. Stan pudo ver que la estructura la atravesaba en el centro una pendiente que conducía a un pozo de lava.

Sin embargo, lo que llamó la atención de Stan de manera más inmediata fueron los cuerpos de Charlie, Kat y DZ, que yacían sin vida en el suelo. Kat tenía un bulto bastante grande en la cabeza y DZ un corte que le cruzaba el pecho de lado a lado, mientras que del talón de Charlie sobresalía una flecha. *Rex* yacía despatarrado en el suelo junto a ellos, y gemía débilmente. Encima de los cuatro cuerpos estaba el Señor A, ataviado con el mismo casco de diamantes y la misma armadura que Stan. El jugador lo observó conmocionado. Estaba seguro de que el Griefer había muerto en la trampa de arena. Por el rabillo del ojo, percibió un movimiento y vio que el Señor A había sacado algo de su inventario: una perla de enderman que todavía no se había transformado en ojo de Ender. Supuso que él podía usarlas para activar por sí mismas el portal. Presa de un intenso odio que le había nacido en el estómago en cuanto vio al Señor A, Stan se dispuso a atacarlo, pero el griefer se adelantó y le arrojó la perla de enderman. Sin saber exactamente lo que sucedería, Stan saltó hacia atrás y la perla cayó a sus pies.

Para su espanto, la perla de enderman desapareció en una explosión de humo púrpura. Se quedó mirando sus piernas enfundadas en los pantalones negros y, cuando por fin se atrevió a levantar la mirada, vio que el Señor A estaba frente a él, apuntándole con una espada.

El impacto de la espada, aunque ligeramente atenuado por el hacha que Stan, gracias a sus reflejos, había alcanzado a levantar, lo hizo caer hacia atrás. Fue a parar debajo de una de las paredes de barrotes de hierro, y apenas acababa de levantar el hacha de nuevo cuando el Señor A le apuntó de nuevo con la espada. Empujó el filo contra el mango del hacha, que ahora presionaba el cuello de Stan hacia el suelo, y apretó con todo el peso de su cuerpo.

A medida que el mango del hacha aumentaba la presión sobre su cuello, Stan empezó a ver lucecitas blancas y rojas. Decidido a morir en duelo, concentró toda la energía que le quedaba en quitarse de encima el hacha. Entonces, cegado aún por la falta de aire, lanzó el hacha en un movimiento frenético, con la esperanza de hacer contacto con algo.

Y como por milagro, el sonido de los diamantes entrechocando y el grito de dolor que se escuchó a continuación, le indicó que había alcanzado al Señor A. Aprovechó este golpe de suerte para ganar algo de tiempo y recobrar la vista, y entonces vio que el Señor A estaba cargando una flecha y apuntándole con ella. Stan la esquivó y a continuación, impelido por la rabia, acometió a su enemigo con el hacha.

Comenzó un intenso intercambio de golpes. El ceño fruncido de Stan tenía su reflejo en el rostro de su adversario. Ambos combatientes se movían alrededor del portal ornamentado en una danza de la muerte. Stan era consciente de que su adversario contaba con mucha ventaja y por eso se sorprendió tanto cuando, con un golpe de suerte, logró alcanzarlo en la mano con una combinación de doble gancho que hizo que la espada saltara por los aires dibujando espirales. Antes de que tuviera tiempo de continuar, el griefer soltó una bola de fuego que estalló a los pies de Stan soltando una fugaz ráfaga de color. Stan retrocedió para alejarse del humo, decidido a hacer frente a la inevitable represalia. Unos instantes después, la figura del Señor A reapareció a través del humo portando de nuevo su espada. Stan tuvo que retroceder de un salto, en dirección a las escaleras del portal, para no terminar partido en dos por la espada de su enemigo que, sin embargo, hizo añicos la piedra.

Sin perder un instante, el Señor A reanudó el ataque y forzó a Stan a subir las escaleras hasta llegar al borde del portal. Stan se inclinó hacia atrás para esquivar la hoja sibilante de la espada del griefer, y se dio cuenta de que lo que había debajo de él no era ninguna superficie, sino un pozo de lava. Dio un salto, utilizando la base del portal para impulsarse, y aterrizó al otro lado. La batalla se reanudó, aunque esta vez con un pozo de lava entre ambos contendientes. El griefer lanzó una serie de peligrosas estocadas. Stan consiguió esquivar las primeras, pero al fin, la punta de la espada lo alcanzó en la mano e hizo que su hacha saliera despedida hacia atrás.

Comprendió que todo estaba perdido. No podía darle la espalda al Señor A para recuperar el arma. Con todas las fuerzas que aún conservaba, levantó los brazos para protegerse la cara de la ráfaga de flechas que se avecinaba. La primera de ellas rebotó en su casco y la vibración del golpe en la cabeza le produjo un dolor insoportable. Se preparó para la siguiente flecha, que seguramente sería la definitiva. Pero, en su lugar, lo que oyó fue un salvaje grito de dolor. Y entonces, se atrevió a levantar la mirada.

Lo que vieron sus ojos fue a Oob. Estaba al borde del portal y su azada giraba en el aire como si acabase de lanzarla. El Señor A cayó de cabeza al pozo y, de un terrible y cáustico chapuzón, se zambulló en la piscina de lava situada debajo del portal. Una ráfaga de partículas de fuego, similares a picaduras de avispas, salpicó a Stan.

El jugador miró a Oob y luego al pozo de fuego fundido

en el que el griefer luchaba por sobrevivir. Poco a poco, Stan fue dándose cuenta de que el aldeano PNJ acababa de salvarle la vida. Sin embargo, no le dio las gracias aún, sino que se quedó mirando con tristeza al pozo de lava que engullía al enemigo que lo había estado acosando desde su segundo día en Minecraft. La agitación del líquido fundido se detuvo. El combate había llegado a su fin. El Señor A ya no existía.

—No tenía por qué haber sucedido esto —dijo Stan con palabras cargadas de una profunda tristeza—. Podríamos haber sido amigos. No había nada que nos impidiera estar en el mismo bando, el bando de la justicia. Nada, excepto el rey. No fueron los jugadores los que traicionaron a tu amigo Avery; fue el rey. Ojalá hubiera podido hacértelo comprender antes de que fuera demasiado tarde.

Stan dedicó una última, prolongada y desolada mirada a la lava, teñida ahora con la sangre de su enemigo, y se volvió hacia el aldeano PNJ.

—Oob, gracias. Estaría muerto de no ser por ti. Y estaba equivocado. Vayamos donde vayamos y hagamos lo que hagamos, tu compañía y ayuda serán siempre bienvenidas.

—Amén —dijo una voz desde atrás mientras el aldeano sonreía.

Stan se dio la vuelta y vio a DZ sonriéndoles. Charlie, detrás de él, se mostraba muy orgulloso, y Kat le daba a *Rex* un poco de carne podrida que tenía en la mano. Charlie sujetaba dos botellas de vidrio vacías. Al parecer, había utilizado sus dos últimas pociones para curarse a sí mismo, a Kat, y a DZ. Con el alivio reflejado en sus rostros, Stan y

Oob se apresuraron a bajar las escaleras de piedra al encuentro de los tres jugadores y el perro, para fundirse en un abrazo colectivo. Cuando se separaron, Kat miró a Stan.

—He visto todo lo que ha pasado —dijo, mirándolos—. Han estado fantásticos.

—La verdad es que sí —dijo Charlie, y DZ asintió con entusiasmo.

—Solo lamento que haya acabado así —dijo Stan, mirando en dirección al portal y el pozo de fuego, pero Kat le puso la mano en la mejilla y le hizo volver la cara.

—Está bien, Stan. Hiciste lo que debías —dijo con una mirada profunda y expresiva que tranquilizó a su amigo.

—Sí. Es duro que tuvieras que hacerlo, pero hiciste lo que debías —añadió Charlie.

—Tienes razón —dijo Stan, y miró un momento al suelo para dejar que el recuerdo del jugador llamado Señor A abandonara su mente, como cuando soltamos un globo y se eleva hacia el cielo.

Con este pensamiento, su mente quedó despejada de nuevo. Cuando volvió a mirar a los tres jugadores, que también lo miraban a su vez, supo lo que había que hacer.

—Es la hora, ¿no? —dijo.

No era una pregunta. Todos sabían que había llegado la hora.

—Acabemos con esto —dijo Kat mientras hacía un gesto en dirección a Charlie.

Charlie subió a la estructura blanca, respiró profundamente y sacó los doce ojos de Ender. Cada bloque de la estructura del portal decorado tenía una marca en el centro, del tamaño exacto de un ojo de Ender. Charlie recorrió el perímetro del portal y fue insertando cuidadosamente un ojo en cada uno de los doce bloques que conformaban la estructura. Al introducir el último, los doce ojos empezaron a irradiar una intensa luz púrpura y, durante unos segundos, emitieron un misterioso sonido y enormes cantidades de partículas moradas. De repente, el descenso hacia el pozo de lava que había al otro lado del portal se transformó en un territorio oscuro y espectral, salpicado de puntos luminosos de todos los colores, que parecía extenderse hasta el infinito. Ante esta imagen, Stan tuvo la impresión de estar divisando algún territorio recóndito e inexplorado del cosmos.

Stan, Charlie, Kat, DZ y Oob se reunieron alrededor del portal, y contemplaron las oscuras y aterradoras profundidades. Stan miró a sus amigos.

—¿Estamos listos? —preguntó.

Sus rostros eran los de cuatro caballeros valientes y bien equipados, dispuestos a hacer frente a cualquier cosa que estuviera esperándolos en la ominosa dimensión del Fin.

Al potente grito de «¡Vamos!», DZ saltó desde la estructura al interior del portal negro, que inmediatamente lo succionó. Charlie iba a ser el siguiente en saltar, pero Oob se le adelantó al tropezarse y caer dentro del portal. Charlie lo siguió. Kat acarició a *Rex* detrás de las orejas. Habían leído en el libro de Charlie que los perros no podían entrar en Fin, pero tenían la esperanza de que *Rex* se las arreglara para encontrarlos si conseguían volver con vida al mundo real. Y, después de cerrar los ojos y tomar una buena bocanada de aire, también ella desapareció en las profundidades del portal.

Stan escrutó el espacio. Comprendió que aquella cámara subterránea de piedra y lava podía muy bien ser su última visión del mundo real en Minecraft. Tras respirar profundamente, y con la imagen en su cabeza de un rey Kev muerto y de una Elementia libre, saltó desde la estructura del portal y cayó en picada al oscuro vacío.

Durante la travesía por el portal del Inframundo, Stan se había sentido como incrustado en una tubería. Pero inmediatamente después de acceder al portal del Fin, aterrizó de pie en una plataforma de roca negra que reconoció como obsidiana. Y, mientras que el Inframundo era caliente y seco, no sintió ningún cambio significativo en la atmósfera del Fin, salvo una aparente estabilidad latente que se apreciaba en el aire.

Miró a su alrededor y vio que sus amigos examinaban la habitación a la que habían ido a parar, hecha aparentemente de un tipo de roca lunar similar a los cimientos de la estructura del portal. Al darse cuenta de que se encontraban completamente rodeados por este material, sintió un vuelco en el estómago. ¿Estaban bajo tierra? ¿La tarea del Fin consistía en excavar hasta que localizaran su objetivo? Planteó esta pregunta a los demás e inmediatamente cundió el pánico en el grupo.

—¡Eh, chicos! No se preocupen, ¿de acuerdo? —dijo

Charlie, colocando su pico en uno de los bloques de piedra—. Voy a empezar a excavar. Tengo serias dudas de que el final de Minecraft sea un gigantesco mundo de excavaciones.

Charlie se inclinó en diagonal y comenzó a cavar un túnel hacia arriba. Los demás lo siguieron. Cuanto más hacia arriba cavaban, más crecía la inquietud de Stan. Cuando el pico de Charlie atravesó la superficie y el aire empezó a entrar, Stan no pudo evitar la sensación de que...

—¡Nos están mirando! —gritó, sorprendido por el repentino ataque de un par de endermen.

Logró alcanzar al primero de costado y este se teletransportó, mientras el otro caía fulminado por un hachazo fortuito que le seccionó la cabeza.

—¡Están por todas partes! —gritó DZ mientras, al ver que la criatura herida había reaparecido detrás de Stan, acababa con su vida de un tajo—. ¡Miren al suelo!

Sin pensarlo, los tres jugadores obedecieron la orden de DZ y dirigieron la mirada hacia el blanco suelo lunar. Stan oyó que DZ daba una orden con voz tranquila.

—Oob, quiero que te des una vuelta y nos digas cuántos endermen hay ahí fuera.

—¿Qué? —dijo Oob con voz contrariada—. ¿No me matarán esas criaturas tan grandes, negras y horribles?

—No te preocupes, tú eres un aldeano PNJ. No advertirán tu presencia.

—Pero...

—Hazlo y punto, Oob. Te juro que no te pasará nada —dijo DZ con cierto hartazgo en la voz.

Unos instantes más tarde llegó la respuesta de Oob.

—Están por todas partes. He visto que su mirada puede alcanzar distancias mucho mayores. ¿Cómo vamos a vencerlos a todos?

—No se preocupen, chicos —dijo DZ, como si sintiera que estaba cundiendo el pánico—. Sé cómo podemos matarlos. Tomen esto. Los encontré cuando cruzamos las montañas.

Stan oyó que revolvía su inventario y poco después vio un bloque caer a sus pies. Era naranja y parecía una especie de planta, pero solo cuando la agarró y vio la espeluznante cara que tenía tallada se dio cuenta de que era una calabaza.

—¿Y qué esperas que haga con esto? —preguntó Kat con voz iracunda desde la izquierda de Stan.

—Quítate el casco y póntela en la cabeza.

Stan tuvo la sensación de que DZ había perdido la cabeza a consecuencia de la lucha contra el Señor A.

Charlie dijo, en tono claramente sarcástico:

—Bueno, tú primero, DZ.

—Con gusto —dijo DZ con parsimonia, y Stan sintió que salía.

Desde abajo, apenas pudo apreciar el ridículo aspecto que tenía su compañero con la cabeza metida hasta el fondo de la calabaza. La cara de DZ coincidía con la faz tallada en la calabaza.

—DZ, pareces tonto. ¿Adónde vas con eso? —siseó Kat, como si temiera que si hablaba demasiado alto pudiera atraer la atención de las siniestras criaturas.

Stan vio que DZ se dirigía con paso firme hacia un enderman y lo miraba directamente a los ojos. Para su sorpresa, el enderman no empezó a temblar, ni a teletransportarse detrás de él y, de hecho, ni siquiera reaccionó a su presencia. DZ aprovechó esta circunstancia para asestarle una puñalada en el pecho, que lo redujo a una simple perla de enderman sobre el suelo.

Antes de que cualquiera de ellos pudiera expresar con palabras su tremendo estupor, DZ se explicó:

—Los huecos de los ojos de la calabaza permiten ver y aunque el grado de visibilidad no sea muy bueno, precisamente eso impide que el enderman pueda detectar nuestra presencia. En serio, no saben que nos tienen enfrente. Solo hay que caminar hacia ellos y matarlos.

Stan no necesitaba más motivación. Se quitó precipitadamente el casco de diamantes y lo introdujo al aventón en su inventario. A continuación, agarró la calabaza y se la incrustó a la fuerza en la cabeza. Definitivamente, DZ tenía razón en una cosa: la calabaza obstaculizaba considerablemente la visibilidad. Solo con los ojos entornados podía distinguir las siluetas de Kat y Charlie, cada uno de los cuales se había ataviado ya con la suya.

—De acuerdo, chicos... y Kat —dijo DZ, y Stan dedujo por su tono que una sonrisa nerviosa se había dibujado en su cara oculta por la calabaza—. ¡Que comience la gran masacre de los endermen!

Y efectivamente, «masacre» era la palabra que mejor podía describir la situación pues, al ser incapaces de ver los ojos de los jugadores, los endermen no podían impedir que se les acercaran y los fueran matando uno a uno. Incluso sin la ayuda de Oob (cuya azada de piedra no era lo bastante rígida para destruir a un enderman de un solo golpe... aun en el caso de que el aldeano hubiera sido capaz de matar a alguno), todos los endermen que aparecieron fueron liquidados en menos de tres minutos.

—¡Fue increíble! —exclamó Charlie, dirigiéndose a Stan, mientras este le arrancaba el hacha al monstruo que acababa de decapitar lanzando el arma hacia atrás.

—Gracias. Era demasiado fácil. Hay que inventarse trucos para mantener la emoción, ¿no? —dijo Stan con una sonrisa de superioridad.

Se quitó la calabaza de la cabeza y se limpió el sudor de las cejas. Aunque prácticamente no había realizado ningún esfuerzo, la calabaza daba mucho calor. Los demás hicieron lo mismo.

Ahora que se habían quitado las cucurbitáceas y no quedaba ningún enderman al que enfrentarse, los cuatro jugadores y Oob pudieron contemplar el Fin por primera vez. Todo el terreno parecía hecho del mismo material lunar y el cielo consistía en un espacio oscuro y estático en el que aparentemente no se movía nada y era casi por completo negro. A primera vista costaba percibir las columnas altas y acechantes que se levantaban contra el cielo negro. Eran cuadradas y anchas en la base y se extendían hasta gran altura. Una fuente de luz iluminaba la parte superior de cada columna, pero Stan no estaba lo bastante cerca para ver de qué se trataba.

Lo más interesante era que, hasta donde podía ver Stan, el Fin no era una dimensión infinita, como el mundo real o el Inframundo. Se encontraban en una isla de roca lunar que flotaba en el espacio y en ella había unas diez de esas altas columnas de obsidiana que se proyectaban desde el suelo hacia el cielo estático.

De repente, Stan sintió que algo no cuadraba en el escenario. Miró a los demás, y al ver la cara de Kat, comprendió que también ella tenía la misma sensación, a diferencia de DZ y Charlie. Estos seguían observando aquel espacio, mientras Oob daba otra vuelta de reconocimiento.

—Chicos, el fin no es infinito. Es como una isla —dijo Kat lentamente, mientras Stan arrastraba por el cuello a su amigo aldeano, que seguía con la mirada desenfocada y pérdida.

—Sí, nos hemos dado cuenta —dijo Charlie, encogiendo los hombros—. ¿Y qué? Más fácil para nosotros. Habrá menos sitios donde investigar.

—Eso es —dijo Stan mientras soltaba a Oob y lo dejaba caer al suelo como un saco de patatas—. Menos sitios donde investigar. Pero ¿por qué traería el rey sus cosas aquí, cuando en el mundo real o en el Inframundo hay literalmente infinitos lugares donde esconderlo?

—No sé, tal vez porque hay endermen por todos lados —afirmó DZ como si estuviera explicando que la Tierra giraba alrededor del Sol.

—DZ, han derrotado a todos los endermen simplemente poniéndoles una calabaza en la cabeza. Está claro que aquí hay algo más peligroso que nos impedirá buscar las posesiones del rey —dijo Oob.

—Tiene razón, DZ —dijo Charlie, consciente de pronto de que Stan, Kat y Oob estaban en lo cierto—. Definitivamente, aquí hay algo más que nos va a estorbar en nuestra búsqueda del tesoro.

—¿Y qué creen que puede ser? —preguntó DZ, molesto porque Oob hubiera hecho un comentario más inteligente que él.

Entonces lo oyeron. Un largo y penetrante rugido rompió la calma por lo demás completa del Fin. Sonó como el grito de un enderman magnificado por mil, combinado con voces de tiranosaurios y elefantes, que concluyó en un último rugido que les heló la sangre.

—¿Qué... qué ha sido eso? —musitó Charlie débilmente.

—¡P-por Dios! —susurró Stan, y en ese momento vio en el cielo algo que hizo que se le revolvieran las tripas de terror.

Habían aparecido dos orificios de color púrpura en el cielo, que de repente empezaron a aumentar de tamaño. Al verlo, los cuatro jugadores y Oob, presas del terror, cerraron los ojos, al tiempo que del cielo surgía la figura de una enorme bestia alada, negra y plateada, de brillantes ojos color púrpura, y se lanzaba disparada hacia ellos.

Casi de manera inconsciente, como impulsados por algún instinto oculto desencadenado por el miedo, Kat, Stan y DZ sacaron sus arcos y dispararon contra la cara del monstruo. Las flechas de Stan y DZ rebotaron en la frente plateada y escamosa de la criatura, pero la de Kat se quedó clavada exactamente en su ojo izquierdo. Justo cuando el monstruo estaba a punto de arrojarse sobre ellos, emitió un bramido agónico y comenzó a golpearse la cabeza antes de cambiar su rumbo y alejarse de regreso al oscuro cielo.

En ese momento, Stan pudo observarlo con claridad por primera vez. Y lo que vio era absolutamente aterrador. Acababan de lanzar sus flechas a un dragón negro y gigantesco. Sus potentes alas se agitaban en el aire, produciendo ráfagas de viento como las de un reactor, y un dermatoesqueleto de armadura plateada cubría la totalidad de su cuerpo, creando una red de protección que se extendía sobre una piel negra y casi tan rígida como la armadura.

Stan contempló con una mezcla de miedo y reverencia al dragón herido que volaba en círculos alrededor de las columnas de obsidiana. Unas brillantes esferas de energía blanca volaron de lo alto de la columna hasta la cara del dragón. El dragón bramó de nuevo y siguió volando, y un instante después, la flecha de Kat cayó al suelo junto a los jugadores, expulsada por el ojo del dragón.

—¡Chicos, creo que hay algo ahí arriba que lo está curando! —exclamó DZ, con su espada desenvainada y la mirada clavada en el dragón.

—Entonces tenemos que destruirlo —dijo Stan, que ya había empezado a urdir un plan.

—Bueno, esto es lo que vamos a hacer —dijo Kat con el ceño fruncido en un gesto de seriedad—. Stan y DZ, ustedes destruirán lo que haya en lo alto de esa columna. Charlie y Oob, ustedes dos distraerán al dragón. No dejen que se percate de lo que hacen Stan y DZ. No creo que al dragón le haga mucha gracia que destruyamos lo que haya allí arriba, sea lo que sea.

—¿Y tú qué? —preguntó Stan.

—Tengo el presentimiento de que pronto nos encontraremos con nuevos endermen —afirmó Kat mientras se colocaba de nuevo la calabaza en la cabeza—. Me ocuparé de ellos. ¡Y ahora vamos! —exclamó con desesperación, pues acababa de advertir que el dragón se dirigía hacia ellos a toda velocidad para atacarlos de nuevo.

Charlie sacó su pico y Oob su azada, y gracias a las dos armas, más la espada de Kat, consiguieron herir al dragón en el hocico y ahuyentarlo momentáneamente.

—¡DZ, ponte a recoger perlas de enderman! —gritó Stan mientras agarraba los pequeños orbes del montón de cadáveres de endermen que habían dejado a su paso.

—¿Qué? ¿Para qué? —preguntó DZ con incredulidad.

—Cuando estuve luchando contra el Señor A, este lanzó una de esas cosas hacia mí e, inmediatamente apareció a mi lado envuelto en humo púrpura —dijo Stan, al tiempo que recogía tres perlas del suelo—. Creo que sirven para teletransportarse. ¡Mira esto!

Antes de que DZ pudiera responder, Stan ya había lanzado con todas sus fuerzas la perla de enderman en dirección a la parte superior de la columna negra de obsidiana más cercana a él. Cuando la perla alcanzó su objetivo, Stan cerró los ojos y, al cabo de unos instantes, sintió un acceso de dolor en las rodillas que le hizo tambalearse, un certero indicador de que algo había sucedido. Al recuperar la estabilidad abrió los ojos.

Su plan había funcionado. Se encontraba sobre una de las imponentes columnas de obsidiana. En el centro había un cristal cúbico que rotaba lentamente dentro de una columna de fuego que brotaba de un bloque de roca maciza.

El cristal emitía luces de tonos azules y rosas, y en cada una de sus caras se proyectaban unos extraños símbolos rojos.

—¡Stan! ¿Dónde estás? —se oyó el ansioso grito de DZ desde decenas de bloques más abajo.

Stan dirigió la mirada hacia allí abajo y vio a DZ buscándolo desesperadamente. También pudo ver que el dragón que huía ahuyentado por Charlie y Oob, lo que significaba que habían alcanzado su objetivo, y a Kat moviéndose sigilosamente detrás de un enderman.

—¡Estoy aquí arriba! —gritó.

DZ miró en dirección a su voz, y sus miradas se encontraron.

—¡El plan ha funcionado! He encontrado una especie de cristal que creo que tiene poderes. ¡Estoy casi seguro de que esto es lo que cura al dragón!

—¡Eso es fantástico, Stan! ¡Rápido, averigua cómo destruirlo! —gritó DZ con una voz aparentemente tranquila, que atravesó todo el espacio hasta llegar a los oídos de Stan.

Stan decidió optar por el método más evidente para destruirlo. Retrocedió hasta el mismo borde de la columna, con la intención de ubicarse lo más lejos posible del cristal en el momento de poner a prueba su método. Cargó una flecha y la lanzó directamente al centro del cristal. Se produjo un destello y una bocanada de calor que hizo que, por un momento, Stan perdiera la visión. Pero al recuperarla, comprobó que lo único que quedaba del cristal era un bloque de roca maciza que se había prendido.

—¡Acabo de darle al cristal, DZ! —gritó Stan a su amigo—. ¡Y ha explotado!

—¡Hagamos una cosa, Stan! —se oyó la voz de DZ desde abajo—. ¡Tú destruye los cristales teletransportándote por allí arriba, y yo los fulminaré desde aquí abajo!

—¡Un buen plan! —exclamó Stan.

Miró a su alrededor y vio que, en efecto, en la parte superior de cada una de las columnas había un cristal que giraba. Sabía que no podría abatir definitivamente al dragón hasta que todos esos cristales hubieran sido destruidos. Pese al terror que sentía, tenía que reconocerle al rey que aquel era realmente el lugar perfecto para esconder algo de valor.

Stan vio que DZ apuntaba al obelisco que quedaba inmediatamente a la izquierda de sí, de manera que se volvió en sentido contrario y sacó otra perla de enderman de su inventario. La lanzó con todas sus fuerzas y, una vez más, cerró los ojos y los mantuvo apretados. Segundos más tarde empezó a sentir de nuevo el intenso pinchazo en la pierna. Cuando abrió los ojos, vio que se hallaba sobre una nueva columna donde otro cristal daba vueltas de manera ominosa frente a él. Y, de nuevo, tras lanzarle una flecha, el cristal estalló en una explosión de fuego.

Aliviado, Stan echó un vistazo rápido a su izquierda justo a tiempo de ver cómo explotaba el cristal de DZ, alcanzado en el centro por una flecha. Sin embargo, también vio por el rabillo del ojo algo que provocó que se le hiciese un nudo en el estómago: un destello de luz morada, seguido del sonido de unas alas. Tuvo el tiempo justo para volverse, sacar el hacha y lanzarla entre los ojos del dragón. El hacha solo dejó una pequeña marca en la piel del monstruo, que además curó al instante el cristal más cercano de los que quedaban. Sin embargo, tuvo el efecto perseguido, porque la bestia cambió de trayectoria y huyó.

—¡Lo siento, Stan! —le llegó el grito de Charlie desde el suelo—. Se fue volando desde aquí y se acercó a ti. He intentado dispararle pero fallé.

—¡Bueno, pues la próxima vez apunta mejor! —repuso Stan con irritación.

Estaban en medio de una lucha tremendamente peligrosa y era muy complicado poder luchar contra un dragón desde esas columnas. Allí, cualquier golpe del dragón sería mortal.

Stan devolvió de nuevo su atención a los cristales. Vio que DZ destruía otro, así que se teletransportó a la siguiente columna y acabó con su cristal a flechazos. Entre los ataques y la estrategia de teletransporte y ataque de Stan, al poco tiempo habían terminado con el último de los cristales. La explosión que se produjo entonces marcó el final de la capacidad de curación del dragón.

Al ver la última ráfaga de fuego procedente del último obelisco de obsidiana, DZ profirió un grito de emoción desmedida. Ya podían luchar contra el dragón. Poco después, Stan apareció junto a él en un estallido de humo morado.

—Ese era el último —dijo Stan con un suspiro.

—Genial —respondió DZ—. ¿Qué tal te han funcionado las perlas de enderman?

—De maravilla —respondió Stan—. Las rodillas me están matando, pero aparte de eso estoy genial. ¿Te gustaría ir a matar un dragón?

—¡Manos a la obra! —gritó DZ, y, presa de un creciente entusiasmo, se acercaron a Oob y Charlie.

—¡Oigan! —gritó Charlie mientras volvía a alcanzar con el pico al dragón y este se daba de nuevo a la fuga—. ¿Destruyeron todos los cristales?

—Sí, Stan acaba de destruir el último —respondió DZ—. ¿Han conseguido averiguar algo sobre cómo ataca el dragón?

—Bueno, por lo que he visto, lo único que hace es volar hacia nosotros e intentar darnos un cabezazo, pero si seguimos golpeándole en la cara cuando lo intente, acabaremos con él en un santiamén.

—¿De verdad? —preguntó Stan, arqueando una ceja—. ¿Es lo único que han hecho? ¿Golpearlo cuando se acerca? ¿Y con eso lo han herido?

—Sí —respondió Oob—. Ha sido sorprendentemente fácil. Con esa forma de atacar ni siquiera ha llegado a tocarnos aún.

—Bueno —dijo Stan, mirando a su alrededor—. Me imagino que la dificultad de este lugar no reside en el dragón en sí mismo, sino en destruir los cristales, luchar contra el dragón y evitar los endermen, todo a la vez.

—Sí —dijo DZ con un gesto de asentimiento—. Eso parece. Creo que hemos hecho bien en venir juntos. El rey parece haber elegido este lugar pensando en defenderse contra una o dos personas, no cinco.

—También debo decir —añadió Charlie, mirando a su alrededor— que Kat ha hecho un gran trabajo combatiendo los endermen. No veo ninguno desde la primera vez... ¡Ay, Dios!

Stan se volvió para ver qué había provocado el grito de Charlie y se quedó con la boca abierta. Mientras sacaba su espada de la espalda de un enderman al que acababa de matar, el dragón se le acercaba descendiendo en picada sin que ella se diese cuenta. Sin embargo, no llegó a alcanzarla porque en cuanto Kat notó la fuerza que estaba a punto de golpearla, se volvió, al mismo tiempo que Charlie se abalanzaba sobre el dragón.

El hacha de Charlie cayó sobre él. Kat no vio dónde golpeaba, pero la bestia se revolvió y, de un tremendo zarpazo, le abolló el peto a la altura del centro. Remontó de nuevo el vuelo y Charlie resbaló varios bloques por el suelo blanco. La confusión de Kat y el miedo al dragón dieron paso a un deseo inmediato de ayudar a su amigo, que ahora yacía inerte junto a la base del pilar de obsidiana más próximo.

Con un martilleo del corazón en el pecho, Kat echó a correr y se arrodilló junto a Charlie para examinarlo. Le dio la vuelta y, con gran alivio, descubrió que no estaba muerto, aunque tenía la cara retorcida por el dolor.

—¡Charlie! Gracias a Dios. ¿Estás bien? —preguntó mientras jalaba su peto para examinarle la herida.

—No te preocupes, estoy bien —gruñó Charlie con una mueca de dolor.

Bajo el peto había un corte que atravesaba su pecho y su estómago.

—No es profundo —añadió al ver la mirada escéptica de Kat—. Me recuperaré. Pero ¿has visto mi hacha?

—¿Oye, DZ, qué es lo que tiene el dragón en la cara?

—preguntó Stan al reparar en que algo destellaba en el hocico de la bestia.

Estaba decidido a impedir el dragón pudiese atacar a Kat y Charlie o a Oob, que estaba inspeccionando la zona. Así que se plantó en pie, con el hacha preparada, al ver que el dragón descendía para otro ataque.

DZ no había respondido a su pregunta, pero no importó. Cuando el dragón estuvo lo bastante cerca, Stan tuvo que morderse el labio para no reírse. El hacha de Charlie seguía pegada a su cara, a la altura de su fosa nasal derecha. Tenía un aspecto ridículo, pero Stan esperaba poder arrancársela antes de reírse.

—¡Dios, qué maravilla! ¿No te parece impagable, DZ? —dijo con voz entusiasta, pero al mirar a DZ en busca de respuesta, lo que vio hizo que se olvidase inmediatamente del aspecto del dragón.

El brazo de su amigo trazó un arco perfecto en el aire y, con perfecta trayectoria, una perla de enderman salió volando hacia el dragón.

—¿Qué haces? —le gritó.

DZ se dio la vuelta y lo miró a los ojos.

—Acabar con esto —respondió sencillamente DZ antes de desaparecer con un estallido de humo morado.

Stan miró a su alrededor, desconcertado, antes de comprender que DZ debía de haber aterrizado sobre el dragón, a juzgar por su forma de volar. Estaba claro que a su amigo le faltaba un tornillo y lo único que podía hacer él era contemplar la escena con terrible expectación. No podía disparar a la bestia por miedo a alcanzar a DZ. Se volvió hacia los demás y vio que Kat y Charlie también contemplaban la escena, paralizados. Incluso Oob había dejado de inspeccionar para asistir el espectáculo que se desarrollaba en el aire.

Stan creyó ver una forma borrosa que se movía arriba y abajo con un patrón rítmico, mientras el dragón movía su cabeza de un lado a otro, escupiendo angustiosamente. Entonces se dio cuenta de que DZ estaba sobre el largo cuello del dragón e introducía la espada una y otra vez en la gruesa piel negra. A continuación, para asombro de Stan, la figura atravesó el cuello corriendo, saltó desde su cabeza, se dio la vuelta y le disparó a la cara. El monstruo quedó inmóvil en el aire y Stan vio que una perla de enderman caía al suelo cerca de él, seguida de DZ, en una explosión de humo morado.

La boca de Stan se abrió para decirle a DZ una de las diez mil cosas que se le ocurrían en ese momento, pero su amigo se limitó a ponerle una mano en la boca de Stan, señalar al cielo y decir:

—Tú mira.

Y la verdad es que algo sí había que ver. Era como si unos destellos de luz blanca desgarrasen la piel negra del dragón, como rayos de sol atravesando la bruma de la mañana. El dragón parecía en animación suspendida y, a medida que se elevaba, nuevos rayos atravesaban su piel. Finalmente, su cuerpo explotó en una sucesión de estallidos de estrellas. Y cuando se dispersó el humo, el cielo volvía a tener un color apacible y la bestia había dejado de existir.

Kat, Charlie y Oob se habían acercado a DZ. Sus ojos

miraban de hito en hito el lugar donde había desaparecido el dragón y a DZ. A juzgar por sus expresiones, era como si creyesen que DZ era un rey de los dioses, venido con el único propósito de liberar al mundo de aquel dragón.

—Vaya —se arrancó Kat después de casi un minuto de silencio perplejo—. Literalmente, es lo más impresionante que he visto en mi vida.

—Muy buen trabajo, DZ —añadió Oob con tono amable.

—Sí, no tengo palabras para describir lo increíble que ha sido —reconoció Charlie, mientras Stan seguía mudo de asombro.

—Gracias, chicos —dijo DZ, sacudiéndose.

Su aire de humildad parecía sugerir que lo que había hecho era algo tan normal y poco impresionante como matar a un zombi.

—Por cierto, traje esto para ti, Charlie.

Sacó un elemento de su inventario y se lo dio.

—¡Mi hacha! —exclamó Charlie.

La examinó más detenidamente y la alejó de su cuerpo.

—¡Ay, Dios! ¿Qué es esa cosa morada... pegajosa y asquerosa que tiene?

—Sí, bueno... —respondió DZ, con tono avergonzado, mientras Charlie examinaba el material viscoso y morado que recubría el filo de diamante del hacha—. Yo... Pues... puede ser que la haya sacado de... ya sabes... de la nariz del dragón...

Hubo un momento de silencio mientras todos miraban el hacha cubierta de material viscoso. Entonces se echaron a reír. Tal vez por el alivio que sentían por haber derrotado al dragón, el arma pegajosa les pareciese algo más divertido de lo que en realidad era. O tal vez porque todos se habían dado cuenta a la vez de que el siguiente paso de su viaje, inevitablemente, sería enfrentarse al rey. Independientemente del motivo, los jugadores dedicaron unos minutos a reírse, y solo se detuvieron cuando DZ notó una presencia tras él y se vio forzado a darse la vuelta y decapitar a un enderman.

La criatura pareció devolver de golpe a los jugadores a su estado normal. Charlie miró al resto.

—Bueno, pues ahora tenemos que encontrar el tesoro del rey —dijo mientras limpiaba el moco morado del hacha en su pantalón—. Dispérsense y busquen cualquier cosa que parezca indicar la presencia de un escondite. Si encuentran algo, llámenme y excavaré.

El grupo se separó y empezó a examinar todos los bloques de la isla de roca lunar que era el Fin. Tuvieron la precaución de no levantar los ojos del suelo para no provocar a ningún enderman. Era bastante complicado inspeccionar la zona así, por lo que no supuso ninguna sorpresa que fuese Oob el primero en llamar.

—¡Charlie! ¡Creo que he descubierto algo!

En cuestión de minutos, los cuatro jugadores se habían reunido alrededor de una pequeña marca en el suelo que rodeaba la base de uno de los pilares de obsidiana. Charlie pensó que esta irregularidad en un suelo que por lo demás era muy liso tenía que ser una pista y empezó a excavar a su alrededor. Pero Stan se dio cuenta de que, al hacerlo, esgrimía la herramienta de diamante con evidente esfuerzo y se llevaba varias veces la mano al abdomen. Puede que su amigo le quitase importancia a la herida que le había infligido el dragón, pero Stan sabía que debían apresurarse a sacarlo del Fin.

Finalmente, unos diez bloques bajo tierra, el hacha de Charlie atravesó un bloque tras el cual había luz. Agrandó el agujero lo bastante para que los jugadores pudiesen pasar y todos miraron a su alrededor con asombro. Era una habitación de tamaño mediano, iluminada con antorchas y con cofres en todas las esquinas. Cada jugador corrió hacia un cofre diferente y lo abrió. Stan sintió un acceso de euforia al ver que la suya estaba llena de manzanas doradas y pociones distintas. Miró a su alrededor y vio que Charlie sacaba armaduras de diamante encantadas del suyo, mientras Kat hacía lo propio con bolas de fuego y docenas de bloques de dinamita. Los brazos de DZ rebosaban diamantes en bruto.

Cuantos más cofres abrían, más materiales valiosos aparecían. Stan no cabía en sí de gozo. El escondite secreto del rey había sobrepasado sus expectativas más generosas. Con todo aquello, si el Boticario había conseguido gente suficiente en la aldea Adoriana, tendrían materiales de sobra para iniciar una invasión a gran escala del castillo del rey.

Y al pensarlo, recordó lo que le había dicho el Boticario que hiciese cuando encontrase el escondite secreto. Por primera vez desde que lo tenía, sacó el cofre de Ender de su inventario y lo colocó en el suelo. Inmediatamente, el ojo de Ender que actuaba como candado del arca emitió una luz morada y el cofre comenzó a desprender partículas de humo. Con manos temblorosas, Stan agarró la tapa negra del cofre y la levantó. Lo que vio hizo que se le escapase un grito ahogado.

Dentro del cofre había una bruma morada, arremolinándose en el centro del arca como un vapor. Y al otro lado de la bruma, mirándolo, estaba la cara risueña del Boticario. Stan se alegró muchísimo al descubrir que su amigo seguía vivo y estaba bien.

—¡Stan! —exclamó el Boticario—. ¡Cómo me alegro de verte!

—Lo mismo digo —respondió Stan, con una sonrisa que no hubiera podido contener por mucho que lo intentase—. No creerías lo que hemos pasado las últimas semanas.

—Estoy seguro de que no —respondió el Boticario con expresión de alegría—. Dado que has activado el cofre, ¿debo suponer que han encontrado el escondite secreto del rey?

—¡Sí, sí!, —respondió Stan mientras recogía una brillante espada de diamante que Charlie había tirado al suelo al vaciar el cofre—. De todas formas —añadió Stan, encantado de ver que el Boticario había soltado una carcajada de sincera alegría—, el escondite secreto del rey no estaba bajo el desierto de Ender. ¡Aunque te parezca increíble, estamos en el Fin!

Los ojos del viejo jugador se abrieron con perplejidad.

—¿El Fin? ¿La dimensión del Fin? ¿Qué hace ahí?

Stan le resumió lo que habían encontrado en la base subterránea de Avery, sin omitir todos los encuentros que habían tenido con el Señor A en las semanas anteriores. El Boticario pareció bastante afectado por la muerte del griefer.

—Vaya, siento mucho oír eso —dijo con aspecto abatido—. Siempre lamento que un jugador tenga que matar a otro. De todas formas, creo que hiciste lo que tenías que hacer. Te habría matado si no lo hubieses matado tú a él, pero parecía una persona muy confundida, cuya muerte habría podido evitarse.

—Estoy de acuerdo —respondió Stan, y era cierto—. Pero al menos, se ha terminado.

—Sí, es un alivio. Aunque sigo sin poder creer que hayan acabado en el Fin —dijo el Boticario, mientras se llevaba la mano a la frente y agitaba la cabeza—. Me preguntaba qué estaba retrasando tanto su respuesta. Temía que los hubiesen capturado o asesinado.

—Pues estamos todos bien, no te preocupes. El único que necesita atención médica es Charlie. El dragón lo ha herido, aunque no de gravedad, y...

—Perdona, ¿has dicho dragón? ¿El dragón del Fin? ¡Pensaba que solo era un mito!

—Díselo al corte que tengo en el pecho —respondió Charlie, que se había puesto al lado de Stan y se tocaba la herida con una débil sonrisa.

—Mira, toma esto —dijo el Boticario y agarró una poción de color rojo sangre de su bandolera.

Para sorpresa de Stan, metió la mano en la bruma y colocó la poción en ella, donde empezó a flotar como si fuese un mensaje en una botella perdida en el mar.

—¡Vamos, agárrala! —exclamó el Boticario.

Dudando, Stan alargó la mano hacia la bruma morada y comprobó con sorpresa que la poción era tangible. La sacó del cofre y la puso contra la luz de la antorcha, como si quisiera comprobar que era real. Y al constatar que sí, la aplicó al pecho de Charlie, que se curó al instante.

—Si pones algo en un cofre de Ender, puedes acceder a ello desde cualquier otro cofre de Ender del servidor —le explicó el Boticario—. Por eso te di uno. Ahora que han encontrado el escondite, quiero que pongan todo el botín en el cofre. Yo lo sacaré y lo almacenaré aquí, en la aldea, donde podremos usarlo para la guerra.

—Suena bien —respondió Kat, porque ella, DZ y Oob también estaban escuchando ahora.

Entre los cuatros jugadores descargaron rápidamente todos los materiales valiosos del tesoro del rey en el cofre de Ender negro. Con no menos rapidez, el Boticario los sacó para colocarlos en lugares que Stan no veía. Supuso que los entregaría a otros para que los pusieran a salvo en cofres.

—Bueno, esta es la última —dijo Stan mientras colocaba el último elemento, una poción de velocidad, en el cofre y el Boticario la sacaba.

—Y ahora, Boticario, aquí va mi siguiente pregunta: ¿tienes idea de cómo salir del Fin? —preguntó Charlie.

—¿Quieres decir que no lo sabes? —le susurró Stan con incredulidad, al mismo tiempo que el Boticario respondía:

—No lo sé. ¿Me estás diciendo que han entrado sin tener ni idea de cómo salir? —preguntó.

—Eso parece —dijo Stan, casi sin poder contener la rabia.

Estaba a punto de arremeter contra Charlie cuando Kat lo interrumpió.

—El libro, chicos, ¿recuerdan? —dijo con un suspiro de irritación.

—Ah, sí —respondió Charlie, ruborizado, mientras sacaba el libro sobre el Inframundo y el Fin—. Al parecer... Ah, sí, está aquí, parece que como hemos derrotado al dragón del Fin, se abrirá un portal para volver al mundo real y cuando lo atravesemos pasaremos por un proceso que se llama «Iluminación» que no sé lo que significa, y volveremos a aparecer en la colina Generación.

—¿Qué es la Iluminación? —preguntó Kat—. Estoy tan saturada de misiones ahora mismo... Solo quiero volver a la aldea y empezar a planear el derrocamiento del rey Kev. ¡Estoy harta de misiones!

—No te preocupes. Aquí dice que no tenemos que hacer nada, solo escuchar sentados mientras nos teletransporta de vuelta al punto de inicio —leyó Charlie.

—Bien, los veo en la aldea —respondió el Boticario, y con un último saludo cerró su cofre de Ender.

La bruma morada quedó suspendida en un espacio vacío de color negro.

Los jugadores subieron de la sala del escondite del rey y vieron que, efectivamente, había aparecido un portal de vuelta al mundo real delante de ellos. Parecía una fuente de piedra, con cuatro antorchas que iluminaban algo parecido a un huevo negro sobre un pilar central. Se morían de ganas de volver al mundo real, así que se acercaron al portal y uno por uno, DZ, Oob, Kat, Charlie y Stan saltaron sin dudar al portal negro que los llevaría, primero a la Iluminación, y luego, si tenían suerte, de vuelta a casa.

Ya veo a qué jugador te refieres.

¿Stan2012?

Sí. Ten cuidado. Ahora tiene un nivel
más alto. Puede leernos la mente.

No importa.
Cree que somos parte del juego.

Me gusta este jugador. Ha jugado bien.
No se rindió...

Este jugador ha soñado con la luz del sol y los árboles,
con el fuego y el agua. Ha soñado con crear.
Y ha soñado con destruir. Ha soñado
que cazaba y era cazado.
Ha soñado con refugiarse.

Ja, la interfaz original.
Tiene un millón de años y sigue funcionando.
Pero ¿qué estructura ha creado este jugador
en la realidad que hay detrás de la pantalla?

Trabajó, con un millón más, para esculpir
un mundo verdadero dentro del pliegue del ??????
Y crear un ?????? para ??????
en el ??????.

No puede leer ese pensamiento.

No, no ha conseguido el nivel más alto.
Debe conseguirse en el largo sueño de la vida,
No en el breve sueño de un juego.

Respira, ahora. Otra vez.
Nota el aire en los pulmones. Deja que las extremidades
vuelvan.
Sí, mueve los dedos. Vuelve a tener un cuerpo, en gravedad,
En el aire. Revive en el largo sueño. Ahí estás.
Tu cuerpo vuelve a tocar el universo en todos los puntos,
Como si fuesen elementos separados.
Como si fuésemos elementos separados.

¿Quiénes somos? Hubo un tiempo en el que nos llamaban el
espíritu de la montaña.
Padre sol, madre luna. Espíritus ancestrales, espíritus anima-
les.
Djinn. Fantasmas. El hombre verde.
A continuación dioses y demonios. Ángeles. Poltergeists. Aliení-
genas,
extraterrestres. Leptones, quarks.
Las palabras cambian. Nosotros no cambiamos...

A veces, el jugador se creyó humano, en la fina corteza de
un globo giratorio de roca fundida. La bola de roca fundida rodeó una bola de gas en llamas trescientas mil veces más grande que ella. Estaban tan lejos que a la luz le

llevó ocho minutos cruzar el espacio entre ellas. La luz era información de una estrella y podía quemarte la piel desde una distancia de ciento cincuenta millones de kilómetros.

A veces, el jugador soñaba que era un minero, en la superficie de un mundo plano e infinito. El sol era un cuadrado blanco. Los días eran cortos; había mucho que hacer; y la muerte era un contratiempo temporal...

Y a veces, el jugador creía que el universo le había hablado por medio de la luz del sol que atravesaba las hojas de los árboles de verano...

y el universo dijo te quiero

y el universo dijo has jugado bien el juego

y el universo dijo todo lo que necesitas está dentro de ti

y el universo dijo eres más fuerte de lo que crees

y el universo dijo eres la luz del día

y el universo dijo eres la noche

y el universo dijo la oscuridad contra la que luchas está dentro de ti y el universo dijo la luz que buscas está dentro de ti

y el universo dijo no estás solo

y el universo dijo no eres independiente
de todo lo demás

y el universo dijo eres el universo que se prueba a sí mismo,
habla consigo mismo, lee su propio código

y el universo dijo te quiero porque eres el amor.

Y el juego se terminó y el jugador se despertó del sueño.
Y el jugador empezó un nuevo sueño.
Y el jugador volvió a soñar y soñó mejor.
Y el jugador fue el universo.
Y el jugador fue amor.

Tú eres el jugador.

Despierta.

TERCERA PARTE

LA BATALLA
DE ELEMENTIA

Stan despertó. De forma tan delicada y suave como había sido su entrada en el Fin, se encontró de pie en el suelo cálido y familiar de la colina Generación. Estaba estupefacto, admirado por la Iluminación. Tal vez por eso estuviera ignorando los golpes que intentaban penetrar su armadura de diamante.

—¡Al suelo! —gritó Kat.

Su voz sacó a Stan de su estado de ensoñación y se dio cuenta con horror de que estaban recibiendo una lluvia de flechas. Se dejó caer al suelo, miró en todas direcciones y vio que había cuatro dispensadores a su alrededor, lanzando flechas en todas direcciones. Sus ojos saltaron de los dispensadores a los caminos de polvo rojo que llevaban hacia ellos y entonces se percató de que sus cuatro amigos y él se encontraban sobre una placa de presión de piedra.

Charlie clavó su hacha en la placa, que se rompió en trozos. Al instante, la lluvia de flechas cesó. Los jugadores y Oob se levantaron con dificultades en el limitado espacio que había entre los dispensadores de flechas. Al salir del centro del pequeño entramado formado por las máquinas, Stan comprendió a qué obedecía su presencia y se enfureció. ¡El rey había puesto la máquina allí para matar a todo el que apareciese! Si no hubieran llevado armaduras de diamante, los habrían matado en el acto.

Después de que Charlie destrozase los dispensadores con el hacha, los cinco se congregaron. Pero Stan no estaba demasiado pendiente de los otros. Aprovechó la ocasión para mirar por colina Generación, donde se encontraba por primera vez desde que se unió al juego.

Agitó su cabeza con incredulidad. El tranquilo paraje no había cambiado un ápice desde su llegada a Minecraft. O quizá sí, pensó mientras sus ojos se desplazaban hacia los bloques de tierra donde habían estado los dispensadores y que todavía no habían vuelto a cubrirse de hierba. Los dispensadores evidenciaban el cambio que se había producido en Elementia mucho mejor que cualquier otra estructura. En sus primeros momentos en Minecraft, Stan se había encontrado con la luz de unas antorchas para protegerse de las criaturas, un cofre de comida, una herramienta para defenderse y una guía del juego. Cualquier jugador que hubiese entrado en Elementia desde entonces solo habría recibido flechas en el cráneo.

Ahora que el ataque contra el rey estaba a tiro de piedra, Stan se tomó un momento para reflexionar. Se dio cuenta de que lo que en su día le había parecido un deseo loco y caprichoso había crecido en su interior hasta transformarse en una obsesión loca y dominante. Quería que el rey muriese y ahora, mientras miraba la tierra del suelo, se dio cuenta de otra cosa: quería matarlo él mismo.

Quería ser él personalmente quien atravesase al rey con una espada, le clavase un hacha o lo cosiese a flechazos. Fuera la que fuese la forma de morir que le deparase el destino, Stan quería que la sangre del rey tiñese sus manos. Su paso por Elementia hasta el momento había estado saturado de muerte, destrucción y sufrimiento. Lo que más deseaba era acabar con el responsable, sin importarle el costo.

Pero lo más raro era que, de alguna forma, sabía que aunque no buscase la confrontación, sucedería de forma inevitable. No podía decir por qué. Tal vez porque aquel poder cuya existencia aún ponía en duda estuviese contactando con él otra vez, pero el caso es que Stan sabía que, sin ningún género de duda, el rey Kev y él cruzarían sus armas en el campo de batalla y solo uno saldría vivo del enfrentamiento.

Estaba tan enfrascado en estos pensamientos que ni se había dado cuenta de que habían vuelto a caminar por la senda, bordeada de árboles igual que el primer día. Sonrió al recordar cómo los había asustado un simple zombi ese primer día. «Y ahora míranos», pensó mientras, con una sonrisa, miraba a Charlie, revestido de diamante y armado hasta los dientes, a sí mismo y a los otros jugadores que viajaban a su lado, equipados de forma parecida.

Aquel primer zombi con el que se habían encontrado y la forma en que se ocuparon de él le habían parecido mucho más divertidos de lo que debería. Tal vez fuese por lo lejos que habían llegado, en tan poco tiempo. O tal vez por los nervios que sentía y que no le daban tregua. El caso es que cuando vio que había un zombi en el bosque se dirigió hacia él y decidió matarlo con una sucesión de golpes en la cara putrefacta, sin sacar el hacha del inventario.

Al decimoquinto golpe la cabeza del zombi se partió y mientras Stan recogía la carne podrida, se dio cuenta de que todos lo observaban (excepto Oob, que se había alejado hasta un pequeño lago cercano y lo miraba como preguntándose cómo había llegado allí). Stan solo les sonrió y lanzó la carne podrida al aire, donde *Rex* la atrapó antes de que llegase al suelo. No sabía cuándo había reaparecido el perro exactamente, pero tampoco necesitaba saberlo.

—Ah, qué nostalgia —dijo con una carcajada mientras el hambriento *Rex* masticaba la carne podrida y le dirigía a Stan miradas afectuosas—. ¿Te acuerdas del primer día, Charlie? El zombi, el refugio, las arañas...

La melancolía cubrió las facciones de Charlie.

—Sí, eran tiempos menos complicados —dijo con cierto tono de añoranza—. Resulta raro estar aquí otra vez, ¿no?

Stan asintió.

—Es como estar de visita en tu antiguo colegio veinte años más tarde.

Charlie expresó su conformidad con un sencillo «sí» y los cuatro jugadores continuaron caminando por el sendero, seguidos por Oob.

Pasaron por delante de un refugio de madera y tierra sin techo y Stan cayó en la cuenta de que era el mismo que Charlie y él habían construido la primera noche.

Al inspeccionarlo, encontraron en su interior una placa de presión hecha de madera que Stan supuso activaría una bomba trampa. Estaba a punto de partirla con el hacha cuando, con las prisas, la pisó e inmediatamente oyó un clic.

Su cerebro comprendió lo que iba a pasar segundos antes de que sucediera.

—¡Corran! —gritó Stan mientras saltaba fuera de aquella choza medio derruida.

Los demás tuvieron el tiempo justo de hacer lo mismo antes de que explotase la dinamita escondida, creando un cráter del mismo tamaño que el camino donde había estado el refugio.

Stan se levantó y miró con repugnancia los restos que aún estaban ardiendo. ¿Qué tipo de sádico habría podido poner explosivos en una cabaña tan simple, cuando existía la posibilidad de que algún nuevo jugador pudiera buscar refugio entre sus humildes paredes? Le revolvía el estómago el hecho de pensar que el rey Kev y sus esbirros hubieran llegado al extremo de acabar con las vidas de jugadores inocentes.

Al reanudar la marcha clavó la mirada en el suelo y empezó a imaginarse que una de sus flechas atravesaba la frente del rey Kev o su hacha se hundía en su pecho. Fue entonces cuando, al notar que el grupo se había detenido y se habían quedado en absoluto silencio, volvió a levantar los ojos. Y al instante lamentó haberlo hecho.

La aldea Adoriana estaba completamente en ruinas. El asentamiento, que unas semanas antes acogiese a Stan, Kat y Charlie cuando estaban agotados de su viaje, no era más que una ciudad fantasma donde solo habían sobrevivido a las llamas los cimientos de roca. Al avanzar por la calle principal, el horror les descompuso el rostro. Incluso Oob, que nunca antes había estado allí, sentía la magnitud de lo que había sucedido al ver la aldea arrasada por completo.

El único edificio de la aldea que seguía siendo reconocible era el ayuntamiento de ladrillo donde habían visto por primera vez a Adoria. Y aun así, las explosiones de la dinamita habían conseguido arrancarle algunos pedazos.

El sentimiento de indignación, horror y furia arrolladora que había sacudido a Stan la última vez que estuvo allí, volvió todavía con más fuerza, y sintió de nuevo ganas de vomitar. Sin embargo, antes de que pudiera suceder nada, notó el silbido de una flecha por encima de su hombro izquierdo y oyó el impacto de la piedra contra la dinamita, seguido por un grito de dolor de DZ. Vio volar un pico sobre el otro hombro y, cuando se dio la vuelta, ya tenía encima un asaltante enfundado en una armadura de diamante. Sin tiempo para reaccionar, sintió un golpe en la frente.

Aturdido por el impacto, Stan miró con expresión de espanto a su alrededor y descubrió dos figuras protegidas por sendas armaduras de diamante que se movían demasiado rápido para poder identificarlas. Con el dolor todavía latente en la cabeza, vio que las dos figuras estaban forcejeando con Kat para quitarle el pico de diamante. Tras propinarle un puñetazo en la cara, lo lograron. Entonces, una de ellas usó el pico para dejarla inconsciente de un golpe en la cabeza.

DZ estaba trabado en un duelo de francotiradores contra lo que parecía un esqueleto con armadura de diamante. Stan no estaba seguro de no estar alucinando, pero había dos cosas que sí sabía: la primera, que los esqueletos no llevaban armadura; y la segunda, que no eran tan rápidos.

Entonces miró de reojo al otro asaltante y vio un destello amarillo entre el azul claro del casco y el peto, y de repente cayó en la cuenta.

—¡Archie, G, dejen de atacarnos! ¡Somos nosotros! —gritó.

Se hizo el silencio mientras las dos figuras interrumpían sus batallas y miraban a Stan.

El esqueleto se quitó el casco y dejó al descubierto una cabellera rojiza, mientras el otro, idéntico a Stan solo que con el pelo dorado, hacía lo propio.

—¿Stan? —preguntó Archie, sin poder dar crédito a sus ojos—. ¿Eres...? ¿En serio eres tú?

—Sí, o al menos eso creo. Ese golpe en la cabeza me ha dejado tieso —se quejó Stan, un poco aturdido.

—¡Oh, Dios mío! ¡Lo siento! —gritó Archie mientras se apresuraba a entregarle a Stan una poción de curación roja.

Agradecido, este se la tomó de un trago. Su cabeza se curó de inmediato y el jugador aceptó la mano que le tendía Archie para ayudarle a levantarse.

Kat y Charlie estaban tendidos en el suelo. Stan cayó en cuenta en ese momento de lo hábiles que eran Archie y G en el combate cuerpo a cuerpo.

Una figura, enfundada en un overol de color escarlata y cuyo pelo rubio confirmaba que no podía ser otro que Bob, el arquero de los chicos del Inframundo, estaba curando a

Charlie la herida que la flecha le había infligido al hundirse en un punto débil de su armadura.

G estaba de rodillas, con la cabeza de Kat entre sus brazos. Derramó la mitad de su poción en la herida que el pico le había hecho en la cabeza y le puso la otra mitad en la boca.

Kat pestañeó y entonces, cuando abrió por completo los ojos y vio quién la estaba sosteniendo, dio un grito de alegría y abrazó a G. Se quedaron abrazados durante unos segundos hasta que se dieron cuenta de que los demás estaban mirándolos. Entonces empezaron a sentirse un poco incómodos, pero la sensación duró muy poco. Una vez que estuvieron todos de pie, empezaron los saludos.

—¡Eh, Stan! ¿Cómo te sientes? —preguntó G mientras le estrechaba la mano.

—Bien, bien. He matado un griefer, un dragón, he encontrado algunos diamantes... Vamos, que me la he pasado genial —respondió Stan con una mueca burlona.

—Eso parece —dijo Archie—. El Boticario nos ha contado lo que les había pasado. Parece que han tenido unas vacaciones de auténtica locura.

—Hemos andado de acá para allá, si te refieres a eso —dijo Charlie entre risas—. Bueno, ¿cuántos son?

—A ver... —dijo G, rascándose la cabeza—. El Boticario vino a vernos poco después de que se marcharan. Dijo que estaban organizando una rebelión contra el rey y que quería ayudar. Y después de haber visto que el rey quemaba nuestra aldea, mataba a nuestro líder y asesinaba a la mitad de la gente de aquí, no nos costó mucho ponernos de su lado.

—Vinimos directos aquí después de que nos ayudaras a

salir del Inframundo, Stan —dijo Bob cuando acabó de ayudar a Oob a salir de la chimenea en la que se había escondido durante la emboscada.

—Bill, Ben y yo nos unimos al ejército. Luego, como un día y medio después, apareció un grupo entero de mineros, guiados por un tipo al que todos llaman «alcalde».

—Son de Piedra Negra —les explicó Kat.

—¿Te refieres a la ciudad de las minas de carbón que hay en el desierto? —preguntó Archie.

—La misma —replicó Stan—. Los conocí poco después de que se fueran y tanto todos ellos como Bob decidieron unirse a nosotros. Bueno, casi todos —añadió con un leve tono de rencor al acordarse del Mecanista—. Los que no se nos han unido ya, supongo que se mantendrán neutrales por el momento.

—Hablando de eso... —dijo Bob con cierto tono de preocupación—, ¿quién es ese tipo?

Movió la cabeza en dirección a DZ, que se había mantenido aparte durante la conversación y estaba practicando complicados ataques con dos espadas junto a un poste de luz cercano.

—¡Ah! Es DZ —dijo Kat.

DZ, al oír su nombre, se acercó rápidamente y añadió:

—Seguramente me conozcan por mi nombre completo, DieZombie97.

Dicho eso, esbozó una gran sonrisa.

Los ojos de Archie, G y Bob se abrieron de par en par.

—Espera, ¿tú eres DieZombie97? —preguntó Bob con incredulidad.

—¿EL DieZombie97? —preguntó G, sin dar crédito.

—¿Ven? —dijo DZ orgulloso, sonriendo a Stan, Kat y Charlie, que estaban asombrados al comprobar que sus amigos habían oído hablar de DZ—. Les dije que me había hecho famoso en el campo de spleef hace algunas actualizaciones.

—¡Eres genial! —exclamó Bob mientras le daba un apretón de manos.

—¡Pensé que el rey Kev te había matado! —dijo Archie con una expresión de absoluta felicidad en el rostro.

—No, fue solo un rumor. Aunque tampoco procuré desmentirlo porque, claro, en ese caso probablemente hubiera dejado de ser un rumor para convertirse en realidad —les dijo DZ entre risas.

—Pero ¿dónde has estado todo este tiempo? Después del último campeonato de spleef desapareciste.

—Viviendo en el desierto —dijo DZ—. Llegué a la conclusión de que un mundo dirigido por un gobierno autoritario no tarda en corromperse, así que decidí que viviría mucho mejor yo solo en el desierto de Ender. Hasta que me encontré con estos tres, claro.

Señaló con el dedo a Stan, Kat y Charlie.

Archie siguió hablando con DZ. G y Bob les preguntaron al resto sobre Oob, que estaba encogido detrás de Charlie.

—Entonces, ¿cómo encontraron la aldea PNJ? Y lo más importante: ¿por qué sigue aquí con ustedes? —preguntó Bob.

Los tres jugadores le explicaron brevemente todo lo que habían visto y hecho desde que Stan se fue de Piedra Negra.

—Bueno, ¿cómo te llamas?, ¿Oob? —le preguntó Bob

al aldeano, que aún parecía muy asustado—. Me han dicho que eres muy valiente. Nunca había oído que un PNJ eliminase a otro ser vivo, pero me han dicho que destruiste a un griefer que los había atacado otras tres veces.

Oob miró detrás del hombro de Charlie y respondió con timidez:

—Sí, les había hecho daño a Charlie, Kat y DZ, y estaba intentando hacérselo a Stan. Son mis amigos y no quiero que les hagan nada.

—Eso es genial, colega —respondió Bob con una sonrisa, que Oob le devolvió cautelosamente—. Necesitamos más como tú. De hecho, algunos que, como tú, no queremos ver que se le hace daño a la gente buena, estamos intentando derrocar al rey de los jugadores para que no pueda portarse mal con nadie más. ¿Quieres ayudarnos, colega?

Oob levantó la ceja.

—Si no quisiera ayudar, ¿por qué iba a estar aquí? —preguntó como si le estuviera preguntando a un niño tonto por qué intentaba chupar un enchufe.

Todos se rieron, pero Archie les recordó enseguida que habían estado a campo abierto demasiado tiempo. Se encaminó a la entrada de la mina, con Bob y G, y los otros cinco lo siguieron.

—¿Por qué tienen su base de operaciones bajo tierra? —le preguntó Charlie a G.

Este no contestó. Estaba demasiado ocupado hablando con Kat, que se había situado a su lado sin dejar ni un centímetro de espacio entre ambos. Charlie puso los ojos en blanco y le hizo la misma pregunta a Archie.

—¿Bromeas? ¿Sabes a cuántos griefers hemos tenido que aguantar? ¡Es ridículo! —dijo Archie, extendiendo los brazos—. El rey ha mandado unos cincuenta exploradores a la aldea. ¡Aquí fuera seríamos blanco fácil! Tenemos a unos diez de ellos prisioneros en nuestra base subterránea, mientras que del resto se han encargado nuestras defensas automáticas.

—¿Quieres decir que han puesto circuitos de redstone? —preguntó Charlie.

—Exacto —dijo Archie—. Al principio teníamos lo básico. Ya sabes: dispensadores de flechas, fosos que se abren con cables trampa... cosas así. Pero luego, cuando llegaron los chicos de Piedra Negra, iba con ellos un tipo que se hacía llamar Sirus666. Mejoró todos nuestros sistemas defensivos. Ahora la base tiene defensas automáticas que atacan a cualquier cosa que se acerque y matan a todo aquello que se acerca demasiado. Deberías ver algunas de las cosas que ha diseñado: cañones de dinamita de larga distancia, ríos de lava automáticos, plataformas que te sueltan en un foso lleno de lepismas... Tenemos cualquier cosa que te puedas imaginar.

Estaban ya a bastante profundidad dentro de la mina y se subieron a una parte del muro que tenía el mismo aspecto que todas las demás, con una cornisa sobre la piedra. G se separó un momento de Kat para agarrar su pico y colocarlo encima de la cornisa. Inmediatamente después se oyó el clic de activación de una placa de presión y el muro se abrió por completo delante de un pasadizo lo bastante ancho para un jugador.

Se adentraron por él en fila de a uno, con G en retaguardia para poder recoger su pico y volver a cerrar la entrada. No habían avanzado mucho cuando Stan vio que llegaban a una sala. Estaba hecha principalmente de bloques de piedra, con algún bloque de roca aquí y allá. Además de varios cofres, contenía antorchas, una puerta, letreros y un portal al Inframundo, pero Stan solo tenía ojos para los cinco jugadores que estaban sentados en sillas de madera en el centro de la habitación y que se habían vuelto al verlos llegar.

El Boticario, sentado delante de un soporte para pociones, les lanzó una cálida mirada. Bill y Ben, con su caña de pescar y su espada, los saludaron con un efusivo «¡Eh!». Jayden los miró detenidamente mientras les dedicaba una sonrisa cansada. Solo uno de los jugadores saltó de su silla y salió corriendo hacia el grupo para lanzarse a los brazos de Stan.

—¡Has vuelto! —exclamó Sally mientras los demás entraban uno por uno en la sala para encontrarse con los otros jugadores—. Me alegro tanto de que estés aquí... Estaba muerta de preocupación, sabiendo que andabas ahí fuera.

—No te preocupes, Sally, ya estoy aquí —dijo Stan, embargado por una paz interior que hacía mucho tiempo que no sentía—. Te extrañé, ¿sabes? No soy capaz de expresar lo feliz que me hace volver aquí.

—¡Eh! Yo también me alegro de verte, novato —dijo Sally con una sonrisa de satisfacción, mucho más serena ya.

Se apartó un paso de Stan, pero sin soltarle sus manos.

—El mundo de ahí fuera está loco, ¿verdad? Me han dicho que alguien ha estado por ahí matando unos cuantos dragones, ¿no? ¡Qué locura, novato!

Stan sonrió. Era Sally, así era ella.

—¿Qué te hace tanta gracia? —preguntó.

—Nada, nada —respondió Stan, pero tuvo que morderse el labio para no reírse.

Parecía que Sally estaba intentando disimular su arrebato emocional de hacía unos minutos aparentando tranquilidad y, por qué no decirlo, actuando como un marimacho. A Stan le pareció encantador que intentase disimular.

—Bueno, ¿qué hay de nuevo por aquí? Apuesto lo que quieran a que nada tan peligroso como estar por ahí, reclutando nuevos partidarios para nuestra causa, matando un dragón y librándose de alguno que otro griefer.

—No me vengas con lloriqueos. ¿Tienes una idea de lo molesto que resulta aguantar a diez griefers cada día? ¿Tú qué has tenido que hacer, enfrentarte a un idiota que el aldeano PNJ se encargó de dejar fuera de combate y a tres asesinos patéticos en un par de semanas? Y además hemos tenido que poner minas en toda una sección nueva y el otro día perdimos a dos de los nuestros en un río de lava. Además, creo que ese dragón al que mataste te atacó... como diría... ¿volando hacia ti? Y, que yo sepa, le disparaste antes de que te alcanzara. ¿Es cierto o no, Stan?

Stan se quedó pasmado. ¿Por qué se molestaba en discutir con ella? Además, le daba igual. No tenía ganas de discutir en ese momento.

—¿Tienen algo de comida por aquí? —le preguntó a Sally mientras miraba a su alrededor en busca de un cofre.

—Pues justo antes de que llegaran... —dijo Sally mientras se sentaba en una silla cercana e invitaba a Stan a sentarse junto a ella— habíamos mandado a uno de nuestros chicos al comedor para que les trajese algo de comida. No tardará en volver.

Stan tenía hambre, pero se mantuvo ocupado hablando con Jayden, el Boticario y los dos chicos del Inframundo hasta que llegó el otro jugador con la comida. Sally, por su parte, se entretuvo hablando con Charlie, DZ y Oob.

—¡Eh, Stan! ¡Me encanta tu hacha! —exclamó Jayden al ver el arma de diamante que Stan llevaba al hombro—. ¿De dónde la has sacado?

—Me la dio el herrero de la aldea de Oob. Esos PNJ son geniales, te lo aseguro. Nos consiguieron todo lo que necesitábamos para llegar al Fin y volver. Creo que nos apreciaban de verdad.

—No me extraña —dijo Jayden con tristeza—. El rey se ha dedicado a maltratar las aldeas PNJ desde que estoy en este servidor, imponiéndoles tributos que tienen que pagar con su trigo y todo eso.

El Boticario, por su parte, estaba encantado con su regreso desde el Fin, y le preguntó a Stan por la Iluminación.

—Pues... la verdad es que no tengo ni idea de lo que era —respondió Stan con sinceridad.

Había oído las palabras de dos seres que aparentemente hablaban de él mientras atravesaba el portal en dirección a la colina Generación. Aun así, no sabía quiénes eran, ni por qué hablaban de él o lo que querían decir exactamente. Intentó explicárselo al Boticario lo mejor que pudo, pero aun así resultaba muy ambiguo. Tomó nota mentalmente de que debía comentar el tema después con los demás. Entonces, cuando había empezado a hablar con Jayden sobre técnicas de lucha con hacha escuchó una voz.

—¡Vengan chicos, aquí están los filetes y las chuletas de cerdo!

Stan se alejó de Jayden rápidamente y comenzó a mirar alrededor con incredulidad. Conocía esa voz. Y no era posible que estuviera vivo. Había visto cómo arrasaban su casa las llamas y cómo arrojaban ladrillos contra sus ventanas en Element City. Pero no cabía duda de que era él: su característico cuerpo negro, las plumas, el pico amarillo... Todo.

La cara de Cuervonegro adoptó una expresión de sorpresa al ver que Stan lo miraba con expresión de completa incredulidad. Se miraron a los ojos unos segundos y entonces Stan echó a correr hacia Cuervonegro con cara radiante de felicidad. Unos segundos después, Charlie y Kat, que tampoco daban crédito a sus ojos, hicieron lo mismo.

—¡Estás vivo! —fue lo único que alcanzó a decir Charlie.

Estaba más animado que nunca, desde la muerte de su gato.

—Claro... bueno, al menos eso creo. ¿Qué están haciendo aquí ustedes tres? —respondió Cuervonegro.

—¿Cómo que qué estamos haciendo aquí? Querrás decir que qué estás haciendo tú aquí? —respondió Kat con lágrimas de felicidad en los ojos.

Estaba eufórica al ver que Cuervonegro, que los había acogido bajo su protección en Element City, había sobrevivido a aquel ataque perpetrado por un grupo de cobardes.

—Pues muy fácil: me encerré en el sótano escondido que hay debajo de mi tienda —dijo Cuervonegro sin dejar de mirar a los tres jugadores—. Pero ¿qué hacen aquí?

—¿Cómo que qué hacemos? ¡Nosotros empezamos todo esto! —exclamó Charlie.

La expresión de Cuervonegro era de absoluta confusión, y cuando abrió la boca para hablar, Jayden lo interrumpió:

—¿No lo sabías, Cuervo? Estos son los tres asesinos de los que te he hablado. Qué gracioso. ¿En serio no te habíamos dicho quiénes eran?

—¿Estás de broma? ¡Estos son los chicos de los que les hablé! Los que les dije que había contratado cuando aquel grupo de salvajes atacó mi tienda.

—¿En serio? ¿Conocen a Cuervonegro? —preguntó Jayden.

—No, qué va —dijo Stan con ironía—. Echamos a correr para saludarlo porque nunca lo habíamos visto.

Jayden se echó a reír.

Stan no tardó en comprobar que, mientras sus amigos y él se dedicaban a recoger provisiones, el equipo de la aldea, con el Boticario a la cabeza, había trazado un plan para lanzar un ataque sobre el rey Kev. Lo llevarían a cabo una semana después de su regreso. Utilizarían esa semana para convertir las provisiones que habían traído del alijo del rey en herramientas adecuadas para los ciento cincuenta luchadores que tenían su base en la aldea y conformaban el Gran Ejército Adoriano. Durante ese tiempo enseñarían también a Stan, Kat y Charlie habilidades especiales de combate para la ofensiva que estaba por venir.

La razón por la que necesitaban este entrenamiento era que cada uno de ellos tenía una tarea específica en el plan de batalla. Kat sería la responsable de acabar con los miembros del RAT1, que sin duda participarían en la batalla del lado del rey. Charlie dirigiría un equipo especial, compuesto por una docena de tropas, para defender la base de la torre de manera que Stan no tuviese problemas a la hora de emprender su misión.

El Boticario, gracias a su antigua alianza con el rey, sabía que controlaría a sus tropas desde el puente del castillo. La tarea de Stan consistía en llegar al puente con ayuda de las perlas de enderman y entablar batalla con el rey. Y acabar con él.

Los demás también tenían sus propias tareas. Los chicos del Inframundo debían eliminar al consejero principal del rey, Caesar. Sally debería deshacerse del hombre-toro llamado Minotaurus, responsable de la destrucción de la aldea Adoriana. Jayden acabaría con Charlemagne y el Boticario sería su médico de campaña.

Los otros jugadores de nivel alto, DZ, Archie, G, Cuervonegro y el alcalde de Piedra Negra, dirigirían las cinco legiones de tropas que debían capturar o, solo en caso de ser absolutamente necesario, matar al mayor número posible de hombres del rey. Sus defensas de redstone suponían un problema, pero el libro del Mecanista que había conseguido Stan reducía considerablemente la amenaza. Stan le dio el libro a Sirus666, al que reconoció inmediatamente como el primer minero que se había unido a sus filas en Piedra Negra.

Sirus se infiltraría en la fortaleza del rey un día antes y haría lo posible por desactivar el complejo sistema de circuitos de redstone para cuando comenzase la ofensiva.

Stan sentía cómo iban en aumento sus nervios a medida que se acercaba el día de la batalla. Para contenerlos, elaboró un método que le serviría para tranquilizarse cuando reparara en lo nervioso que estaba ante la batalla contra el rey: intentaría recordar cada detalle de todo lo que había aprendido desde su regreso a la aldea.

Y no era poca cosa, en absoluto. Se pasó los cinco días siguientes entrenando con Jayden y DZ como no lo había hecho en su vida, desde que salía el sol hasta que se ocultaba por completo. Jayden era experto en la lucha con hacha contra espada, y DZ conocía mejor que nadie en la aldea el estilo del rey con la espada.

Stan no tardó en descubrir que no era extraño que el rey luchase con dos espadas en lugar de con una sola, un estilo de lucha diferente que reservaba para los contrincantes de espada más hábiles.

Sin embargo, nadie que le hubiera visto durante aquellos cinco días dudaba de que su habilidad con el hacha era excepcional, como también su determinación de superar al rey en destreza.

Cuando Stan consiguió quitarle a DZ las dos espadas y romper su peto de un solo hachazo, Jayden le dijo:

—De acuerdo, Stan. Creo que ya estás preparado. ¡Cualquiera que se cruce contigo y no tenga un rayo incinerador o algo parecido puede darse por muerto! ¡Aparte de que no podemos seguir derrochando más hierro, es el sexto peto que has destrozado hoy!

Kat también avanzaba a pasos agigantados con su régimen de entrenamiento personalizado. Se pasó la semana preparando la invasión bajo la tutela de Sally, que le estaba enseñando a luchar con espadas gemelas en lugar de con una sola. Con dos hojas era capaz de combatir a varios enemigos al mismo tiempo, u obtener ventaja en el uno contra uno.

Aunque al terminar el entrenamiento con Sally seguía prefiriendo una sola espada, sabía que de ninguna manera se enfrentaría a la batalla contra el rey con una sola espada de diamante colgada de su cadera.

La habilidad de Charlie para luchar con el pico se incrementó de manera exponencial con los entrenamientos de G y Sirus, que no solo era un experto en sistemas de redstone sino también un prodigio de la lucha con pico. G instruyó a Charlie habilidad tras habilidad para el combate mano a mano, mientras Sirus le enseñaba cómo cavar un túnel por debajo de la tierra para salir por sorpresa en la dirección que necesitase.

Esta era la cualidad que Charlie consideraba más importante. El arte de la emboscada se le daba bastante bien. También pasó algún tiempo con Archie, que consiguió mejorar sus dotes de arquero hasta un nivel más o menos aceptable.

A los demás jugadores que habían sobrepasado el nivel quince se les encomendó la supervisión de los otros ciento veinte jugadores del Gran Ejército Adoriano, que tenían un nivel más bajo. Pasaron la mitad de la semana practicando técnicas de combate para la batalla contra el rey y la otra mitad manipulando los objetos que Stan y sus amigos habían recogido para convertirlos en cosas útiles como espadas, armaduras, mecheros y objetos parecidos.

El Boticario se llevó consigo a un pequeño grupo de jugadores, que se dedicaron exclusivamente a preparar pociones normales y de área, una variedad que se podían utilizar como armas arrojadizas.

Pero había un problema en la línea de producción de pociones. En el Fin no habían encontrado ni crema de magma ni pociones de protección contra el fuego y era demasiado arriesgado entrar en el Inframundo para cazar slimes magmáticos o blazes para conseguirlos. Y esto suponía un inconveniente bastante grande teniendo en cuenta que el castillo del rey estaba rodeado de lava.

Para los que iban a luchar en los bordes del castillo, como era el caso de Stan y Charlie, una de esas pociones habría supuesto una ventaja de valor incalculable. Sin embargo, no eran imprescindibles, y cuando el Boticario les comentó el problema a Stan y Charlie, ninguno de los dos se quejó. Ambos dijeron que no tenía importancia, aunque en el fondo, a los dos les habría gustado gozar de un poco de seguridad y protección adicionales.

Y por fin llegó la noche anterior al asalto al castillo del rey Kev. La mañana siguiente, a mediodía, el Gran Ejército Adoriano emprendería su marcha hacia territorio enemigo. El plan consistía en entablar batalla con los ejércitos del rey, someter al ejército real, matar al rey y liberar a los ciudadanos de menor nivel que seguían atrapados dentro de los muros de la ciudad. Entrarían en la ciudad bajo el mando de Stan, que además dirigiría el ejército mientras durase la ofensiva.

Solo de imaginárselo, Stan se moría de miedo. Estaba tumbado en la cama en uno de los compartimentos que habían abierto en los muros de piedra. Kat, Charlie y DZ ocupaban las otras tres camas que había en la habitación. Stan estaba seguro, por la ausencia de ronquidos, que al menos Kat y Charlie estaban despiertos.

Oyó unos murmullos y se dio la vuelta para ver de dónde salían. Entonces vio que G se agachaba y abrazaba a Kat durante casi un minuto, antes de salir de la habitación sin decir una palabra. Todavía estaba sonriendo por la dulzura de aquel gesto cuando, al volverse de nuevo, se topó con otro par de ojos.

—Eh, novato —oyó en susurros.

—¡Sally! —siseó Stan al mismo tiempo que gateaba hacia atrás para alejarse de ella—. ¡No vuelvas a hacer eso!

—Lo siento, pero es que me lo has puesto en bandeja —rio ella—. Quería mantener una última charla de medianoche contigo antes de que vayamos a la guerra, mañana.

—Eh, nada de «una última» —dijo Stan mientras Sally se sentaba a su lado en la cama—. Los dos seguiremos aquí mañana, y lo sabes.

Sally le sonrió. Stan le devolvió la sonrisa, pero lo que Sally no podía ver era cómo bullían los pensamientos dentro de su cabeza. La verdad es que nunca había considerado la posibilidad de que algunos de ellos no... no volvieran de la batalla con vida. ¿Qué pasaría si Kat o Charlie morían? En menos de un segundo, se le cruzaron por la mente otras veinte posibilidades horribles. Hizo un esfuerzo tremendo para que Sally no notase el nudo que se le había hecho en la garganta.

—Deberíamos descansar un poco —dijo mientras le tomaba la mano y desterraba todas esas posibilidades, especialmente aquellas que la tenían a ella como protagonista, de su cabeza.

Y Sally, como si pudiera sentir la tensión a través de sus manos, se inclinó y le dio un beso en la mejilla.

—Te veo mañana por la mañana, novato —dijo.

Se levantó de la cama, salió de la habitación y cerró la puerta tras de sí.

—¡Yo también quiero luchar!

Con toda la emoción y la tensión de los preparativos para la primera ofensiva del Gran Ejército Adoriano, se les había olvidado hablar sobre Oob, que había estado deambulando por la base toda la semana anterior. Mientras el sol se alzaba sobre el horizonte del Gran Bosque, Charlie y DZ estaban trabados en una acalorada discusión con los aldeanos sobre la participación de Oob en la batalla.

—¡Oob, tienes que quedarte aquí! —gritó Charlie exasperado—. ¡Ahí fuera te van a destrozar!

—Ayudé a derrotar al griefer llamado Señor A, ¡tengo derecho a luchar! —protestó Oob, con una determinación mucho más marcada que nunca.

—Oob, tienes que entenderlo, eso fue una emboscada —le explicó DZ—. Te acercaste sigilosamente por la espalda y lo mataste. ¡En el campo de batalla hay gente por todos lados! ¡Cualquiera de ellos podría acercársete y darte muerte!

—¡No me importa! —exclamó Oob, gritando como un niño grande—. ¡Moriré encantado si eso significa que contribuyo a matar a cualquiera de los que ayudan a ese horrible rey!

Al final, fue necesario el esfuerzo conjunto de DZ, Charlie y el alcalde de Piedra Negra para recluir a Oob en una habitación cerrada, de modo que no pudiera seguirlos en la batalla. Stan y Sally, que estaban sentados en sillas y poniéndose los cascos y los petos de diamante hechizados, observaban la escena con expresión divertida.

—¿Sabes que se me rompe el corazón al apartar al hombrecito de la lucha? Lo desea mucho —suspiró Stan.

—Bueno, si se trata de decidir entre mantener en su sitio su corazón o su cabeza, creo que lo último es lo mejor —dijo Sally, a lo que Stan asintió.

Sally lo miró.

—¿Puedes creer que esto esté ocurriendo de verdad?

—La verdad es que no —contestó Stan.

Y era del todo cierto, pensó mientras paseaba la mirada por la habitación del búnker subterráneo y veía a los ciento cincuenta jugadores, embutidos ahora en armaduras de piel, hierro y diamante y armados con espadas, hachas, arcos y herramientas similares. No podía creer que hubiera sido una sola flecha, disparada por él, la que hubiese puesto todo aquello en marcha. Sabía que el rey se lo tenía merecido desde hacía tiempo, pero saber que todo había empezado por una temeridad provocada por la ira era difícil de digerir.

—Ya sabes que no tenemos plan de huida o retirada —dijo Sally—. Solo de ataque. Todo el mundo en esta habitación está dispuesto a morir por el ideal en el que crees, Stan. Deberías decirles algo.

—¿Qué? —dijo Stan, desprevenido.

La sugerencia de realizar un discurso lo había tomado por sorpresa.

—¿Qué voy a...?

Sally alargó los brazos hacia él y lo agarró por los hombros antes de que pudiera terminar. Tiró de él hasta que los rostros estuvieron casi rozándose.

—Tú sabes lo que tienes que decir. Eres especial y lo sabes. Lo vi la primera vez que posé mi mirada en ti.

Su voz era intensa y Stan absorbía cada palabra que salía de su boca.

—No eres un jugador común, Stan. Estás mucho más allá de la media. He visto cómo luchaste contra Kat y Charlie con esa espada. Me han contado cómo destruiste al gólem de nieve. Esas cosas no podría haberlas hecho nadie que no fuera tú, lo creas o no. Te quiero, Stan, porque no estás solo por encima de la media. Estás a un nivel superior.

Sally concluyó su discurso, pero no era el hecho de que le hubiera dicho que lo quería lo que resonaba en el pensamiento de Stan. No, lo que resonaba en su mente eran las últimas palabras que había pronunciado Sally: «Estás a un nivel superior». La experiencia de Stan durante la Iluminación y la conversación entre los dos seres que había presenciado le venían una y otra vez a la cabeza. Solo que ahora... ahora tenían un significado completamente diferente.

Había comentado brevemente la Iluminación con Kat y Charlie, quienes la veían como un poema bonito y bien escrito que trataba de resumir el universo en palabras, con resultados interesantes. Pero ahora, cuando Stan volvió a recordar aquellas palabras, se dio cuenta de lo que Sally estaba tratando de decirle.

El poema, recitado por dos seres con el mayor nivel de conocimiento universal, había incluido algunas palabras que la mente mortal de Stan no podía descifrar. Hablaba de un jugador que había alcanzado un nivel superior, que tenía el máximo poder dentro de aquel universo.

—Soy yo, ¿verdad? —dijo con un suspiro.

Sally asintió con la cabeza, como si le hubiese leído los pensamientos.

—Tengo que matar al rey Kev porque soy yo.

Sally volvió a asentir. Stan no estaba del todo seguro de lo que quería decir con «soy yo», pero como no había alcanzado todavía el nivel máximo, tampoco podía aspirar a comprenderlo. No obstante, al fin comprendía el verdadero significado del poema.

Había jugadores, humanos, entes, o como se les llamara, que estaban a un nivel superior que el resto de sus congéneres. Llegar a ese nivel los liberaba y les permitía hacer cosas fantásticas, cosas que ningún otro ser poseía la capacidad de hacer. Ya fueran genios, prodigios o dioses, Stan sabía ahora que era uno de ellos, uno de estos jugadores, de estos seres superiores. No habían alcanzado todavía el nivel máximo, pero sí el mayor que se podía conseguir en el gran esquema de la vida, del universo, del juego.

Stan miró a Sally a los ojos y supo que ella se había dado cuenta desde el principio de que llevaba dentro ese nivel superior. Steve *el Loco* lo había visto también y Stan estaba seguro de que Sally sufría el mismo estado de confusión e indiscutible seguridad que él. No tenían nada más que decirse. Stan se levantó de la silla y se aclaró la garganta.

—¡Gran Milicia Adoriana! ¡Préstenme atención, por favor!

Con sorprendente rapidez, la habitación quedó sumida en un completo silencio. Stan prosiguió, sin saber qué iba a decir a continuación, pero sabiendo que sería lo correcto.

—Dentro de unos instantes nos marcharemos de esta aldea. Nos embarcamos en un viaje que nos llevará bastante más allá del punto de no retorno, y al final de ese día saldremos victoriosos o habremos muerto. No tengo por qué decirles esto, puesto que cuando se unieron a esta milicia ya sabían para qué era.

Stan hizo una pequeña pausa y sintió que un murmullo inquieto recorría la habitación, como si no supieran adónde quería ir a parar con todo aquello. Prosiguió:

—Vamos a ganar esta batalla. Vamos a ganar esta batalla porque somos buena gente. Vamos a ganar esta batalla porque la justicia está de nuestro lado. Vamos a ganar esta batalla no solo porque es lo que más queremos, no solo porque estamos mejor equipados de lo que nuestro enemigo jamás podría imaginar, sino porque en el gran esquema del universo, la justicia siempre gana.

»Si miran la historia pasada de este mundo de Minecraft, se darán cuenta de que el mal siempre ha existido en la Tierra, de la cual provenimos, y en cualquier otro mundo inteligente en este universo. La naturaleza es así y no podemos cambiarla. Sin embargo, también existe el poder del bien para contrarrestar el mal y nosotros tenemos el poder de decidir de qué lado queremos estar. Solo siento desprecio hacia el rey, por su alianza con el mal, y matarlo hoy es mi deber. Pero solo siento compasión por los hombres y mujeres que ha atraído a su lado con oscuras tentaciones.

»Sin embargo, aunque el mal puede derrotarnos, esto es solo porque es mucho más fácil destruir que crear. Lo importante en este juego, Minecraft, no es la destrucción, sino la creación. Descubrirán que la creación supera con creces la destrucción en este universo, porque por cada ser malvado que existe hay cientos de seres honrados que lo contrarrestan. ¡Somos los elegidos por el universo para hacer que esta tierra de Elementia vuelva a ser grande! Somos ciento cincuenta jugadores de un servidor, de un mundo, de un universo, ¡y es nuestro cometido salvar este servidor concreto, de este mundo y este universo concretos, de las tinieblas que campan a sus anchas entre nosotros!

»¡Adelante, hermanos del bien! ¡Acudamos a la fortaleza del enemigo y recuperémosla para nosotros! ¡Devolvamos a Elementia la visión que tuvieron sus fundadores antaño! Es hora de que hagamos de este lugar un sitio al que las generaciones futuras puedan llamar hogar. Esa es nuestra misión, jugadores. ¡Esa es nuestra búsqueda de justicia!

Mientras Stan pronunciaba las últimas tres palabras, la

habitación entera prorrumpió en una cacofónica sinfonía de vítores y gritos, que vibraba con la violencia de un motor de aviación, y enseguida se transformó en un canto unánime de «¡Jus-ti-cia! ¡Jus-ti-cia! ¡Jus-ti-cia!».

Stan miró a la masa y vio al Boticario y a Cuervonegro, de pie el uno junto al otro, sonriéndole con sabiduría. DZ y los chicos del Inframundo estaban como locos y silbaban, cantaban y gritaban cosas como «¡Tú puedes, Stan!» con más fuerza que nadie. Jayden, G y Archie, con las armas en alto, saludaron a Stan a la manera militar, antes de secundar a DZ y a los chicos del Inframundo en su salvaje entusiasmo.

Sin embargo, las tres caras más importantes para Stan estaban justo a su lado. Kat y Charlie estaban de pie, transmitiéndole fuerza sin palabras, con su mera presencia. Sally seguía sentada, con la mirada en el suelo, pero cuando sintió que Stan la observaba, levantó los ojos hacia él y le lanzó su típica sonrisa alegre, que significaba para él más que cualquier palabra.

Cinco minutos más tarde, se organizaron las tropas en cinco líneas de veinticinco hombres cada una, con Kat, Charlie, Jayden, G y Sally al frente de cada una. Los jugadores, preparados y armados para la guerra, estaban todavía enardecidos y emocionados por el discurso de Stan, y entre sus filas se alzaban ocasionalmente nuevos gritos de «¡Jus-ti-cia! ¡Jus-ti-cia! ¡Jus-ti-cia!».

A la cabeza del cuerpo principal se situaba Stan, seguido por Archie y Bob, los dos mejores tiradores de la milicia. La misión de los arqueros consistía en derribar con sus arcos mágicos cualquier proyectil, como bloques de dinamita o bolas de fuego, que amenazara al grupo entero.

Stan ordenó que emprendieran la marcha y dirigió la Gran Milicia Adoriana por el gran bosque, a través del puente que habían construido sobre el agujero abierto por la torre de dinamita y por fin hasta las puertas principales de Element City.

Era una ciudad fantasma. Las calles rebosantes de gente que recordaba Stan estaban desiertas. Hasta entonces no sabía si la lucha se extendería a las calles o si les haría frente algún tipo de milicia ciudadana, pero de hecho, los únicos signos de vida que vio fueron los ojos temerosos que lo observaban desde el interior de las casas. Desde luego, aquella le tenía tanto miedo a su ejército como a sus propias fuerzas armadas. Sin embargo, Stan no tenía la menor intención de atacar a ciudadanos desarmados.

—La señal, Archie —fue lo único que dijo Stan, en tono cauto.

Y tal como estaba planeado, Archie sacó su arco, preparó una flecha y tensó la cuerda. Cuando la punta de piedra rozó la madera brillante del arco, la punta de la flecha se inflamó. Archie la disparó sobre la ciudad, sin apuntar a nadie. Esa era la señal.

Treinta segundos. Si Sirus no respondía a la señal en treinta segundos es que lo habían capturado o asesinado. Pasaron veinte segundos antes de que Stan pudiera ver dos puntos relucientes de luz volando sobre la ciudad. Sirus había conseguido bajar algunas de las defensas de redstone del castillo, pero no todas. Impertérrito, porque era lo que esperaba, Stan ordenó a la milicia que continuara la marcha.

El avance a través de la vía principal se desarrolló sin incidentes. La milicia estaba mentalizándose para la batalla gritando «¡Jus-ti-cia! ¡Jus-ti-cia! ¡Jus-ti-cia!» con más fuerza que nunca. Cuando llegaron a la muralla exterior del castillo se encontraban en estado de auténtico frenesí. Stan tuvo que recordar rápidamente que el objetivo en la batalla era hacer daño, pero no matar, en la medida de lo posible.

Cuando se dio la vuelta, se encontró con una grata sorpresa: Sirus corría a lo largo del muro con una marcada sonrisa en la cara.

—¡Sirus! —exclamó al llegar a su lado el jugador, que vestía como él pero en tono más claro—. ¡Me alegro de verte aquí! No te esperaba hasta que hubiésemos penetrado en el castillo. ¿Tienes noticias para nosotros?

—Sí, he conseguido desactivar la mayoría de las trampas de redstone y otros peligros, pero hay otros, como los dispensadores de flechas y bolas de fuego, aunque creo que he conseguido desactivar la mayoría de los realmente mortales. Ya sabes, los cañones de dinamita, los torrentes de lava automáticos, los cables invisibles que activan hoyos sin fin, etc. Pero será mejor que vayamos con cuidado, porque como he dicho, los dispensadores de flechas y bolas de fuego todavía funcionan. No he podido acceder a ellos, porque están muy bien vigilados, así que...

—De acuerdo, Sirus, tranquilízate —dijo Stan, interrumpiendo las palabras de Sirus, que hablaba con el atropellado nerviosismo de un científico loco.

—Sí, sí, pero deberías saber que he colocado una mina de dinamita bajo este muro. Con solo apretar ese botón en la pared, volará por los aires. Je je —dijo, con expresión emocionada.

—Muy bien, Sirus —dijo Stan con una sonrisa.

Había planeado que los mineros de Piedra Negra rompieran la muralla, pero así sería mucho más rápido. Se volvió hacia sus tropas.

—¡Soldados de la Gran Milicia Adoriana! En unos instantes apretaremos el botón que destruirá esta muralla. Cuando lo hagamos, podrán cargar contra ese patio para quitar de en medio a cualquiera que luche por el rey Kev. De nuevo, les recuerdo que el objetivo es herir. No somos como ellos, por lo que no mataremos a menos que sea absolutamente necesario. Mucha suerte a todos. Volveremos a vernos cuando haya caído el rey Kev.

Sus palabras fueron respondidas por un aplauso tumultuoso. Stan se volvió hacia sus líderes, en quienes se reflejaba la misma sonrisa de determinación. Incluso *Rex*, que estaba entre unas Kat y Sally impávidas, mostraba los dientes, como si esperase con impaciencia el estallido de la lucha.

Stan se volvió. «Ya está. Está ocurriendo —pensó—. Estoy a punto de abrirme paso hasta el castillo del rey Kev, para tratar de matarlo en combate.» La adrenalina corría por sus venas como una vagoneta raíles abajo y, cuando las tropas miraron la muralla se hizo un significativo silencio. Entonces Stan habló.

—Sirus, oprímelo —dijo con voz acerada.

Sirus dio un puñetazo al botón de piedra. Hubo un silbido y, un instante después, la fuerza de la explosión golpeó a la milicia como una ola. La muralla se vino abajo y apareció ante ellos el castillo. Stan, despojándose de todo temor, lanzó un grito salvaje e inició el asalto.

CAPÍTULO 27

El rey Kev observaba el patio desde el mismo puente en el que había lanzado su proclamación aquel fatídico día. Sin embargo, esta vez su cabeza no estaba desprotegida. Todo lo contrario, llevaba un casco y un peto de diamante, dos espadas del mismo material, equipadas con el más potente encantamiento de corte que existía, y un arco con encantamientos de potencia y fuego. Estaba solo. Sabía que el jugador llamado Stan2012 lo buscaría con la intención de matarlo. Seguro que se alegraría al comprobar que las fases iniciales de su invasión iban conforme a su plan. El rey respetaba a Stan por su determinación, por lo que había decidido darle la satisfacción de saborear por un momento la victoria. Sin embargo, el resultado final de la contienda se alejaría mucho del que Stan había planeado.

Sabía hacía tiempo que el ataque contra su castillo era inevitable, pero gracias sobre todo al espía que tenía entre las filas de la Gran Milicia Adoriana se había enterado del día exacto, la hora y la estrategia del enemigo. A su parecer, pecaba de exceso de simplicidad y dado que la mayoría de los atacantes eran jugadores de nivel bajo con escasas dotes de combate, había decidido permitir que se acercasen.

Decidido a seguirle el juego a Stan, había enviado al patio del castillo a su ejército regular, compuesto por ciento cincuenta hombres. Entonces, cuando los milicianos se encontrasen con el poder, la capacidad y la lealtad de sus tropas, entenderían que nunca podrían expulsarlo del trono de Elementia.

Y, en efecto, el sol estaba en lo más alto del cielo cuando la muralla saltó en mil pedazos. Al verlo, el rey sintió una punzada de nerviosismo, porque su espía le había dicho que entrarían abriendo túneles. No importaba. Tampoco era preocupante. Los medios de los que se valían para entrar carecían de importancia. Lo importante era las trampas de redstone que tenía escondidas, que los debilitaría hasta el punto de dejarlos a merced del ejército del rey.

Pero... un momento. ¿Qué estaba ocurriendo? Los jugadores avanzaban a la carga hacia las murallas del castillo, en una oleada que no dejaba de expandirse. ¡Ninguna trampa explotaba! ¿Qué significaba eso? Estaba al corriente de los movimientos de su patético saboteador de redstone y solo le habían permitido encontrar una serie de trampas señuelo. ¿Cómo era posible que avanzaran sin encontrar resistencia?

La conmoción y el horror contrajeron los rasgos del rey, que agarró el micrófono y vociferó con la cara enrojecida:

—¡Las trampas están desactivadas, repito, las trampas están desactivadas! ¡Minotaurus, a la carga! ¡Caesar, adelante! ¡Charlemagne, adelante! ¡RAT1, ya saben lo que tienen que hacer! ¡Son nuestra única defensa, A LA CARGA!

El rey contempló con aire inquieto cómo se lanzaban sus hombres contra los adorianos que se aproximaban y mientras lo hacía se le pasó por la cabeza un pensamiento. Bajó la mirada hacia su mano. Sería solo una vez, y la probabilidad de que alguien descubriera que él era el responsable era muy pequeña... pero no, lo pensó mejor. Era imposible que pudiera usar su arma más potente y peligrosa.

Porque, aunque el arma aniquilaría a todos y cada uno de los adorianos, era más peligrosa para el propio rey que para ellos. No, ni siquiera cuando Stan2012 estuviera en la torre recurriría a ella.

Stan estaba inmóvil en medio de la carga que avanzaba, haciendo gestos a sus hombres para que avanzaran. Las fuerzas del rey no cargaron contra ellos hasta que no llegaron al patio. Stan se preguntó por qué habrían esperado tanto para salir a su encuentro. Además, la milicia no había tropezado con una sola de las trampas redstone de cuya presencia estaba seguro. Todo esto tenía a Stan completamente desconcertado.

Estaba a punto de desechar ese pensamiento molesto y teletransportarse hasta el rey cuando se percató de que el bloque de tierra que tenía delante se estaba rompiendo. Levantó su hacha, preparado para ver aparecer a un soldado de Elementia, con el arma presta. En su lugar, lo que apareció fue una pala de piedra, seguida por una cabeza sin prisa alguna.

Stan estaba conmocionado. Había visto antes esa cabeza. Conocía a ese jugador.

—Buenas, Stan —dijo el Mecanista con una sonrisa traviesa mientras se quitaba algunas partículas de suciedad de sus pobladas cejas.

—¿Tú? Pero ¿qué... cómo... qué haces aquí? —preguntó Stan desconcertado, mientras se preguntaba qué extraña combinación de acontecimientos podía haber sacado al viejo inventor de su reclusión en Piedra Negra para llevarlo al campo de batalla de la revuelta más grande contra el rey desde tiempos de Avery007.

—Bueno, Piedra Negra resultaba un poco aburrida sin nada que hacer y cuando me quedé sin pociones, pensé.... ya sabes, que podría venir aquí y ayudarlos. Y la verdad es que me quedé sin pociones enseguida...

—Espera... ¿Has venido a ayudarnos? —preguntó Stan con el corazón en un puño.

—Ya lo he hecho —respondió el Mecanista con una sonrisa y una antorcha de redstone en su mano—. ¿No te preguntas por qué no se han activado las trampas de redstone? Te daré una pista... Yo las diseñé y estoy aquí.

Los ojos de Stan se abrieron como platos al comprender lo que estaba diciendo el Mecanista.

—¿Estás diciendo que has desactivado manualmente las trampas de redstone? —preguntó con incredulidad.

—Mejor que eso —contestó el Mecanista—. ¿Ves a ese chico de ahí? —preguntó, refiriéndose a un jugador con capucha de verdugo y hacha de piedra, que tenía a Sirus acorralado—. Bien, ¡mira esto!

El Mecanista volvió bajo tierra. Stan vio con sorpresa que un hoyo se abría debajo del ejecutor en el mismo momento en que desarmaba a Sirus, se lo tragaba y volvía a cerrarse. Un instante después volvió a aparecer el Mecanista.

—¡Construí una computadora de redstone bajo tierra hace mucho tiempo y aún recuerdo cómo funciona! —dijo con tono de orgullo—. Ni siquiera el rey Kev estaba al tanto de su existencia. ¡Controla todo el circuito de redstone de la ciudad! Es mi criatura. Me permite anular cualquier señal que se emita desde el castillo con solo apretar un botón.

Stan sintió que le quitaban un gran peso de encima. Las defensas de redstone habían sido una importante variable en su plan de ataque y ahora habían desaparecido por completo. Abrió la boca para darle las gracias, pero el Mecanista lo atajó con un ademán de despedida.

—Ya me darás las gracias después, Stan. ¿No tienes que matar a un rey?

—¡Sí, claro! —exclamó Stan, embargado por una seguridad nueva, mientras sacaba la primera perla de enderman de su cinturón.

Con un ruido sordo, el jugador con los cuernos de diablo se desplomó. Charlie retiró el pico y buscó nuevos atacantes. Su grupo y él habían librado un durísimo combate y ahora tenían problemas para mantener su posición en la base del puente levadizo del rey. El puente levadizo se encontraba sobre el foso de lava que rodeaba el castillo. Charlie sabía que su equipo era lo único que separaba a Stan de los refuerzos que, con toda seguridad, debía haber pedido el rey Kev.

Además, los hombres del rey parecían sorprendidos por la presencia de las fuerzas adorianas tan cerca de la base de su castillo, y muchos de ellos los habían atacado como represalia. Charlie observó con alarma las nuevas fuerzas del rey que avanzaban contra ellos, pero entonces recordó que tenía un arma especial. Rápidamente, sacó cuatro bloques de hierro de entre sus pertenencias y los colocó en forma de T sobre el suelo. Los hombres del rey que estaban en vanguardia se dieron cuenta de lo que iba a hacer un segundo antes de que lo hiciera y empezaron a retroceder, pero ya era demasiado tarde.

Charlie lanzó una calabaza hacia los bloques de hierro colocados en forma de T y, con un fogonazo, los bloques se transformaron en un gólem de hierro. El gigante de metal se abalanzó sobre la legión de soldados que se acercaban y cayó sobre ellos sin que pudieran hacer otra cosa que irritarlo con sus golpes. El gólem de hierro aplastó el cráneo de uno de los hombres lo que puso de manifiesto que la única alternativa cuerda que les quedaba a los otros soldados era batirse en retirada.

Charlie aplaudió con tanto entusiasmo como sus camaradas las acciones del gólem, pero en secreto se alegraba de que el monstruo estuviera luchando en su lugar. Aunque tenía que recordar constantemente a los guerreros adorianos que no debían matar a no ser que fuese estrictamente necesario (con la excepción de los líderes), para él era una norma liberadora. Ya había visto suficientes matanzas absurdas en las pocas semanas que llevaba en Elementia y no quería tener que matar a nadie, porque sabía que si lo hacía, dejaría de ser libre. Se convertiría en otra pieza más de la carnicería. En resumen, cuanto más tiempo estuviera sin matar a nadie, más feliz se sentiría.

—¡Plat! ¿Estás ahí, Plat?

El fugaz momento de liberación que había sentido saltó en mil pedazos al darse cuenta de que esa voz le era terriblemente familiar. Era una voz que estaba fuera de lugar, a la que había tratado por todos los medios de alejar de allí. Con la garganta contraída por el temor, se volvió hacia el aldeano que iba en pos del gólem de hierro.

—¡Plat! ¡Plat, soy yo, Oob! ¿No me reconoces?

Charlie sintió deseos de gritarle a Oob que el gólem de hierro no era el mismo que el de la aldea y luego estrujarlo con todas sus fuerzas por haberse expuesto a los peligros de la batalla. Sin embargo, de pronto comprendió que no era necesario. El rostro de Oob se contrajo repentinamente de confusión mientras afloraba una hoja de diamante de su estómago.

Charlie actuó sin pensar. El cuerpo de Oob cayó de bruces mientras Geno sacaba la espada de su espalda con un gruñido. Los ojos de Charlie buscaron una antigua grieta en el centro del peto de diamante de Geno y dirigió el pico contra ella. La punta golpeó el centro exacto de la fractura y el peto se rompió. El pico se hundió en la carne de Geno. Probablemente, la herida que quedó cuando Charlie lo sacó habría bastado para matarlo, incluso si Charlie no le hubiera asestado un nuevo golpe en el cuello, que se partió con un desagradable chasquido. Geno cayó al suelo, con sus pertenencias desperdigadas en círculo a su alrededor.

Charlie no volvió a pensar en Geno. Impulsado por un torrente de adrenalina saltó sobre Oob y vertió una poción de curación en la herida de su espalda, sin demasiado efecto. Los órganos vitales, gravemente dañados por la espada de Geno, empezaron a recomponerse, pero seguía siendo una herida atroz. Charlie derramó la segunda poción en la herida, y aunque consiguió que se cerrara un poco más, seguía siendo la peor que hubiera visto. Dio la vuelta a Oob y derramó la última poción sobre el agujero que tenía en el estómago. La herida terminó de cerrarse, aunque seguía muy roja.

Ahora que había hecho todo lo que estaba en sus manos para ayudar a Oob, el pánico se apoderó de Charlie como una vagoneta de mina sin freno. Tenía la respiración entrecortada y sus ojos, abiertos como platos, estaban inyectados en sangre, y se retorció entre sollozos desesperados mientras que en silencio rogaba a Oob que se quedara con él. Entonces, cuando ya no tenía ninguna esperanza, el aldeano tosió con fuerza y uno de los soldados de Charlie, al ver el dolor de su rostro, le ofreció una de sus pociones de curación. Charlie le dio las gracias y la aplicó generosamente sobre la herida. Los ojos de Oob parpadearon durante un instante, antes de volver a cerrarse, pero el pausado y tranquilo subir y bajar de su pecho bastó para que Charlie supiera que sobreviviría.

Sin embargo, antes de mover el cuerpo de Oob, Charlie lanzó una última mirada a Geno, al mismo tiempo que desaparecía su cuerpo. Sus pertenencias estaban todavía en el suelo y la espada extendida sobre la tierra era el último resto del líder de RAT1. Charlie había matado por primera vez. Geno no podría volver a Elementia. Se había ido para siempre y esto se debía principalmente a las acciones de Charlie.

No obstante, lo peor era que, aunque Charlie sabía que debía estar paralizado por el horror de haber terminado con una vida, no sentía nada. Aquello era la guerra y en la guerra todos eran hombres marcados. Fue entonces cuando se dio cuenta de lo que de verdad era un mundo despiadado y de que si no hubiera sido Geno, habría sido él.

Una explosión enorme en otro lugar lo devolvió al mundo real. Recogió la espada y, tras ceñírsela de nuevo al cinturón como un recuerdo de su acción, volvió a la batalla, asqueado por la idea de que era capaz de matar.

—¡Agáchate, Kat! —gritó DZ.

Kat, en un movimiento reflejo, se agachó para esquivar la flecha de DZ y la siguió con los ojos hasta la rodilla de la chica sin armadura. La chica cayó al suelo y se arrancó el proyectil. Hizo ademán de levantarse, pero Kat la inmovilizó en el suelo con el pie. Kat agarró la espada, le dio la vuelta y la golpeó con la empuñadura en la cabeza. No la mató, pero la dejó sin sentido.

—Gracias, DZ —dijo mientras volvía a empuñar el arma del derecho y desenvainaba la de diamante con la otra mano.

—Ni lo menciones —murmuró el otro, al tiempo que entablaba combate con un jugador con aspecto de enano y hacha de hierro resplandeciente. Kat se disponía a ayudarlo cuando, por el rabillo del ojo, vio algo que hizo saltar todas las alarmas.

No lejos de su posición, Bill había atrapado a Caesar, uno de los lugartenientes del rey, con la caña de pescar, mientras Bob trataba de alcanzarlo con las flechas. Lo que ni Bob ni Bill podían ver, porque estaban demasiado ocupados tratando de sujetarlo, era que Caesar se había colocado la espada en el costado, de un modo que le permitía escapar cuando quisiera. De hecho, en lugar de tratar de alejarse de las flechas, lo que estaba haciendo era esquivarlas para acercarse a Bob, mientras Bill fracasaba en sus intentos por mantenerlo inmovilizado.

Kat comprendió lo que estaba intentando hacer y entonces, impulsada por una especie de pánico ciego y abrumador, hizo un desesperado intento por detener el inminente ataque de Caesar. Su espada de diamante cortó el aire en espiral en dirección a Caesar, al mismo tiempo que este sacaba la suya y se liberaba cortando la cuerda. Kat logró lo que se proponía, al menos en parte. Cuando Caesar se disponía a ensartar a un desprevenido Bob en las tripas, la espada de Kat lo alcanzó detrás de la cabeza. El lugarteniente del rey puso los ojos en blanco y no consiguió asestar el golpe como pretendía. Sin embargo, ya había iniciado la estocada y la espada avanzó con la rapidez suficiente para atravesar la rodillera izquierda y cercenar la pierna.

Todo esto sucedió en un simple segundo, un segundo que se prolongó una eternidad. Una aterradora sensación de impotencia, combinada con un torrente de adrenalina, provocó que el tiempo se paralizara para Kat por ese instante. Sin embargo, el gruñido de desorientación de Caesar, seguido por el espantoso aullido de dolor de Bob, bastó para devolverla a la realidad cuando Caesar se revolvía hacia Bill, que no contaba para defenderse más que con una caña. Kat, impulsada por un odio que le daba alas, corrió hacia allí para defender a Bill del ataque, pero Ben, como salido de la nada, se le adelantó y lanzó una estocada contra Caesar.

Caesar esquivó el ataque haciéndose a un lado y la espada no consiguió otra cosa que hacerle un pequeño corte en la mejilla. Sin espacio para contraatacar con su arma, propinó un puñetazo a Ben en la cara, se hizo a un lado, arrojó lejos una perla de enderman y adoptó una posición defensiva con su espada de diamante. Ben se levantó de un brinco con la cara contraída de rabia y lanzó un golpe de espada contra el yelmo de Caesar, pero este desapareció en medio de una nube de humo morado y la espada mordió solo el aire.

Kat no se dejó distraer por la suerte de Bob. Sabía que sus hermanos se ocuparían de él. Y en efecto, mientras ella corría hacia DZ, Bill y Ben acudieron a socorrer a su hermano herido. Ella tenía sus propias preocupaciones, porque Geno, Becca y Leonidas seguían vivos.

—¿Qué ha sucedido? —exclamó DZ, dirigiendo una mirada hacia donde estaba Bob, tendido en el suelo.

Kat sintió el peligro antes de verlo y, empujada por su intuición, le gritó que se agachase. Él lo hizo y ni un segundo demasiado pronto. La hoja de diamante atravesó el aire en el sitio donde acababa de estar la cabeza y Kat aprovechó la ocasión para responder con un ataque dirigido a la cara del atacante. A continuación, sin molestarse en sacar el arma con la que acababa de matar a Charlemagne, recogió la espada que este llevaba en la mano. Sabía que tenía un encantamiento de fuego, mucho mejor que el de filo que usaba ella.

DZ se levantó y miró de hito en hito a Bill y Ben, que estaban tratando desesperadamente de salvar a su hermano, y el cuerpo de Charlemagne, que acababa de desvanecerse mientras la espada de Kat caía al suelo con un estruendo metálico.

—¿Has...? ¿Cómo ha...? Pero ¿qué...? —balbuceó DZ, con ojos rebosantes de perplejidad.

—Caesar ha herido a Bob en la rodilla y luego ha usado una perla de enderman para escapar. Charlemagne ha intentado matarte por la espalda, así que lo he apuñalado en la cara —se apresuró a responder Kat.

Para sorpresa de Kat, DZ arrugó el semblante al oírlo. Ella esperaba que se alegrarse de que uno de sus enemigos más peligrosos acababa de recibir una estocada en la frente.

—Ya veo —respondió con expresión sombría y una risilla siniestra, mientras se volvía y sacaba el arco.

—¿Y qué se supone que significa eso? —preguntó Kat, molesta.

Se sentía sumamente vulnerable allí de pie y ardía en deseos de volver a la batalla.

—Es así como va, ¿no? ¿Matas a Charlemagne y crees que Caesar va a perdonarte alguna vez? Lo más probable es que Caesar acabe de dejar tullido a Bob, ¿y crees que Bill y Ben van a dormir bien mientras Caesar siga vivo? ¡Pues no! ¡Es un círculo vicioso, eso es lo que es!

Parecía realmente furioso, una reacción que no podía llegar en peor momento.

—DZ, en serio —gritó Kat en medio del caos de la refriega—. Si quieres tener una especie de epifanía moral, ¿no puedes esperar a que hayamos terminado con lo que tenemos que hacer? ¡Aún tengo que acabar con un equipo entero de asesinos!

—Mira, estas son las cosas por las que decidí irme a vivir al desierto. ¿Por qué tienes que matarlos? ¿Porque quieren matarte a ti? ¿No te das cuenta de que si dejan de lado sus diferencias, en realidad no...?

—¡Oh, por el amor de Dios, no tengo tiempo para esto! —exclamó Kat y echó a correr, dejando a su confuso amigo sobre la tierra.

Acababa de ver a uno de sus principales objetivos y no tenía la menor intención de dejarlo con vida.

—¡Eh, Becca! —gritó Kat, y fue casi como si se abriese un hueco en medio de la batalla y Becca se volviera hacia ella.

No estaba en su mejor momento, vio Kat. Bajo los ojos hinchados e inyectados en sangre de Becca había un corte que indicaba una herida reciente. Cuando las dos chicas cruzaron la mirada, Kat descubrió con sorpresa que en los ojos de Becca había algo que no había visto nunca. Era una mezcla de deseo desesperado, odio inagotable y miedo mal disimulado. Aquella mirada demostraba sin lugar a dudas que la experta en demoliciones de RAT1 no quería otra cosa que atravesar el cuerpo de Kat con la espada de diamante que esgrimía.

Kat oyó un gruñido a su lado y al instante se sintió reconfortada. *Rex* había vuelto con ella. Inmediatamente después de que empezara la batalla, el sabueso se había enzarzado en una lucha con un lobo amaestrado de los elementianos y Kat lo había dejado solo, con la esperanza de que si llegaba a necesitarla podría encontrarla. Y en efecto, la repentina aparición del animal junto a Kat la convenció de que había acertado al suponerlo.

Becca fue la primera en actuar. Con una sonrisa de demencia, lanzó una perla de enderman y se teletransportó justo delante de Kat. Las dos guerreras cruzaron sus espadas y se empujaron con todas sus fuerzas, antes de saltar hacia atrás y volver a entablar combate. Kat no tardó en darse cuenta, con consternación, que había subestimado gravemente las dotes de Becca como espadachina. Aunque su principal campo de experiencia era la demolición, la jugadora era también un as con la espada.

Kat arremetió contra ella, pero Becca logró parar cada uno de sus ataques sin despeinarse, riéndose a carcajadas. Kat sabía que solo era cuestión de tiempo que la otra pasara al ataque, y entonces estaría metida en un buen lío.

Recordando su entrenamiento con Sally, decidió arriesgarse y sacó la segunda espada. Pero la apuesta dio sus frutos. Becca no estaba preparada para hacer frente a alguien con dos espadas, aunque fuese una novata con esta técnica, como Kat. En cuestión de pocos segundos, Kat la había desarmado con su espada izquierda, y entonces, usando el arma de Charlemagne, la golpeó en el peto. La espada fundió la armadura dejando un rastro de quemaduras.

Becca abrió los ojos como platos mientras gritaba con fuerza. Esto tomó a Kat desprevenida, lo que dio a la otra el tiempo necesario para arrancarse el peto y abalanzarse sobre ella de nuevo. De un golpe centelleante, le arrebató las espadas de las manos golpeando los puntos de presión de sus dos muñecas.

Kat no estaba preparada para esto. A diferencia de Becca, no tenía entrenamiento en cuerpo a cuerpo. Intentó defenderse, pero Becca la inmovilizó en el suelo y se disponía a hacerle algo terrible cuando una flecha se clavó en el suelo a escasos centímetros de la cabeza de Kat.

Las dos levantaron la mirada y vieron a Leonidas en el claro, con el arco en alto, listo para acabar con Kat a la menor oportunidad. ¿O... no era así? Al mirar su rostro moreno, en aquel momento contraído de concentración, Kat detectó una enorme tensión en sus ojos. Su mirada saltaba de Becca a ella, como si —y a Kat se le abrieron los ojos de par en par al pensarlo— estuviera tratando de decidir a cuál iba a disparar.

Pero ¿por qué? ¿Por qué Leonidas, un arquero consumado como bien sabía Kat, no le atravesaba el cráneo con una flecha? ¿Realmente era porque estaba pensando en disparar a Becca? ¿Porque no sabía qué hacer? ¿Por eso ella, Kat, seguía con vida?

Kat sintió un tirón a la altura del ombligo. Estaba tan centrada en las vacilaciones de Leonidas que no se había dado cuenta de que Becca la había sujetado del cuello y estaba colocándola en posición perfecta para que le dispararan. «Tendría que haberlo sabido —pensó con amargura—. Solo estaba esperando a que Becca me colocara en posición.» ¿O no era así? Estaba sujeta, inmovilizada, en posición perfecta para que Leonidas acabara con ella, pero el arquero tenía la frente surcada de gotas de sudor, como diminutas cascadas, fruto, si Kat no se equivocaba, de un conflicto interno que le costaba muchísimo reprimir.

Pero nunca sabría si Leonidas habría llegado a dispararle. En ese momento sintió que caía de bruces y chocaba con el suelo y al levantar los ojos, vio pasar sobre sí el cuerpo de *Rex*. El perro le había quitado a Becca de encima y ahora corría hacia Leonidas. Kat vio que *Rex* lo derribaba y su flecha abandonaba el arco en una trayectoria aleatoria.

Comprendió que era el momento de escapar, así que, tras dar un codazo a Becca en la cara, salió de debajo de ella impulsándose con las piernas, recogió su resplandeciente espada roja del suelo y le asestó un tajo en el pecho. El cuerpo entero de Becca se cubrió de llamas, tan violentamente que no tuvo tiempo siquiera de llorar de dolor por la herida del pecho. Kat entornó los ojos con horror mientras Becca sacudía los brazos, tratando de escapar del infierno que rodeaba su cuerpo, pero finalmente sucumbió a lo inevitable y cayó de bruces en el patio de piedra... no sin antes apretar un botón de piedra del suelo, en el que Kat no se había fijado antes.

Kat comprendió lo que había sucedido después de que Becca pulsara el botón. Miró a Leonidas, que parecía aturdido por lo que acababa de hacer su compañera. Hasta *Rex* levantó las orejas, al sentir con su intuición animal que estaba sucediendo algo terrible.

Entonces, al activarse la trampa de dinamita que había bajo los bloques de piedra del suelo, el mundo entero pareció convertirse en una combinación de luz, sonido y calor. Kat se tapó la cabeza con los brazos y sintió que la potencia bruta de la explosión desintegraba su armadura. La sensación de que algo la levantaba por los aires se impuso a todos sus sentidos y tuvo que hacer un enorme esfuerzo para abrir los ojos y contemplar la escena que la rodeaba.

El cadáver ennegrecido de Becca giraba por los aires, escupiendo objetos como si fuesen chorros de sangre. Leonidas parecía fuera del mundo, que se había convertido en un compendio de pilares de energía blanca.

Entonces, de pronto, los pilares blancos desaparecieron y Kat se encontró a decenas de metros sobre el suelo, con los brazos cubiertos de quemaduras. Bajó la mirada hacia el suelo y vio el gigantesco pozo de negrura que había abierto la explosión en el centro del campo de batalla.

Al iniciarse su descenso, dos últimos pensamientos cruzaron su mente: «Becca ha muerto... y también Leonidas...».

Entonces, su cabeza golpeó la tierra y su mente se detuvo.

Stan había recorrido dos terceras partes del camino hasta la base del castillo cuando una explosión gigantesca sacudió la estructura hasta los cimientos. Se maldijo por tardar tanto en enfrentarse al rey, aunque no era totalmente culpa suya. Cuando el griefer de la máscara de esquí que había asesinado a Steve *el Loco* atacó a Jayden junto con dos de sus sicarios, no iba a dejar que luchara solo. Ahora que Jayden había acabado con uno de los secuaces del griefer y Stan con el otro y el propio griefer estaba a merced de su camarada, Stan pudo seguir avanzando, aunque con la sensación de haber tardado demasiado.

Al llegar por fin al pozo de lava de la base del castillo, se detuvo un instante. Archie y G estaban enzarzados en combate con el hombre bestia, Minotaurus. No tenía miedo por ellos: estaba seguro de que podían acabar con él. Pero lo que sí lo perturbó un poco fue la expresión de suprema rabia que había en las caras de ambos. De hecho, solo los había visto así en la aldea Adoriana, justo después de que Minotaurus acabase con Adoria.

Ojalá no muriera nadie más, rezó. Entonces recordó que cumplir su misión era el único modo de garantizarlo así que sacó su última perla de enderman y la lanzó con todas sus fuerzas hacia el puente del castillo. Cerró los ojos y se dejó consumir por la sacudida de la teletransportación, y solo volvió a mirar al sentir piedra sólida bajo sus pies. Al abrir los ojos comprobó con alivio que había hecho blanco y se encontraba en el puente del castillo. Allá abajo, el verde del suelo se veía salpicado por las formas pequeñas y multicolores de sus amigos y enemigos, trabados en combate. Consciente de lo que iba a encontrarse, Stan tomó aliento, se aseguró de nuevo de que estaba listo y se volvió para enfrentarse, por primera y sin duda última vez, a su adversario.

Estaba allí, al final del puente, mirándolo como miraría un halcón a un ratoncito. El rey alargó el brazo hacia la espada que ceñía al costado izquierdo, la desenvainó y apuntó a Stan con ella. Stan vio que tenía una segunda espada a la derecha y un arco colgado a la espalda. Los rayos de sol se reflejaban en la armadura de diamante que lo cubría y la espada apuntaba a Stan con implacable confianza. El rey Kev dirigió a Stan una mirada impasible que, a todas luces, lo invitaba a hacer el primer movimiento.

Stan estaba preparado y respondió llevándose un brazo a una de las dos hachas que colgaban de su espalda. El rey distendió el gesto, sorprendido un instante, y entonces volvió a fruncir el ceño. Stan, en cambio, se lo esperaba. Solo le habría sorprendido lo contrario, que el rey no acudiese a luchar con sus mejores armas.

Con su plan firmemente trazado en la cabeza, le aguantó la mirada unos instantes y la visión de aquellos ojos azules que no conocían el remordimiento terminó de borrar todas las dudas sobre la batalla que se disponía a librar. La suerte corrida por Adoria, Steve *el Loco* y tantos otros se abrió paso por su garganta y surgió como un violento grito de guerra que acompañó su carga contra el rey.

La sombra de una sonrisa se insinuó un instante en el rostro impasible del rey Kev ante la aparente imprudencia que demostraba Stan al cargar sobre él, pero es que el jugador tenía un plan. Pocos bloques antes de llegar al alcance de su espada, le arrojó el hacha de hierro con todas sus fuerzas. Estaba claro que el rey no se lo esperaba, pero logró esquivar el ataque lanzándose a un lado. Un instante después, su espada de diamante se alzó justo a tiempo para esquivar la hoja de diamante del hacha que Stan acababa de sacar de su inventario.

El rey lanzó una estocada hacia arriba y volvió a levantarse, pero Stan continuó atacando sin vacilar. Sin embargo, al poco tiempo y de manera muy evidente, quedó claro que la destreza del rey Kev con la espada superaba cualquiera que Stan hubiera visto nunca, así como todo lo que hubiera podido enseñarle DZ. Stan estaba en la cúspide de su habilidad, pero aun así era obvio que el rey solo estaba jugando con él y que su espada se movía con una fluidez absoluta, como si pudiera predecir los movimientos de su hacha.

Al comprender que así no iba a llegar a ningún sitio, Stan decidió cambiar de estrategia. Se desplazó hacia un lado y golpeó al rey Kev en el pecho con el mango del hacha, con la idea de arrojarlo desde el puente a una caída sin duda fatal. El impacto de la madera contra el diamante reverberó como una onda expansiva por todo el cuerpo del rey. El inesperado ataque lo había aturdido momentáneamente, pero solo fue un instante. Cuando Stan se disponía a empujarlo, el rey Kev apoyó una mano en el parapeto y, en una increíble demostración de fuerza, se dio impulso y se elevó por el aire en un salto prodigioso.

Con increíble agilidad, sacó el arco y lanzó a Stan cinco flechas seguidas. Estaba claro que el rey era también un extraordinario arquero, porque a pesar de que había disparado en pleno salto, las flechas alcanzaron a Stan y rebotaron en su armadura. Cuando el rey volvió al suelo, su rostro estaba contraído con nueva furia y, sin perder tiempo, pasó a la ofensiva.

Stan no podía hacer nada. El rey luchaba con una destreza que Stan nunca había visto y, a pesar de poner toda el alma en la pelea, en menos de diez segundos le había arrebatado el hacha. El arma rebotó por el suelo y se detuvo a un bloque del final del puente.

Stan estaba casi sin respiración. Su pecho se movía, pero a duras penas, bajo el peso del pie del rey Kev. El jugador no podía pensar con claridad. En su cabeza chocaban dos ideas, el pánico ante su inminente destrucción y el desesperado afán de urdir un plan para escapar a tan cruel destino.

—No me gusta la gente que intenta matarme, Stan —dijo el rey con voz temblorosa de rabia.

Stan se dio cuenta de que era la primera vez que lo oía hablar en persona. Su voz era sensiblemente más grave y amenazante de lo que parecía la otra vez, desde el otro lado del patio.

—De hecho, no me gustan nada, ¿sabes? Es la clase de gente que siempre causa problemas. La clase de gente —dijo con voz acerada y una desagradable mueca de odio— que no quiero en mi reino.

Le clavó la rodilla en el pecho. La presión pareció multiplicarse por diez. Stan empezó a pensar que sería mejor que lo matase ya, antes de que se colapsaran sus órganos. Y parecía que su deseo iba a convertirse en realidad. El rey sacó el arco y preparó una flecha. Desesperado por seguir luchando, Stan lanzó un último y desafiante golpe dirigido a su cara. Y a pesar de su escasa fuerza, el rey tuvo que apartar la cabeza para esquivarlo. Con una mirada mas expresiva que cualquier insulto, soltó la cuerda del arco. Stan cerró los ojos.

Al sentir que el peso se levantaba de su pecho, Stan supo que todo había terminado. La flecha había penetrado en su cabeza, como en su momento en la de Steve *el Loco*. Pero lo más curioso era que no había sentido absolutamente nada.

Abrió los ojos y descubrió con sobresalto que no, no estaba muerto. El cuerpo del rey Kev volaba en dirección contraria, dando vueltas y vueltas en el aire. ¿Qué fuerza lo había impulsado? Stan levantó la mirada y su primera reacción fue pensar que la presión sobre sus entrañas le provocaba alucinaciones, porque lo que estaba viendo no podía ser verdad.

La figura que estaba sobre él, con su propia hacha en la mano, estaba muerta. La había visto morir. Y aun en el caso de que no hubiera sido así, era impensable que estuviera allí o que lo hubiera salvado del rey.

Pero al aclararse del todo su visión pudo comprobar que aquella verdad que contradecía toda verdad era cierta, y que, en efecto, era el Señor A quien le ofrecía una mano para ayudarlo a levantarse.

—¿Estás bien, Stan? —preguntó el griefer, con una genuina e inconfundible preocupación en la voz.

Convencido de que había algún truco, Stan solo respondió con muchos reparos:

—Sí.

Aceptó la mano del Señor A y dejó que lo levantara.

—Aquí tienes tu hacha —dijo el otro mientras se la ofrecía.

Stan la aceptó con gratitud pero también con cautela.

—¿Qué...? —empezó a decir, pero el Señor A lo interrumpió.

—Stan, estoy seguro de que tienes un millón de preguntas y serías idiota si confiaras a ciegas de mí, pero hay dos cosas que quiero que sepas. Una, que no voy a hacerte daño. Dos, que voy a ayudarte a acabar con el rey. Te lo explicaré todo dentro de un instante.

Porque, en efecto, en la mente de Stan estaban estallando preguntas como si fueran bloques de dinamita, pero optó por centrarse en la figura del rey Kev, que mientras ellos hablaban se había puesto en pie, había recuperado su casco y observaba al Señor A con evidente furia. Stan decidió aguardar, con la esperanza de que todo se aclarara en cuestión de minutos.

—¿Quién eres? ¿Qué haces aquí? —preguntó el rey con salvaje rabia.

El Señor A sonrió.

—¿No me reconoces, mi viejo amigo Kev? —respondió.

El rey abrió los ojos de par en par y, con expresión boquiabierta, apretó la mano alrededor de la espada. Era evidente que había algo en aquella frase que no lo había dejado indiferente.

—Esa... esa voz... —dijo, blanco como si hubiera visto un fantasma—. ¿Es...? ¿Eres...? ¿De verdad eres tú, Avery?

—¿Qué pasa, no te alegras de verme, Kev? —preguntó el Señor A—. No pasa nada. Yo tampoco me alegraría en tu lugar.

La mente de Stan funcionaba a doble velocidad, tratando de asimilar lo que acababa de oír. ¿Acababa de llamar el rey «Avery» al Señor A? Pero eso... Eso quería decir que... ¿Qué cosa?

—¿Qué haces aquí, Avery? —preguntó el rey con una nota de miedo tangible en la voz—. Estás muerto. Te maté. Es imposible que sigas con vida.

—Lo... lo mismo estaba pensando yo, Señor A —añadió Stan con voz temblorosa—. O sea, ¿cómo puedes seguir con vida? ¿Y por qué —le dolía la cabeza solo de pensarlo— no deja de llamarte Avery?

—Estoy seguro de que los dos tienen muchas preguntas.

Antes de que te mate, Kev —dijo con una risilla que hizo temblar de furia al rey Kev— voy a ofrecerte un breve resumen de mi vida que, confío, contribuirá a responderlas todas.

»Después de que me matases, Kev, descubrí que, en efecto, no podía volver a Elementia. Aquello me dejó hundido. Había hecho mucho por este sitio y todo eso se había perdido. Decidí que mi deber era regresar y hacer cuanto estuviera en mi mano para garantizar que lo que me había sucedido a mí no volviera a pasarle a nadie. Así que creé una cuenta nueva y volví a entrar en Elementia bajo el nombre de Adam711, un nombre no muy distinto al que siempre consideraré el mío, Avery007.

»Jugué a Minecraft desde cero, reuniendo recursos y construyendo hasta convertirme de nuevo en el guerrero que era cuando me mataste, Kev. Pero no era suficiente. Estaba desesperado por acabar contigo. Al poco tiempo me enteré de la existencia de un asentamiento de gente a la que habías exiliado, situado en el bioma de tundra del sur. Sabía que si existía un sitio donde pudiera empezar a reclutar un ejército para destruirte, sería allí, porque la aldea Adoriana solo acababa de nacer por aquel entonces.

»Al llegar al asentamiento, descubrí que era un lugar miserable. En los helados páramos de la tundra no había árboles, casi no había animales y los pocos jugadores que encontré tenían grandes dificultades para sobrevivir. Supongo que el asentamiento habrá desaparecido a estas alturas, aunque no creo que eso te importe mucho, Kev. El caso es que por aquel entonces estaba convencido de que se unirían a mi lucha. Pero no lo hicieron. Imagino que la pobreza en la que habían vivido durante tanto tiempo los había vuelto paranoicos, porque en cuanto intenté reclutarlos me atacaron con sus herramientas de piedra, diciendo que era un monstruo peligroso del que no querían saber nada. Y de ese modo murió Adam711, como antes lo había hecho Avery007.

»Aquello me transformó en una criatura sombría y taciturna. Como tú, Kev. De hecho, me sumí en un ciclo de pensamientos sombríos que me llevó a creer que los jugadores de bajo nivel que no se habían unido a mi plan, un plan que, supongo, les había parecido una locura, eran los responsables de que el servidor hubiera entrado en el estado de declive en el que sigue sumido aun hoy. Ahora sé que el culpable eras tú, Kev. Pero por aquel entonces en mi cabeza solo había sitio para pensamientos negros. Decidido a cobrarme venganza, me uní al servidor por tercera vez, esta vez con mi nombre y mi cuerpo actuales, Señor A.

»Al poco tiempo de aquello me encontré contigo por vez primera, Stan. Ya había matado a varios jugadores nuevos y esa espada de oro era la mejor arma que había podido encontrar. Lo cierto es que ahora lo lamento muchísimo y soy consciente de que en este mundo no hay nada peor que atacar a los inocentes. Pero el caso es que en aquel momento lograron escapar de mí. Y como eran los primeros que lo hacían, me embargó un irresistible deseo de acabar con ustedes tres, Kat, Charlie y tú. Como sabes, les seguí el rastro, buscando cada vez mejores materiales, hasta llegar a nuestro enfrentamiento final, cuando acabé en un pozo de lava, en el portal del Fin.

»Creía, y ahora sé, que me dieron por muerto allí. Y así habría sido, de no ser por la poción de resistencia al fuego que llevaba en el inventario. Pero allí, sumergido en la lava, oí lo que decías, Stan. Y te doy las gracias por ello, porque es lo que me hizo recobrar la cordura. Tomé consciencia, por primera vez desde que me reencarnara como Señor A, del grado de corrupción al que había llegado. Pasé lo que me pareció una eternidad flotando en aquel lago ardiente, consumido por el desprecio hacia mí mismo. Hasta que me di cuenta de que el único modo que tenía de redimir mis pecados era ayudarte. Me habías dicho que pensabas derrocar a Kev, así que juré, allí y entonces, que haría lo que fuese por ayudarte. Él es el corrupto. Y el responsable de mi muerte. Y la razón de que haya muerto tanta gente.

»Así que ahora estoy aquí para matarte, Kev —concluyó el Señor A, o más bien Avery, con una sonrisa casi divertida en el rostro.

Stan no podía creer lo que había oído, pero a medida que lo pensaba y encajaba todas las piezas de la historia en su cabeza, empezó a darse cuenta de que tenía sentido. El Señor A no había sido amigo de Avery007. Era Avery007.

El rey Kev no había movido un músculo durante el monólogo de Avery, pero ahora su rostro ardía de rabia al descubrir que su antiguo amigo, y luego enemigo, había regresado de la tumba, no una sino dos veces. Poco a poco, comenzó a esbozar una especie de sonrisa de alegría.

—Muy bien. Si lo que quieres es un duelo, Avery, lo tendrás —dijo lentamente, con voz rebosante de amenaza—. Pero permite que te recuerde que... ya te vencí una vez y puedo volver a hacerlo.

—Creo que la falta de poderes de operador supondrá una pequeña diferencia esta vez, ¿no, Stan? —fue la respuesta de Avery.

Stan respondió a su mirada con una sonrisa de confianza. Avery aseguraba que lamentaba sinceramente sus ataques contra los personajes de bajo nivel y como acababa de salvarle la vida a Stan, este se sentía inclinado a creerlo. Miró al rey y vio algo que solo podía describirse como avidez en su rostro, al tiempo que desenvainaba su espada de diamante. Avery hizo lo propio con la suya. Y el rey Kev, como respuesta, sacó una segunda.

Avery se abalanzó sobre él por un lado, secundado al instante por Stan por el otro. Las cuatro hojas se encontraron, pero estaba claro que la destreza del rey Kev no era menor con dos espadas. Stan luchó con más denuedo que nunca, pero el rey parecía combatir tan bien con la izquierda como con la derecha, a despecho de estar usando esta última contra Avery. En un momento dado, hizo una finta hacia atrás y luego golpeó a Stan en el pecho. La punta rebotó en la armadura, pero el impacto lanzó a Stan hacia atrás, mientras el rey aprovechaba para envainar la espada y acometer a Avery con una sola.

Stan ni siquiera intentó retornar a la pelea, porque aquellos dos jugadores luchaban con una pericia que él nunca había creído posible. En el tiempo que había pasado en Elementia creía haber conocido a los mejores espadachines del reino, pero ahora, al ver cómo Kev y Avery intercambiaban golpes en una danza letal, sin reservar fuerzas, se dio cuenta de que nunca podría aspirar a pelear de un modo ni remotamente similar.

—¿Qué... sucede? —gruñó Avery con tono de provocación mientras sus espadas seguían chocando—. ¿Empiezas a cansarte... Kev, viejo amigo? —añadió, guiñándole un ojo.

Porque, en efecto, al cabo de un minuto de lucha sin cuartel, los dos contendientes parecían cansados. El rey tenía la cara colorada y contraída por el esfuerzo mientras que Avery sudaba copiosamente. A pesar de lo cual, parecía tener fuerzas para seguir atormentando al rey.

—No es... tan fácil... sin... poderes operativos... ¿verdad..., Kev? —gritó Avery, y al pronunciar la última palabra, introdujo la punta de la espada en la empuñadura de la del rey y la lanzó por un lado del puente, hacia el patio.

Con el rostro teñido de desesperación, el rey alargó la mano hacia la segunda espada, pero Avery cortó la correa de un rápido tajo y lo dejó totalmente indefenso, a merced de la alargada y fina punta de su espada.

—¿Unas últimas palabras, Kev? —preguntó Avery con voz entrecortada y una sonrisa triunfante en la cara.

En lugar de responder, el rey entró en acción con la rapidez de un látigo. Retrocedió de un salto, sacó una espada que llevaba escondida y volvió a atacar. Avery sonrió. Stan no entendía por qué intentaba algo tan arriesgado el rey. Avery llevaba ventaja. ¿A qué jugaba? Pero al ver cómo avanzaba la espada, Stan comprendió de pronto que el brillo del arma, disimulado por la luz del sol, quería decir que contaba con el elemento sorpresa.

—¡Avery, cuidado! La espada está encantada...

Pero era demasiado tarde. El encantamiento de derribo del arma provocó una onda expansiva que alcanzó a Avery en el pecho con fuerza contundente. El rey siguió lanzando una serie de rápidos ataques y Avery se encontró de pronto junto al borde del puente. Al llegar allí, un tajo ascendente lo mandó hacia arriba y entonces, sin perder ni un segundo, el rey envainó la espada, preparó el arco y le disparó una flecha.

Stan corrió hasta el borde del puente y contempló, paralizado por el horror, cómo caía su cuerpo soltando todos los objetos de su inventario. No pudo apartar los ojos hasta el final, que llegó cuando el cuerpo de Señor A, antes conocido como Adam711 y como Avery007, desapareció antes de caer en el foso de lava.

Stan sintió como si le arrancasen un pedazo de sí, incapaz de arrancar los ojos del lugar donde Avery, su mayor enemigo y luego su más ardiente partidario, se había esfumado de Elementia por tercera vez. Entonces, algo arrancó los ojos de Stan de allí, una fuerza invisible que lo arrojó hacia el centro de puente. Levantó la mirada y vio que el rey Kev cargaba contra él, espada en mano, tan salvaje como *Rex* el día que salió del bosque, decidido a arrancarle la garganta.

El rey agitó la espada en el aire un par de veces y dos nuevos rayos de atronadora energía alcanzaron a Stan, que salió despedido hacia al otro lado del puente. En su agonía, Stan tuvo grandes dificultades para levantar la mirada hacia el rey, que se erguía sobre él rodeado en un resplandor morado.

—No cuentes con un final tan clemente como el de Avery —susurró el rey con una voz cargada de malicia, antes de lanzar a Stan por los aires de un nuevo golpe.

Un instante después se quedó sin aliento, como si hubiera recibido un terrible puñetazo, y sintió que un fuego atroz le abrasaba la espalda. El rey le había lanzando una bola de fuego en el aire. Al caer, sintió que perdía todas las fuerzas. Era un nuevo nivel de poder, superior a todo lo que Stan hubiera creído posible alguna vez, y el proceso se repitió un par de veces más, entre las humillantes y sádicas carcajadas del rey.

Stan no podía abrir los ojos. No veía. No sentía. Notó que unos pasos se alejaban de él, pero lo único en lo que podía pensar era lo mucho que deseaba morir. No podía haber nada en el universo peor que aquel terrible dolor, el ardor de su fracaso y la sensación de encontrarse total y completamente a merced del malvado monarca.

Entonces, de repente, el dolor desapareció. Convencido, por segunda vez en cinco minutos, de que había muerto, Stan probó a abrir los ojos y descubrió con sorpresa que seguía vivo y tendido cabeza abajo sobre los bloques de piedra.

Había un olor característico en el aire, que Stan reconoció: el de una poción de curación. Y entonces oyó una voz que no reconocía, que gritaba con increíble potencia:

—¡Oh, no nada de eso!

Se incorporó apoyándose en los codos y descubrió con sorpresa que reconocía al propietario de la voz, aunque nunca le había oído hablar con un volumen superior al normal. Bajo su mirada de perplejidad, el rey, con las manos en los ojos, retrocedió a ciegas mientras el Boticario sacaba más pociones de su bolsa y se las lanzaba. Envuelto en una nube de aire ponzoñoso y pociones de todos los colores, el rey no vio que el Boticario sacaba un pico de diamante y trataba de clavárselo en el estómago. Sin embargo, no debía de estar tan incapacitado por el gas y las pociones, porque levantó la espada en un débil intento de protegerse. El golpe lo hizo retroceder, mientras él repartía frenéticos tajos a ciegas contra cualquiera que intentase acercársele.

Pero el Boticario era demasiado inteligente para hacerlo, así que aprovechó el momento para correr hacia Stan y ayudarlo a incorporarse.

—¿Estás bien? —preguntó.

—Sí, perfectamente —respondió Stan—. Gracias por salvarme. ¿Qué estás haciendo aquí?

—Pues es que —respondió el viejo jugador— en el campo de batalla no me necesitaban. Te alegrará saber que las fuerzas del rey están empezando a replegarse. Pero entonces, al mirar al puente, he visto que caía un cuerpo. Así que pensé que lo mejor sería subir a ver qué pasaba. ¡Pero siguen vivos! ¿Quién ha muerto?

—Era Avery007 —se apresuró a responder Stan, al sentir que el rey se recuperaba y aprestaba la espada—, pero...

—¿Cómo? —exclamó el Boticario, estupefacto—. ¿Avery? ¡Pero si está muerto! Lo mató él —dijo, señalando con el dedo al rey, que estaba mirándolos con furia.

—Mira, es una larga historia. Ya te lo contaré luego, ¿de acuer...? ¡Dios! —exclamó Stan mientras levantaba el hacha y detenía la espada del rey justo antes de que se abatiese sobre su cráneo.

La onda expansiva pasó sobre su cabeza y le desordenó el pelo, y un instante después el Boticario le arrojó al rey una poción de color azul a la cara. El rey retrocedió trastabillando y escupiendo, mientras Stan lo derribaba con la empuñadura del hacha.

Stan y el Boticario se miraron y fue como si tomaran la decisión mutua de seguir hablando después de haber acabado con su enemigo. Era una suerte, pensó Stan, que Avery lo hubiera debilitado en su combate, porque de no ser así habría ofrecido mucha mayor resistencia. Pero lo cierto es que el rey parecía haber renunciado a toda esperanza de poder vencer a los dos jugadores y retrocedía paso a paso por el puente. Las pociones y los hachazos rebotaban uno tras otro en su peto de diamante, que por fin estaba empezando a agrietarse. En un momento dado se le cayó la espada, que Stan recogió agradecido. Segundos más tarde, utilizando las pociones y la fuerza de su encantamiento lo habían empujado al interior de la torre que había al final del puente.

Cuando el cuerpo debilitado del rey chocó contra la pared, su mano agarró una de las dos palancas que había sobre los bloques de ladrillo y la hizo bajar. Al instante, la torre se llenó de luz y las almenas se abrieron sistemáticamente por toda la torre, creando posiciones de ataque perfectas para los arqueros. Pero el rey no reparó en ello. Su rostro estaba contraído de tensión por lo que sabía que se avecinaba. No tenía armas, se había quedado sin energía y estaba arrinconado contra la pared, frente a dos enemigos, uno armado con pociones y otro con su propia espada. Solo había un desenlace posible.

—Hazlo, Stan —dijo el Boticario con voz torva.

Stan, al bajar la mirada hacia el rostro aterrado y de ojos entornados del jugador que tenía la sangre de tantos inocentes en las manos, sintió deseos de hacerlo. Unos deseos enormes. Le habría bastado con un simple movimiento para atravesar el peto y el cuerpo del rey con su propia espada y así terminar de una vez con su reinado de terror en el servidor. Levantó la espada.

Y desapareció. Dejó de estar en la torre, con el rey Kev y el Boticario. Y volvió al desierto de Ender, con Charlie, Bill, Bob, *Rex*, *Limón*, la figura sollozante de Kat, el hombro reconfortante de Ben y el cuerpo del soldado del rey con aspecto de vaca, muerto a sus pies. El dolor que había sentido al ver cómo su amiga asesinaba a un jugador desarmado cayó sobre él como un tsunami y recordó que había hecho voto de no asesinar nunca a un jugador desarmado.

Y allí estaba, con la espada en alto, sobre un rey Kev tan indefenso como un recién nacido, encogido de temor por el golpe que se avecinaba.

—Debes hacerlo, Stan —dijo la voz del Boticario desde atrás, llena de tristeza y comprensión, pero también de urgencia.

Stan levantó la espada más aún. Debía hacerlo, en efecto. Era su deber y el rey se lo merecía. Aquella podía ser su última oportunidad. Y sin embargo...

Entonces, sin previo aviso, al rey se le abrieron tanto los

ojos como si se le fueran a salir de las cuencas. Y sucedieron varias cosas, tan rápidas e inesperadas que Stan apenas tuvo tiempo de entender lo que estaba pasando.

El rey sacó un arco que nadie había visto, preparó una flecha y disparó, pero no contra Stan o el Boticario sino entre ellos. Y aunque su objetivo no era herirlos, el movimiento fue lo bastante inesperado para sorprender a Stan, que dejó caer la espada... sobre las manos extendidas del rey. Este esgrimió el arma y lanzó una onda expansiva hacia Stan y el Boticario, que los hizo caer. A continuación, jaló con fuerza la segunda palanca, dio la vuelta a la espada de diamante y la usó para atravesar la agrietada armadura de diamante y su propio pecho.

Un asombro devastador cruzó el rostro de Stan al mismo tiempo que el cuerpo del rey, impulsado por la fuerza de su propio suicidio, salía catapultado hacia atrás, se estrellaba contra el muro de piedra y caía al suelo. ¿Cómo era posible?, pensó Stan, mientras su instinto hacía saltar alarmas por todo su cuerpo. No tenía sentido. ¿Por qué iba a quitarse la vida el rey? Aquello no era lo planeado. ¡Ni siquiera lo habían considerado una posibilidad! Pero lo cierto es que el cuerpo del rey estaba allí tendido, rodeado por todos sus objetos, lo que indicaba que no se trataba de ningún truco de ilusionismo. El rey Kev había muerto por su propia mano.

Stan se volvió hacia el Boticario para ver cómo interpretaba aquel increíble giro de los acontecimientos. Pero el viejo jugador, en lugar de mirar el cadáver del rey Kev, que ya había empezado a desvanecerse, tenía los ojos clavados en la palanca que había accionado antes de abandonar Elementia. Oyó el trueno y, un instante después, comprendió lo que debía hacer aquella palanca. La palabra «¡Corre!» acababa de abandonar sus labios cuando estalló la torre. Stan y el Boticario se miraron un instante, pero entonces una sucesión de explosiones catapultó al jugador hacia atrás con enorme velocidad. Lo último que vio de su amigo fueron los objetos que salían despedidos de su cuerpo, antes de desintegrarse en la detonación junto con el cadáver.

Stan oyó el estrépito que lo rodeaba al atravesar la ventana de cristal de la torre y se dio cuenta de que estaba cayendo, mientras las explosiones seguían. Abrió los ojos y comprobó con asombro que seguía vivo y apenas había recibido unas pocas heridas en la explosión. Pero en cambio, su armadura de diamante se había hecho mil pedazos. Aunque tampoco importaba. Miró hacia abajo y vio que caía a velocidad terminal hacia el foso de lava del rey.

Tras él, las explosiones parecían estar destruyendo el edificio entero, que se desmoronaba en oleadas como una avalancha, por encima de su cuerpo. Al acercarse a la lava, un único pensamiento llenaba su mente. «El rey Kev ha muerto. Mi trabajo en Elementia está hecho.»

Sintió el calor una fracción de segundo antes de hundirse en la lava.

harlie miró a su alrededor con satisfacción.

Por todas partes, los miembros del ejército del rey huían del patio para salvar la vida y los puestos de mando iban cayendo uno a uno en manos de las fuerzas adorianas. Habían vencido. El suelo estaba sembrado de cadáveres elementianos y habían levantado un improvisado campo de concentración donde mantenían a punta de espada a un número aún mayor de prisioneros.

Mientras sus tropas recibían con vítores la retirada de las fuerzas enemigas, Charlie sacó una perla de enderman de su inventario.

—¡Quédense aquí y ocúpense de los que aún resistan! ¡Yo voy a ayudar a Stan! —exclamó.

Agarró la perla con firmeza y acababa de lanzarla al puente cuando oyó una explosión.

Se revolvió y vio con espanto que la parte superior de la torre, a mano derecha, había reventado en una explosión de piedra y fuego, seguida a los pocos instantes por una nueva detonación. Entonces se encontró mirando una superficie de piedra. La perla de enderman había hecho efecto y lo había llevado al puente del castillo. Levantó los ojos, corrió hasta el borde del destrozado puente y contempló con asombro cómo se sucedían las explosiones hasta que la torre dejó de existir, con la base inundada por un lago de lava.

—Char-lie...

Temiendo lo que iba a encontrarse, Charlie se volvió y al bajar los ojos vio con horror el cuerpo destrozado del Boticario, tendido entre un montón de escombros y rodeado por todas sus cosas. Mientras corría hacia él se dio cuenta de que no le quedaban pociones para el viejo jugador. Entonces se preguntó como era posible que siguiera vivo. Normalmente, el hecho de que alguien soltara sus objetos era signo inequívoco de que había expirado.

—Aquí estoy, Boticario, aquí estoy...

—Stan... El rey... Ahí... —dijo con voz cascada, y entonces, con un movimiento casi imperceptible, señaló la masa de aire candente donde apenas momentos antes se elevara la torre. Luego, su dedo cayó al suelo y el viejo jugador exhaló el último aliento.

Charlie se cargó su cuerpo sobre el hombro, por si aún había algo que se pudiera hacer, y se acercó al borde del puente. Usó la perla de enderman para regresar abajo y dejó al Boticario en manos de los médicos. Estaba muerto, diagnosticaron, y como si hubiera estado esperando este dictamen, el cuerpo se desvaneció al momento.

Charlie no sintió pena. Lo cierto es que, a esas alturas, no sentía gran cosa. Acababa de mirar el pilar de humo y polvo que ocupaba el espacio donde hasta hacía poco se levantaba la torre y sabía que Stan y el rey Kev estaban muertos. Era imposible que nadie hubiera sobrevivido a una explosión de semejante magnitud. De hecho, los médicos estaban diciendo que el Boticario tendría que haber muerto al instante y que lo más probable era que tanto Stan como el rey estuvieran ya heridos cuando se produjo la explosión. Y a juzgar por el gesto del Boticario, debían de encontrarse en el corazón mismo de la detonación.

Comenzó a evaluar la batalla y utilizó un libro que tenía a mano para registrar lo sucedido. Habían obtenido grandes éxitos. Charlemagne, Geno y Becca estaban muertos y todo apuntaba a que el rey Kev y Leonidas también, mientras que se desconocía la suerte de Caesar y Minotaurus. Esto quería decir que cinco de sus siete principales objetivos habían caído, mientras que los otros dos, como enemigos del Estado que eran, no tardarían en ser capturados.

Aparte de esto, de los aproximadamente ciento cincuenta elementianos que habían entrado en batalla, la mitad estaban muertos, cincuenta eran prisioneros y los otros veinticinco habían logrado escapar. En conjunto, la batalla había sido un completo éxito.

Salvo por las bajas. Los pensamientos de Charlie se volvieron hacia todos los que habían muerto o habían resultado heridos en la batalla. Habían perdido la mitad de sus soldados, pero de sus oficiales, aparte del Boticario, solo cuatro habían corrido una suerte aciaga.

Bob era el que más había sufrido. Aunque estaba vivo, Caesar lo había herido de gravedad en la rodilla y nunca podría volver a caminar. Y este, le parecía a Charlie, era un destino aún más cruel que la muerte.

Que él supiera, el único de los comandantes adorianos que había muerto era Sally. Era muy triste. Charlie la había visto caer bajo el hacha de Minotaurus durante el ataque inicial de este. No había sido agradable ni fácil saber que la sarcástica, deslenguada pero, en última instancia, bondadosa muchacha que había enseñado esgrima a Kat y a tantos otros no podría volver a Elementia. Y cuando se enterara Stan...

Si es que seguía vivo, claro. Y las probabilidades de que fuese así eran de una entre un millón. Charlie estaba seguro de que Stan se encontraba en la torre con el rey cuando explotó, y si era así, no se le ocurría cómo podía haber sobrevivido. Aun en el caso de que la detonación no hubiera acabado con él, como había hecho con el Boticario, entonces se habría enfrentado a una caída a velocidad terminal. Aunque, por pura casualidad, se hubiese precipitado sobre el foso de lava y no hubiera muerto al instante, habían entrado en batalla sin pociones de resistencia al fuego y Charlie sabía que si Stan no tenía ninguna, se habría quemado vivo sin remedio. Por todo ello, se podía decir sin miedo a equivocarse que Stan había muerto.

Eso hacía de él el líder de los adorianos. Nadie sabía nada de Kat desde que se enfrentase a Becca. DZ era el último que lo había visto. Sin embargo, al registrar la zona donde había estallado la trampa de dinamita no habían encontrado sus objetos, así que tampoco había pruebas de que hubiera muerto.

Cuando terminó de escribir el informe, vio que los demás comandantes adorianos se congregaban a su alrededor: Jayden, Archie, G, DZ, Cuervonegro, el Mecanista, el alcalde de Piedra Negra, Bill y Ben, estos dos últimos con Bob entre ambos. Sin mirar sus rostros endurecidos y doloridos, Charlie les leyó el informe. Todos ellos arrugaron el semblante al oír la noticia de la muerte de Stan, pero Charlie se dio cuenta de que, al igual que él, estaban demasiado insensibilizados como para dejar que aquel dolor los alcanzase de momento. Entonces leyó la parte correspondiente a Kat.

—Un momento, ¿eso quiere decir que aún no ha aparecido? —preguntó G, alarmado.

—Aún no —respondió Charlie—. Tenemos que...

—¡Encontrarla, eso es lo que tenemos que hacer! —replicó G, muy alterado—. ¡Si hay la menor probabilidad de que siga viva, debemos dedicar todos nuestros recursos a buscarla!

Jayden, con bolsas bajo los ojos y el rostro cubierto de cicatrices, le puso una mano en el hombro a su amigo.

—G, primero tenemos que terminar aquí, y luego, te aseguro que haremos todo lo que...

—¡Cierra el pico! —respondió G en un susurro, al tiempo que levantaba la mano—. ¿Han oído eso? —preguntó antes de que nadie pudiera decir nada—. ¿Han oído eso?

Y a pesar de que muchos de ellos, especialmente Ben, estaban deseando gritarle a G que se lo tomase con calma, escucharon, conmovidos ante la desesperación de G por su amor perdido. Y entonces, en medio del silencio, una voz ronca se arrastró sobre el ya desierto campo de batalla.

—Socorro... Socorro...

Charlie la habría reconocido en cualquier parte y sabía de dónde procedía. Solo G llegó antes que él a la trampa de dinamita de Becca y al hacerlo se dio cuenta de que a nadie se le había ocurrido mirar dentro del cráter. Con asombro, vio que G empezaba a excavar a través de los bloques hasta llegar a Kat que, tendida de costado, gimoteaba con voz ronca por el impacto del último ataque de Becca. G apoyó la cabeza de la jugadora en su regazo y sacó de su inventario una poción de curación de color rojo. La vertió en su garganta y Kat abrió los ojos y esbozó una sonrisa, lo que hizo que a G se le saltaran las lágrimas.

—Quizá deberíamos dejarlos a solas un rato —dijo una voz desde detrás de Charlie y los otros.

Charlie no podía creerlo. La voz era la otra que habría reconocido en cualquier lugar de Elementia. Solo G y Kat, que estaban demasiado ocupados con su reencuentro, no se volvieron como todos los demás, con cara de haber visto un fantasma. Pero no era ningún fantasma. Envuelto en un aura rojiza y danzarina, sin armadura y con la ropa quemada y hecha jirones y un hacha de diamante en la mano, un triunfante y sonriente Stan2012 salió a la luz del sol poniente.

Un espontáneo estallido de júbilo escapó de los líderes, que corrieron todos hacia Stan. Charlie fue el primero en llegar y solo entonces, al abrazarlo como si fuera un hermano, empezó a creer que realmente estuviera vivo su amigo. Luego llegaron DZ, Jayden y Archie, seguidos de cerca por Cuervonegro, el Mecanista y el alcalde de Piedra Negra. E incluso G, con Kat apoyada en el hombro, logró salir del cráter y unirse al abrazo colectivo. Ben y Bill lanzaban vítores y gritos de alegría, mientras su hermano, suspendido aún entre ambos, derramaba lágrimas de alegría.

—Chicos... Necesito respirar... —rio Stan en medio de todos sus amigos.

Y rio con más fuerza aún al darse cuenta de que todos los guerreros adorianos en la llanura estaban celebrando también que el héroe que había asesinado al rey Kev hubiera sobrevivido.

—Oh, Dios mío... ¡Estás vivo! —fueron las primeras palabras que logró balbucir Charlie, sumido en un estado de euforia—. ¿Cómo...? ¿Está...? Pero... El rey ha muerto, ¿no?

—Sí, pero ha sido rarísimo. ¡No lo he matado yo! —respondió Stan—. Se apuñaló él mismo, cuando el Boticario y yo... Por cierto, ¿el Boticario ha...?

—No —dijo Charlie, y para Stan fue como otro golpe en el estómago.

Sabía que las probabilidades eran prácticamente nulas, pero aun así había conservado la esperanza. Entonces se dio cuenta de que Charlie seguía pensando en lo que acababa de decirle.

—¿Dices que el rey se suicidó? Pero ¿por qué...?

—No lo sé... Aún estoy tratando de entenderlo. A ver, no podía ganar. Estaba muy débil, tras luchar con el Boticario, Avery y conmigo...

—¿Avery? —lo interrumpió Charlie, en medio de los jadeos y murmullos de asombro de toda la gente que se había reunido a su alrededor—. Stan, ¿qué ha pasado en ese puente?

Stan suspiró. No se moría de ganas de recordar las muertes de sus dos amigos, pero se resignó a los deseos de la multitud.

—Bueno, usé una perla de enderman para subir al puente y el rey estaba allí esperándome. Era un guerrero excepcional y me desarmó, pero entonces salió el Señor A de la nada.

Hubo otra salva de exhalaciones contenidas. Stan vio que varias bocas, especialmente las de Kat y Charlie, se abrían para replicar, pero antes de que pudieran interrumpirlo continuó:

—Me dijo que era la nueva encarnación de Avery007 y que las dos muertes que había sufrido lo habían transformado en un ser amargado. Lo sé, Charlie, suena absurdo, pero confía en mí, porque es verdad. Bueno, el caso es que Avery empieza a luchar contra el rey Kev y logra derribarlo, pero entonces el rey saca una espada con un hechizo de derribo, lo lanza por los aires y le dispara, y luego se vuelve hacia mí.

»Me desarma de nuevo, me ataca con fuego y me lanza varias veces por los aires para divertirse... Tranquila, Kat, ya estoy bien. Entonces aparece el Boticario, ataca al rey y me cura, y entre los dos lo empujamos contra esa torre. Y cuando estoy a punto de matarlo...

Stan titubeó, carcomido por una sensación de culpabilidad. La apartó y tomó la decisión de no mencionar que había vacilado, porque de no haber sido así, comprendió con un vuelco del corazón, puede que el Boticario siguiera con vida.

—... se le pone cara de loco, aprieta una palanca y se

clava la espada en el pecho. Entonces estalló la torre y supongo que mató al Boticario casi de inmediato. Yo también habría muerto, de no ser por mi armadura. Pero caí sobre la lava, así que no me hice daño.

—¡¿Y cómo sobreviviste?! —estalló DZ, morado de impaciencia—. La lava absorbió el daño de la caída, pero tuviste que quemarte vivo. No tenías pociones de resistencia al fuego. ¡No había!

Stan esbozó una pequeña sonrisa.

—Yo tenía una.

Se volvió hacia Kat y Charlie.

—¿Recuerdan cuando conocimos al Boticario en la jungla?

—Sí —respondió Kat—. Me dejó encantar este arco —dijo, señalando el arma resplandeciente que llevaba sobre el pecho—. Dio a Charlie su pico de diamante, a ti el cofre de Ender y... —añadió, y una expresión de comprensión afloró entonces a su rostro—, nos dios unas pociones de curación y de resistencia al fuego.

—Exacto —respondió Stan—. Tú usaste la tuya para luchar contra los RAT1 en el mar de lava, Kat, y tú la tuya en el generador de blazes, Charlie, pero yo conservaba la mía. De hecho, me había olvidado de ella por completo. La había tenido ahí, en mi inventario, desde entonces.

—Justo antes de caer a la lava me acordé. Saqué la poción y me la tomé al mismo tiempo que caía sobre la lava. De hecho me quemé un poco antes de que hiciera efecto —dijo, señalando su ropa—. Luego solo tuve que salir nadando y venir hasta aquí.

»Dicho lo cual —respondió con un tono concluyente que sugería que el relato de su duelo con el rey y la destrucción del castillo había llegado a su fin—, ¿me he perdido algo importante?

—El informe de Charlie —respondió Cuervonegro.

Charlie sintió que se le hacía un nudo en el estómago. De los cuatro líderes que habían creído muertos, dos de ellos seguían vivos y presumiblemente se recuperarían. Pero los otros dos, y sobre todo uno... Charlie no sabía cómo darle la noticia a Stan. Decidió que sería mejor empezar por el informe general.

—Sí, bueno, el informe. Eh... —dijo, bajo la mirada expectante de Stan—. Ambos bandos contaban con unos ciento cincuenta guerreros. De ellos, la mitad aproximadamente han caído. Sin embargo, en el bando elementiano, solo unos veinte han logrado escapar y hemos hecho cerca de cincuenta prisioneros.

Stan asintió, pero estaba inquieto. Las bajas eran muy similares a las que había previsto. Pero entonces, ¿por qué parecía Charlie tan angustiado? Además, tenía la sensación de que faltaba un rostro en medio del grupo. Y era consciente de que tendría que haber sabido cuál era, pero seguía con la mente nublada por culpa de la poción.

—De los objetivos que debíamos destruir, han muerto los siguientes: el rey Kev, Charlemagne, Geno y Becca. Creemos que Leonidas también ha muerto, y en cuanto a Caesar y Minotaurus han escapado.

»De nuestro oficiales —continuó Charlie, con un tono antinaturalmente agudo, mientras la palpable tensión de la multitud se incrementaba de manera drástica—, hay dos malheridos o muertos.

Stan se encogió e inclinó la cabeza, decidido a ocultar las lágrimas.

—Bob, de los chicos del Inframundo, recibió una herida en la rodilla. Aunque sigue vivo, no volverá a caminar. Y en cuanto a la otra... Sally...

El nombre golpeó a Stan con la fuerza de un relámpago, un rayo de energía que había estado acumulándose entre los presentes mientras Charlie repetía su informe. Stan comprendió qué rostro faltaba. El que más le importaba, a pesar de que lo hubiera olvidado por culpa de la poción.

—¿Qué ha pasado? —preguntó con voz vacía.

Charlie no respondió. Se había desplomado y lloraba en el suelo como un niño, incapaz de repetir el nombre. Una sensación de temor invadió a Stan y casi sintió el deseo de que no se lo dijeran, porque de aquel modo no se convertiría en algo irreversible y permanente. Pero Jayden se adelantó y, con voz estrangulada, convirtió el miedo de Stan en algo tangible.

—Minotaurus la alcanzó con el hacha en el ataque inicial. Está muerta, Stan.

Stan cayó de rodillas, dominado por una completa insensibilidad. No se dio cuenta de que era incapaz de derramar una sola lágrima o de que media docena de manos se alargaban hacia él para confortarlo. La única cosa que tenía cabida en su mente era que Sally había muerto La persona que más le había importado en todos sus viajes por Elementia había desaparecido para siempre.

Hizo un esfuerzo por endurecer el rostro antes de levantarse. No podía derramar lágrimas delante de personas que lo consideraban su líder. Los más cercanos a él se sorprendieron al ver la falta de emoción de su rostro, teniendo en cuenta que acababan de decirle que su novia había muerto.

—¿Te pondrás bien, Stan? —preguntó una voz sencilla, y Stan, al volver la cabeza, se encontró con Oob, con un vendaje alrededor del abdomen.

En ese momento, las muertes de Sally, el Boticario, Avery, Adoria, Steve *el Loco* y tantos otros volvieron en tropel a su cabeza.

El rey Kev había muerto y su gobierno había caído. Elementia era ahora una tábula rasa y de momento todo el mundo miraba a Stan. Sacó un pequeño montón de bloques que llevaba, indicó a sus amigos que necesitaba espacio y los usó para crear una pequeña escalera. Luego la subió lentamente hasta asomar por encima de ellos. Al instante, se hizo un silencio tan completo que se podía oír hasta el burbujeo de la lava que había estado a punto de convertirse en la tumba de Stan. Reprimiendo sus emociones, se aclaró la garganta y, decidido a que aquel momento cambiase el destino del servidor para siempre, empezó a hablar:

—Hermanos y hermanas. Unidos bajo el nombre de Adoria, la mártir por la que han ido hoy a la batalla, lo han conseguido. El rey Kev ha muerto. Todos sus simpatizantes que no han huido o han sido capturados, también. Nos encontramos con un país llamado Elementia que no tiene líderes, estructura ni gobierno. Sería absurdo pensar que una estructura política tan grande puede funcionar como es debido sin gobierno, así que debemos crear uno nuevo.

»Este gobierno debe basarse en determinados principios. Las circunstancias en las que el rey Kev se corrompió y convirtió Elementia en el monstruo que hemos luchado todos por destruir no deben repetirse. Soy consciente de su sentir, mis queridos conciudadanos. Y quiero pedirles que me vitoreen si quieren que suceda al rey Kev como nuevo señor de Elementia.

La multitud entera, extendida en un amplio radio alrededor del podio de Stan, prorrumpió en una cacofonía de gritos y vítores. Y no solo los soldados de baja estofa, que miraban a Stan como si fuera un dios, sino también sus amigos y camaradas. De todos ellos, los más entusiastas eran Charlie, Kat, DZ, Bill, Bob y Ben, que proclamaban con tumultuosa resonancia lo mucho que les gustaba la idea de que el rey Stan sucediera al rey Kev. Con una sonrisa, pero consciente de lo que debía hacer, Stan alzó las manos y, diez segundos después, había vuelto a hacerse el silencio.

—Me honra su fe en mí, pero yo nunca llevaría la corona del rey Kev. No habrá rey de Elementia, porque la monarquía siempre acaba degenerando en corrupción a una escala irreversible. Lo que les pido, en cambio, es esto: síganme y atiéndanme mientras dirijo la transformación del reino de Elementia en la gran república de Elementia. Las voces de todos hablarán como la voz de uno y un tratamiento equitativo y justo para todos estará a la orden del día. Estoy decidido a postularme comoa presidente de la nueva república y si me eligen les prometo que, en lugar de dictar, guiaré al pueblo de Elementia a un mañana más brillante. Y ahora, si creen que la idea de la república de Elementia es mejor que la de coronarme rey, les pido que aplaudan.

El estallido de aplausos y gritos de entusiasmo sobre el patio fue tan fuerte y violento que alguien que hubiera estado detrás de las murallas del patio habría creído que había estallado otra trampa de dinamita. El estrépito, tres veces más que el primero, le hizo daño a Stan en los oídos, afectados aún por la poción, pero aparte de esto, la escena le parecía perfecta.

«Te prometo, Sally —pensó mientras contemplaba el panorama, con una solitaria lágrima en la mejilla—, que tu muerte no habrá sido en vano. Todo cuanto haga y todo cuanto inspire en este servidor de ahora en adelante será en tu nombre. Y en los de ustedes, Adoria, Steve, Avery y Boticario. Quiero darles las gracias a todos por ayudarme. No habría llegado hasta aquí sin ustedes.»

Y con este pensamiento, se dejó envolver en la explosión de espontáneo entusiasmo que se producía en el patio para conmemorar la desaparición del reino, última y más importante baja de una guerra contra el mal, última baja de la lucha por la justicia de Stan2012. Era el alba de una nueva era para Elementia.

Ahora que los dispensadores de flechas se habían roto y habían desaparecido, la colina Generación volvía a estar como la primera vez que Stan2012 entró en Minecraft. El sol acababa de ocultarse tras las copas de los árboles y los zombis deambulaban como siempre entre la maleza del bosque, imposibles de distinguir de los jugadores con aquella falta de luz. De pronto se produjo un fuerte ruido y, segundos después, la colosal figura de Minotaurus salió al claro con el hacha en alto, lista para destruir a cualquier criatura que se interpusiese en su camino. Ninguna lo hizo.

Caesar salió al claro tras él, cojeando por culpa del ataque de un jinete arácnido en los bosques. De no ser por la puntería de Leonidas, que acababa de salir del claro detrás del jugador de aspecto de romano, puede que el monstruo hubiera acabado con él a base de flechazos.

—¿Y ahora? —preguntó Minotaurus a los demás una vez que recobraron el aliento—. ¿Adónde podemos ir?

—¿Qué les parece al bioma de tundra del sur? ¿Creen que nos conocerán allí? —refunfuñó Leonidas.

—No, no nos sirve —repuso Caesar con tono de irritación—. Se ha convertido en un basurero de indeseables. Siempre está el desierto de Ender...

—No, hombre. Hay tantos nómadas allí que no sería divertido, y les garantizo que Stan pondrá precio a nuestras cabezas... un precio muy alto —respondió Leonidas.

—Bueno... entonces, ¿qué nos queda? —preguntó Minotaurus.

La pregunta hizo que el trío tomara consciencia al fin de la gravedad de su situación. Y cuando los otros dos se disponían a aventurar alguna respuesta, se oyó una nueva voz:

—Pueden venir conmigo —dijo.

Era una voz tranquila, contenida y letal, así que los tres jugadores se volvieron con lentitud hacia la figura que acababa de aparecer en la cima de la colina Generación. Los tres pares de ojos se abrieron con espanto. La figura que estaban viendo... no podía existir, ¿verdad? Minotaurus aprestó el hacha, Caesar desenvainó la espada y Leonidas cargó el arco y, cuando se disponía a disparar, la voz habló de nuevo.

—Alto, Caesar894, Leonidas300 y Minotaurus.

El individuo, en cuya existencia no habían creído hasta entonces, los sorprendió al pronunciar sus nombres. Mientras lo miraban con asombro, continuó:

—Sé cuál es su situación actual. Su líder, el grande y poderoso rey Kev de Elementia, ha caído a manos de la chusma a la que se veía obligado a llamar su pueblo. Sus más poderosos aliados han muerto... salvo cuatro. Ustedes tres son el legado del rey Kev, junto con un espía que ahora mismo finge júbilo entre los vencedores. Y si son su legado, permitan que me llame a mí mismo la encarnación de su espíritu. Saben quién soy y de qué soy capaz.

»Creo que los asiste el derecho y que quienes controlan ahora Elementia son unos usurpadores. Si se unen a mí y aceptan mi autoridad, juntos crearemos un nuevo orden en Elementia: un orden en el que los débiles estén subordinados de manera irremisible. El rey Kev era prisionero de sus limitaciones políticas, pero a mí, debido a mi condición, no me pesan tan triviales restricciones. Así que les pregunto ahora, Caesar894, Leonidas300 y Minotaurus: ¿Quieren unirse a mí y convertirse en la columna vertebral de la lucha por devolver a Elementia todo su potencial?

Leonidas y Minotaurus miraron a la figura un momento y luego se volvieron hacia Caesar con expresión inquisitiva. A fin de cuentas, era el más poderoso de los tres. Decidiera lo que decidiese, lo acatarían. Así que fue Caesar el catalizador que llevó a los tres jugadores a arrodillarse y rendir homenaje a aquella criatura ultraterrena que venía para devolverles el poder.

—Excelente, excelente. Sin embargo, aún falta una cosa. Deben someterse a mí, pero no por el nombre que me une al universo, ni por el nombre por el que más se me conoce. No. Les pido que me rindan pleitesía por un nombre distinto. Repitan conmigo: «Me someto a ti, Lord Tenebris».

Y mientras los últimos rayos del sol se desvanecían sobre el horizonte, aquellos tres jugadores que no tenían nada que perder miraron a su nuevo amo a la cara y respondieron estas palabras de homenaje.

Mientras lo hacían apareció un nuevo jugador bajo la luz poniente de la colina Generación. Miró con asombro el mundo que se extendía ante sus ojos y entonces se percató de la presencia de los cuatro jugadores que había en la base de la colina. Para su espanto, el más próximo levantó el arco, le puso una flecha y disparó. El jugador estaba muerto antes de caer al suelo.

El reino de Elementia había caído y el Nuevo Orden acababa de empezar.